대한민국 법령 시리즈 188

도시 및 주거환경정비법 (약칭 : 도시정비법)

법령
시행령
시행규칙

해광출판사

머리말

이 책은 방대한 법전을 보지 않고 간편하게 해당되는 법령만 참고해서 볼 수 있도록 하였습니다. 공공기관이나 관련 종사자들이 쉽고 간편하게 해당 법령을 참조 할 수 있도록 하였습니다.

특히 해당법률은 물론 관련 시행령, 시행규칙을 함께 실어 관련법을 서로 참고할 수 있게 하였습니다.

법률이라는 것이 크든 작든 항상 변하는 관계로, 출간 이후의 정확하고 최신의 법률은 법제처 국가법령정보센터에서 확인이 가능하니 법률의 실제 적용 시 확인이 필요한 점 유의하기를 바랍니다.

편집부

* 수록 법률은 법제처 국가법령정보센터에서 확인 가능합니다.
* 발행일 기준 시행 법률이므로 최신 법령은 위 센터에서 볼 수 있습니다.
* 본 책자에 수록된 법률의 문구에 대하여 법적인 효력은 없으며,
  실제 적용 법률은 위 센터에서 최신의 법률로 확인하시기 바랍니다.
* 해당 법령과 함께 시행령, 시행규칙도 수록되어 있습니다.
* 발행일 기준으로 개정 예정 법률은 밑줄로 별도 표시되어 있으며,
  보다 정확한 것은 법제처에서 확인하기 바랍니다.

목차

도시 및 주거환경정비법
(약칭 : 도시정비법)

[시행 2025. 6. 4.] [법률 제20955호, 2025. 5. 20., 일부개정]

**개정 예정 법률 밑줄 별도 표시.

도시 및 주거환경정비법
(약칭 : 도시정비법)

[시행 2025. 6. 4.] [법률 제20955호, 2025. 5. 20., 일부개정]

제1장 총칙

제1조(목적) 이 법은 도시기능의 회복이 필요하거나 주거환경이 불량한 지역을 계획적으로 정비하고 노후·불량건축물을 효율적으로 개량하기 위하여 필요한 사항을 규정함으로써 도시환경을 개선하고 주거생활의 질을 높이는 데 이바지함을 목적으로 한다.

제2조(정의) 이 법에서 사용하는 용어의 뜻은 다음과 같다. 〈개정 2017. 8. 9., 2021. 1. 5., 2021. 1. 12., 2021. 4. 13., 2023. 7. 18.〉

1. "정비구역"이란 정비사업을 계획적으로 시행하기 위하여 제16조에 따라 지정·고시된 구역을 말한다.

2. "정비사업"이란 이 법에서 정한 절차에 따라 도시기능을 회복하기 위하여 정비구역에서 정비기반시설을 정비하거나 주택 등 건축물을 개량 또는 건설하는 다음 각 목의 사업을 말한다.

가. 주거환경개선사업: 도시저소득 주민이 집단거주하는 지역으로서 정비기반시설이 극히 열악하고 노후·불량건축물이 과도하게 밀집한 지역의 주거환경을 개선하거나 단독주택 및 다세대주택이 밀집한 지역에서 정비기반시설과 공동이용시설 확충을 통하여 주거환경을 보전·정비·개량하기 위한 사업

나. 재개발사업: 정비기반시설이 열악하고 노후·불량건축물이 밀집한 지역에서 주거환경을 개선하거나 상업지역·공업지역 등에서 도시기능의 회복 및 상권활성화 등을 위하여 도시환경을 개선하기 위한 사업. 이 경우 다음 요건을 모두 갖추어 시행하는 재개발사업

을 “공공재개발사업”이라 한다.

1) 특별자치시장, 특별자치도지사, 시장, 군수, 자치구의 구청장(이하 “시장·군수등”이라 한다) 또는 제10호에 따른 토지주택공사등(조합과 공동으로 시행하는 경우를 포함한다)이 제24조에 따른 주거환경개선사업의 시행자, 제25조제1항 또는 제26조제1항에 따른 재개발사업의 시행자나 제28조에 따른 재개발사업의 대행자(이하 “공공재개발사업 시행자”라 한다)일 것

2) 건설·공급되는 주택의 전체 세대수 또는 전체 연면적 중 토지등소유자 대상 분양분(제80조에 따른 지분형주택은 제외한다)을 제외한 나머지 주택의 세대수 또는 연면적의 100분의 20 이상 100분의 50 이하의 범위에서 대통령령으로 정하는 기준에 따라 특별시·광역시·특별자치시·도·특별자치도 또는 「지방자치법」 제198조에 따른 서울특별시·광역시 및 특별자치시를 제외한 인구 50만 이상 대도시(이하 “대도시”라 한다)의 조례(이하 “시·도조례”라 한다)로 정하는 비율 이상을 제80조에 따른 지분형주택, 「공공주택 특별법」에 따른 공공임대주택(이하 “공공임대주택”이라 한다) 또는 「민간임대주택에 관한 특별법」 제2조제4호에 따른 공공지원민간임대주택(이하 “공공지원민간임대주택”이라 한다)으로 건설·공급할 것. 이 경우 주택 수 산정방법 및 주택 유형별 건설비율은 대통령령으로 정한다.

다. 재건축사업: 정비기반시설은 양호하나 노후·불량건축물에 해당하는 공동주택이 밀집한 지역에서 주거환경을 개선하기 위한 사업. 이 경우 다음 요건을 모두 갖추어 시행하는 재건축사업을 “공공재건축사업”이라 한다.

1) 시장·군수등 또는 토지주택공사등(조합과 공동으로 시행하는 경우를 포함한다)이 제25조제2항 또는 제26조제1항에 따른 재건축사업의 시행자나 제28조제1항에 따른 재건축사업의 대행자(이하 “공공재건축사업 시행자”라 한다)일 것

2) 종전의 용적률, 토지면적, 기반시설 현황 등을 고려하여 대통령령으로 정하는 세대수 이상을 건설·공급할 것. 다만, 제8조제1항에 따른 정비구역의 지정권자가 「국토의 계획 및 이용에 관한 법률」 제18조에 따른 도시·군기본계획, 토지이용 현황 등 대통령령으로 정하는 불가피한 사유로 해당하는 세대수를 충족할 수 없다고

인정하는 경우에는 그러하지 아니하다.

3. "노후 · 불량건축물"이란 다음 각 목의 어느 하나에 해당하는 건축물을 말한다.

가. 건축물이 훼손되거나 일부가 멸실되어 붕괴, 그 밖의 안전사고의 우려가 있는 건축물

나. 내진성능이 확보되지 아니한 건축물 중 중대한 기능적 결함 또는 부실 설계 · 시공으로 구조적 결함 등이 있는 건축물로서 대통령령으로 정하는 건축물

다. 다음의 요건을 모두 충족하는 건축물로서 대통령령으로 정하는 바에 따라 시 · 도조례로 정하는 건축물

1) 주변 토지의 이용 상황 등에 비추어 주거환경이 불량한 곳에 위치할 것

2) 건축물을 철거하고 새로운 건축물을 건설하는 경우 건설에 드는 비용과 비교하여 효용의 현저한 증가가 예상될 것

라. 도시미관을 저해하거나 노후화된 건축물로서 대통령령으로 정하는 바에 따라 시 · 도조례로 정하는 건축물

4. "정비기반시설"이란 도로 · 상하수도 · 구거(溝渠: 도랑) · 공원 · 공용주차장 · 공동구(「국토의 계획 및 이용에 관한 법률」 제2조제9호에 따른 공동구를 말한다. 이하 같다), 그 밖에 주민의 생활에 필요한 열 · 가스 등의 공급시설로서 대통령령으로 정하는 시설을 말한다.

5. "공동이용시설"이란 주민이 공동으로 사용하는 놀이터 · 마을회관 · 공동작업장, 그 밖에 대통령령으로 정하는 시설을 말한다.

6. "대지"란 정비사업으로 조성된 토지를 말한다.

7. "주택단지"란 주택 및 부대시설 · 복리시설을 건설하거나 대지로 조성되는 일단의 토지로서 다음 각 목의 어느 하나에 해당하는 일단의 토지를 말한다.

가. 「주택법」 제15조에 따른 사업계획승인을 받아 주택 및 부대시설 · 복리시설을 건설한 일단의 토지

나. 가목에 따른 일단의 토지 중 「국토의 계획 및 이용에 관한 법률」 제2조제7호에 따른 도시 · 군계획시설(이하 "도시 · 군계획시설"이라 한다)인 도로나 그 밖에 이와 유사한 시설로 분리되어 따로 관리되고 있는 각각의 토지

다. 가목에 따른 일단의 토지 둘 이상이 공동으로 관리되고 있

는 경우 그 전체 토지

라. 제67조에 따라 분할된 토지 또는 분할되어 나가는 토지

마. 「건축법」 제11조에 따라 건축허가를 받아 아파트 또는 연립주택을 건설한 일단의 토지

8. "사업시행자"란 정비사업을 시행하는 자를 말한다.

9. "토지등소유자"란 다음 각 목의 어느 하나에 해당하는 자를 말한다. 다만, 제27조제1항에 따라 「자본시장과 금융투자업에 관한 법률」 제8조제7항에 따른 신탁업자(이하 "신탁업자"라 한다)가 사업시행자로 지정된 경우 토지등소유자가 정비사업을 목적으로 신탁업자에게 신탁한 토지 또는 건축물에 대하여는 위탁자를 토지등소유자로 본다.

가. 주거환경개선사업 및 재개발사업의 경우에는 정비구역에 위치한 토지 또는 건축물의 소유자 또는 그 지상권자

나. 재건축사업의 경우에는 정비구역에 위치한 건축물 및 그 부속토지의 소유자

10. "토지주택공사등"이란 「한국토지주택공사법」에 따라 설립된 한국토지주택공사 또는 「지방공기업법」에 따라 주택사업을 수행하기 위하여 설립된 지방공사를 말한다.

11. "정관등"이란 다음 각 목의 것을 말한다.

가. 제40조에 따른 조합의 정관

나. 사업시행자인 토지등소유자가 자치적으로 정한 규약

다. 시장·군수등, 토지주택공사등 또는 신탁업자가 제53조에 따라 작성한 시행규정

제3조(도시·주거환경정비 기본방침) 국토교통부장관은 도시 및 주거환경을 개선하기 위하여 10년마다 다음 각 호의 사항을 포함한 기본방침을 정하고, 5년마다 타당성을 검토하여 그 결과를 기본방침에 반영하여야 한다.

1. 도시 및 주거환경 정비를 위한 국가 정책 방향

2. 제4조제1항에 따른 도시·주거환경정비기본계획의 수립 방향

3. 노후·불량 주거지 조사 및 개선계획의 수립

4. 도시 및 주거환경 개선에 필요한 재정지원계획

5. 그 밖에 도시 및 주거환경 개선을 위하여 필요한 사항으로서 대통령령으로 정하는 사항

제2장 기본계획의 수립 및 정비구역의 지정

제4조(도시 · 주거환경정비기본계획의 수립) ① 특별시장 · 광역시장 · 특별자치시장 · 특별자치도지사 또는 시장은 관할 구역에 대하여 도시 · 주거환경정비기본계획(이하 "기본계획"이라 한다)을 10년 단위로 수립하여야 한다. 다만, 도지사가 대도시가 아닌 시로서 기본계획을 수립할 필요가 없다고 인정하는 시에 대하여는 기본계획을 수립하지 아니할 수 있다.

② 특별시장 · 광역시장 · 특별자치시장 · 특별자치도지사 또는 시장(이하 "기본계획의 수립권자"라 한다)은 기본계획에 대하여 5년마다 타당성을 검토하여 그 결과를 기본계획에 반영하여야 한다. 〈개정 2020. 6. 9.〉

제5조(기본계획의 내용) ① 기본계획에는 다음 각 호의 사항이 포함되어야 한다.

1. 정비사업의 기본방향
2. 정비사업의 계획기간
3. 인구 · 건축물 · 토지이용 · 정비기반시설 · 지형 및 환경 등의 현황
4. 주거지 관리계획
5. 토지이용계획 · 정비기반시설계획 · 공동이용시설설치계획 및 교통계획
6. 녹지 · 조경 · 에너지공급 · 폐기물처리 등에 관한 환경계획
7. 사회복지시설 및 주민문화시설 등의 설치계획
8. 도시의 광역적 재정비를 위한 기본방향
9. 제16조에 따라 정비구역으로 지정할 예정인 구역(이하 "정비예정구역"이라 한다)의 개략적 범위
10. 단계별 정비사업 추진계획(정비예정구역별 정비계획의 수립시기가 포함되어야 한다)
11. 건폐율 · 용적률 등에 관한 건축물의 밀도계획
12. 세입자에 대한 주거안정대책
13. 그 밖에 주거환경 등을 개선하기 위하여 필요한 사항으로서 대통령령으로 정하는 사항

② 기본계획의 수립권자는 기본계획에 다음 각 호의 사항을 포함하는 경우에는 제1항제9호 및 제10호의 사항을 생략할 수 있다.

1. 생활권의 설정, 생활권별 기반시설 설치계획 및 주택수급계획
2. 생활권별 주거지의 정비·보전·관리의 방향

③ 기본계획의 작성기준 및 작성방법은 국토교통부장관이 정하여 고시한다.

제6조(기본계획 수립을 위한 주민의견청취 등) ① 기본계획의 수립권자는 기본계획을 수립하거나 변경하려는 경우에는 14일 이상 주민에게 공람하여 의견을 들어야 하며, 제시된 의견이 타당하다고 인정되면 이를 기본계획에 반영하여야 한다.

② 기본계획의 수립권자는 제1항에 따른 공람과 함께 지방의회의 의견을 들어야 한다. 이 경우 지방의회는 기본계획의 수립권자가 기본계획을 통지한 날부터 60일 이내에 의견을 제시하여야 하며, 의견제시 없이 60일이 지난 경우 이의가 없는 것으로 본다.

③ 제1항 및 제2항에도 불구하고 대통령령으로 정하는 경미한 사항을 변경하는 경우에는 주민공람과 지방의회의 의견청취 절차를 거치지 아니할 수 있다.

제7조(기본계획의 확정·고시 등) ① 기본계획의 수립권자(대도시의 시장이 아닌 시장은 제외한다)는 기본계획을 수립하거나 변경하려면 관계 행정기관의 장과 협의한 후 「국토의 계획 및 이용에 관한 법률」 제113조제1항 및 제2항에 따른 지방도시계획위원회(이하 "지방도시계획위원회"라 한다)의 심의를 거쳐야 한다. 다만, 대통령령으로 정하는 경미한 사항을 변경하는 경우에는 관계 행정기관의 장과의 협의 및 지방도시계획위원회의 심의를 거치지 아니한다.

② 대도시의 시장이 아닌 시장은 기본계획을 수립하거나 변경하려면 도지사의 승인을 받아야 하며, 도지사가 이를 승인하려면 관계 행정기관의 장과 협의한 후 지방도시계획위원회의 심의를 거쳐야 한다. 다만, 제1항 단서에 해당하는 변경의 경우에는 도지사의 승인을 받지 아니할 수 있다.

③ 기본계획의 수립권자는 기본계획을 수립하거나 변경한 때에는 지체 없이 이를 해당 지방자치단체의 공보에 고시하고 일반인이 열람할 수 있도록 하여야 한다.

④ 기본계획의 수립권자는 제3항에 따라 기본계획을 고시한 때에는 국토교통부령으로 정하는 방법 및 절차에 따라 국토교통부장관에게 보고하여야 한다.

제8조(정비구역의 지정) ① 특별시장ㆍ광역시장ㆍ특별자치시장ㆍ특별자치도지사ㆍ시장 또는 군수(광역시의 군수는 제외하며, 이하 "정비구역의 지정권자"라 한다)는 기본계획에 적합한 범위에서 노후ㆍ불량건축물이 밀집하는 등 대통령령으로 정하는 요건에 해당하는 구역에 대하여 제16조에 따라 정비계획을 결정하여 정비구역을 지정(변경지정을 포함한다)할 수 있다.

② 제1항에도 불구하고 제26조제1항제1호 및 제27조제1항제1호에 따라 정비사업을 시행하려는 경우에는 기본계획을 수립하거나 변경하지 아니하고 정비구역을 지정할 수 있다.

③ 정비구역의 지정권자는 정비구역의 진입로 설치를 위하여 필요한 경우에는 진입로 지역과 그 인접지역을 포함하여 정비구역을 지정할 수 있다.

④ 정비구역의 지정권자는 정비구역 지정을 위하여 직접 제9조에 따른 정비계획을 입안할 수 있다.

⑤ 자치구의 구청장 또는 광역시의 군수(이하 제9조, 제11조 및 제20조에서 "구청장등"이라 한다)는 제9조에 따른 정비계획을 입안하여 특별시장ㆍ광역시장에게 정비구역 지정을 신청하여야 한다. 이 경우 제15조제2항에 따른 지방의회의 의견을 첨부하여야 한다.

제9조(정비계획의 내용) ① 정비계획에는 다음 각 호의 사항이 포함되어야 한다. 〈개정 2018. 1. 16., 2021. 4. 13., 2022. 6. 10., 2025. 1. 31.〉

1. 정비사업의 명칭
2. 정비구역 및 그 면적
2의2. 토지등소유자 유형별 분담금 추산액 및 산출근거
3. 도시ㆍ군계획시설의 설치에 관한 계획
4. 공동이용시설 설치계획
5. 건축물의 주용도ㆍ건폐율ㆍ용적률ㆍ높이에 관한 계획
6. 환경보전 및 재난방지에 관한 계획
7. 정비구역 주변의 교육환경 보호에 관한 계획
8. 세입자 주거대책
9. 정비사업시행 예정시기
10. 정비사업을 통하여 공공지원민간임대주택을 공급하거나 같은 조 제11호에 따른 주택임대관리업자(이하 "주택임대관리업자"라 한

다)에게 임대할 목적으로 주택을 위탁하려는 경우에는 다음 각 목의 사항. 다만, 나목과 다목의 사항은 건설하는 주택 전체 세대수에서 공공지원민간임대주택 또는 임대할 목적으로 주택임대관리업자에게 위탁하려는 주택(이하 "임대관리 위탁주택"이라 한다)이 차지하는 비율이 100분의 20 이상, 임대기간이 8년 이상의 범위 등에서 대통령령으로 정하는 요건에 해당하는 경우로 한정한다.

가. 공공지원민간임대주택 또는 임대관리 위탁주택에 관한 획지별 토지이용 계획

나. 주거·상업·업무 등의 기능을 결합하는 등 복합적인 토지이용을 증진시키기 위하여 필요한 건축물의 용도에 관한 계획

다. 「국토의 계획 및 이용에 관한 법률」 제36조제1항제1호가목에 따른 주거지역을 세분 또는 변경하는 계획과 용적률에 관한 사항

라. 그 밖에 공공지원민간임대주택 또는 임대관리 위탁주택의 원활한 공급 등을 위하여 대통령령으로 정하는 사항

11. 「국토의 계획 및 이용에 관한 법률」 제52조제1항 각 호의 사항에 관한 계획(필요한 경우로 한정한다)

12. 그 밖에 정비사업의 시행을 위하여 필요한 사항으로서 대통령령으로 정하는 사항

② 제1항제10호다목을 포함하는 정비계획은 기본계획에서 정하는 제5조제1항제11호에 따른 건폐율·용적률 등에 관한 건축물의 밀도계획에도 불구하고 달리 입안할 수 있다.

③ 제8조제4항 및 제5항에 따라 정비계획을 입안하는 특별자치시장, 특별자치도지사, 시장, 군수 또는 구청장등(이하 "정비계획의 입안권자"라 한다)이 제5조제2항 각 호의 사항을 포함하여 기본계획을 수립한 지역에서 정비계획을 입안하는 경우에는 그 정비구역을 포함한 해당 생활권에 대하여 같은 항 각 호의 사항에 대한 세부 계획을 입안할 수 있다.

④ 정비계획의 작성기준 및 작성방법은 국토교통부장관이 정하여 고시한다.

제10조(임대주택 및 주택규모별 건설비율) ① 정비계획의 입안권자는 주택수급의 안정과 저소득 주민의 입주기회 확대를 위하여 정비사업으로 건설하는 주택에 대하여 다음 각 호의 구분에 따른 범위

에서 국토교통부장관이 정하여 고시하는 임대주택 및 주택규모별 건설비율 등을 정비계획에 반영하여야 한다. 〈개정 2021. 4. 13.〉

1. 「주택법」 제2조제6호에 따른 국민주택규모의 주택(이하 "국민주택규모 주택"이라 한다)이 전체 세대수의 100분의 90 이하에서 대통령령으로 정하는 범위

2. 임대주택(공공임대주택 및 「민간임대주택에 관한 특별법」에 따른 민간임대주택을 말한다. 이하 같다)이 전체 세대수 또는 전체 연면적의 100분의 30 이하에서 대통령령으로 정하는 범위

② 사업시행자는 제1항에 따라 고시된 내용에 따라 주택을 건설하여야 한다.

제11조(기본계획 및 정비계획 수립 시 용적률 완화) ① 기본계획의 수립권자 또는 정비계획의 입안권자는 정비사업의 원활한 시행을 위하여 기본계획을 수립하거나 정비계획을 입안하려는 경우에는(기본계획 또는 정비계획을 변경하려는 경우에도 또한 같다) 「국토의 계획 및 이용에 관한 법률」 제36조에 따른 주거지역에 대하여는 같은 법 제78조에 따라 조례로 정한 용적률에도 불구하고 같은 조 및 관계 법률에 따른 용적률의 상한까지 용적률을 정할 수 있다.

② 기본계획의 수립권자 또는 정비계획의 입안권자는 천재지변, 그 밖의 불가피한 사유로 건축물이 붕괴할 우려가 있어 긴급히 정비사업을 시행할 필요가 있다고 인정하는 경우에는 용도지역의 변경을 통해 용적률을 완화하여 기본계획을 수립하거나 정비계획을 입안할 수 있다. 이 경우 기본계획의 수립권자, 정비계획의 입안권자 및 정비구역의 지정권자는 용도지역의 변경을 이유로 기부채납을 요구하여서는 아니 된다. 〈신설 2021. 4. 13.〉

③ 구청장등 또는 대도시의 시장이 아닌 시장은 제1항에 따라 정비계획을 입안하거나 변경입안하려는 경우 기본계획의 변경 또는 변경승인을 특별시장·광역시장·도지사에게 요청할 수 있다. 〈개정 2021. 4. 13.〉

제12조(재건축사업을 위한 재건축진단) ① 시장·군수등은 제5조제1항제10호에 따른 정비예정구역별 정비계획의 수립시기가 도래한 때부터 제50조에 따른 사업시행계획인가(이하 "사업시행계획인가"라 한다) 전까지 재건축진단을 실시하여야 한다. 〈개정 2024. 12. 3.〉

② 시장·군수등은 제1항에도 불구하고 다음 각 호의 어느 하나

에 해당하는 경우에는 재건축진단을 실시하여야 한다. 이 경우 시장·군수등은 재건축진단에 드는 비용을 해당 재건축진단의 실시를 요청하는 자에게 부담하게 할 수 있다. 〈개정 2024. 12. 3.〉

1. 제13조의2에 따라 정비계획의 입안을 요청하려는 자가 입안을 요청하기 전에 해당 정비예정구역 또는 사업예정구역에 위치한 건축물 및 그 부속토지의 소유자 10분의 1 이상의 동의를 받아 재건축진단의 실시를 요청하는 경우

2. 제14조에 따라 정비계획의 입안을 제안하려는 자가 입안을 제안하기 전에 해당 정비예정구역에 위치한 건축물 및 그 부속토지의 소유자 10분의 1 이상의 동의를 받아 재건축진단의 실시를 요청하는 경우

3. 제5조제2항에 따라 정비예정구역을 지정하지 아니한 지역에서 재건축사업을 하려는 자가 사업예정구역에 있는 건축물 및 그 부속토지의 소유자 10분의 1 이상의 동의를 받아 재건축진단의 실시를 요청하는 경우

4. 제2조제3호나목에 해당하는 건축물의 소유자로서 재건축사업을 시행하려는 자가 해당 사업예정구역에 위치한 건축물 및 그 부속토지의 소유자 10분의 1 이상의 동의를 받아 재건축진단의 실시를 요청하는 경우

5. 제15조에 따라 정비계획을 입안하여 주민에게 공람한 지역 또는 제16조에 따라 정비구역으로 지정된 지역에서 재건축사업을 시행하려는 자가 해당 구역에 위치한 건축물 및 그 부속토지의 소유자 10분의 1 이상의 동의를 받아 재건축진단의 실시를 요청하는 경우

6. 제31조에 따라 시장·군수등의 승인을 받은 조합설립추진위원회(이하 "추진위원회"라 한다) 또는 사업시행자가 재건축진단의 실시를 요청하는 경우

③ 제1항에 따른 재건축사업의 재건축진단은 주택단지(연접한 단지를 포함한다)의 건축물을 대상으로 한다. 다만, 대통령령으로 정하는 주택단지의 건축물인 경우에는 재건축진단 대상에서 제외할 수 있다. 〈개정 2024. 12. 3.〉

④ 시장·군수등은 대통령령으로 정하는 재건축진단기관에 의뢰하여 주거환경 적합성, 해당 건축물의 구조안전성, 건축마감, 설비노후

도 등에 관한 재건축진단을 실시하여야 한다. 〈개정 2024. 12. 3.〉

⑤ 제4항에 따라 재건축진단을 의뢰받은 재건축진단기관은 국토교통부장관이 정하여 고시하는 기준(건축물의 내진성능 확보를 위한 비용을 포함한다)에 따라 재건축진단을 실시하여야 하며, 국토교통부령으로 정하는 방법 및 절차에 따라 재건축진단 결과보고서를 작성하여 시장·군수등 및 제2항에 따라 재건축진단의 실시를 요청한 자에게 제출하여야 한다. 〈개정 2024. 12. 3.〉

⑥ 시장·군수등은 재건축진단의 결과와 도시계획 및 지역여건 등을 종합적으로 검토하여 사업시행계획인가 여부(제75조에 따른 시기 조정을 포함한다)를 결정하여야 한다. 〈개정 2024. 12. 3.〉

⑦ 제1항부터 제6항까지의 규정에 따른 재건축진단의 대상·기준·실시기관·지정절차·수수료 및 결과에 대한 조치 등에 필요한 사항은 대통령령으로 정한다. 〈개정 2024. 12. 3.〉

[제목개정 2024. 12. 3.]

제13조(재건축진단 결과의 적정성 검토) ① 시장·군수등(특별자치시장 및 특별자치도지사는 제외한다. 이하 이 조에서 같다)은 제12조제5항에 따라 재건축진단 결과보고서를 제출받은 경우에는 지체 없이 특별시장·광역시장·도지사에게 결정내용과 해당 재건축진단 결과보고서를 제출하여야 한다. 〈개정 2024. 12. 3.〉

②특별시장·광역시장·특별자치시장·도지사·특별자치도지사(이하 "시·도지사"라 한다)는 필요한 경우 「국토안전관리원법」에 따른 국토안전관리원 또는 「과학기술분야 정부출연연구기관 등의 설립·운영 및 육성에 관한 법률」에 따른 한국건설기술연구원에 재건축진단 결과의 적정성에 대한 검토를 의뢰할 수 있다. 〈개정 2020. 6. 9., 2024. 12. 3.〉

③ 국토교통부장관은 시·도지사에게 재건축진단 결과보고서의 제출을 요청할 수 있으며, 필요한 경우 시·도지사에게 재건축진단 결과의 적정성에 대한 검토를 요청할 수 있다. 〈개정 2020. 6. 9., 2024. 12. 3.〉

④ 특별시장·광역시장·도지사는 제2항 및 제3항에 따른 검토결과에 따라 필요한 경우 시장·군수등에게 재건축진단에 대한 시정요구 등 대통령령으로 정하는 조치를 요청할 수 있으며, 시장·군수등은 특별한 사유가 없으면 그 요청에 따라야 한다. 〈개정 2024. 12. 3.〉

⑤ 제1항부터 제4항까지의 규정에 따른 재건축진단 결과의 평가 등에 필요한 사항은 대통령령으로 정한다. 〈개정 2024. 12. 3.〉

[제목개정 2024. 12. 3.]

제13조의2(정비구역의 지정을 위한 정비계획의 입안 요청 등) ① 토지등소유자 또는 추진위원회는 다음 각 호의 어느 하나에 해당하는 경우에는 정비계획의 입안권자에게 정비구역의 지정을 위한 정비계획의 입안을 요청할 수 있다. 〈개정 2024. 12. 3.〉

1. 제4조제1항 단서에 따라 기본계획을 수립하지 아니한 지역으로서 대통령령으로 정하는 경우

2. 제5조제1항제10호에 따른 단계별 정비사업 추진계획상 정비예정구역별 정비계획의 입안시기가 지났음에도 불구하고 정비계획이 입안되지 아니한 경우

3. 제5조제2항에 따라 기본계획에 같은 조 제1항제9호 및 제10호에 따른 사항을 생략한 경우

4. 천재지변 등 대통령령으로 정하는 불가피한 사유로 긴급하게 정비사업을 시행할 필요가 있다고 판단되는 경우

② 정비계획의 입안권자는 제1항의 요청이 있는 경우에는 요청일부터 4개월 이내에 정비계획의 입안 여부를 결정하여 토지등소유자 및 정비구역의 지정권자에게 알려야 한다. 다만, 정비계획의 입안권자는 정비계획의 입안 여부의 결정 기한을 2개월의 범위에서 한 차례만 연장할 수 있다.

③ 정비구역의 지정권자는 다음 각 호의 어느 하나에 해당하는 경우에는 토지이용, 주택건설 및 기반시설의 설치 등에 관한 기본방향(이하 "정비계획의 기본방향"이라 한다)을 작성하여 정비계획의 입안권자에게 제시하여야 한다.

1. 제2항에 따라 정비계획의 입안권자가 토지등소유자에게 정비계획을 입안하기로 통지한 경우

2. 제5조제1항제10호에 따른 단계별 정비사업 추진계획에 따라 정비계획의 입안권자가 요청하는 경우

3. 제12조제6항에 따라 정비계획의 입안권자가 정비계획을 입안하기로 결정한 경우로서 대통령령으로 정하는 경우

4. 정비계획을 변경하는 경우로서 대통령령으로 정하는 경우

④ 제1항부터 제3항까지에서 규정한 사항 외에 정비구역의 지정

요청을 위한 요청서의 작성, 토지등소유자의 동의, 요청서의 처리 및 정비계획의 기본방향 작성을 위하여 필요한 사항은 대통령령으로 정한다.

[본조신설 2023. 7. 18.]

제14조(정비계획의 입안 제안) ① 토지등소유자(제5호의 경우에는 제26조제1항제1호 및 제27조제1항제1호에 따라 사업시행자가 되려는 자를 말한다) 또는 추진위원회는 다음 각 호의 어느 하나에 해당하는 경우에는 정비계획의 입안권자에게 정비계획의 입안을 제안할 수 있다. 〈개정 2018. 1. 16., 2021. 4. 13., 2024. 12. 3.〉

1. 제5조제1항제10호에 따른 단계별 정비사업 추진계획상 정비예정구역별 정비계획의 입안시기가 지났음에도 불구하고 정비계획이 입안되지 아니하거나 같은 호에 따른 정비예정구역별 정비계획의 수립시기를 정하고 있지 아니한 경우

2. 토지등소유자가 제26조제1항제7호 및 제8호에 따라 토지주택공사등을 사업시행자로 지정 요청하려는 경우

3. 대도시가 아닌 시 또는 군으로서 시·도조례로 정하는 경우

4. 정비사업을 통하여 공공지원민간임대주택을 공급하거나 임대할 목적으로 주택을 주택임대관리업자에게 위탁하려는 경우로서 제9조제1항제10호 각 목을 포함하는 정비계획의 입안을 요청하려는 경우

5. 제26조제1항제1호 및 제27조제1항제1호에 따라 정비사업을 시행하려는 경우

6. 토지등소유자(조합이 설립된 경우에는 조합원을 말한다. 이하 이 호에서 같다)가 3분의 2 이상의 동의로 정비계획의 변경을 요청하는 경우. 다만, 제15조제3항에 따른 경미한 사항을 변경하는 경우에는 토지등소유자의 동의절차를 거치지 아니한다.

7. 토지등소유자가 공공재개발사업 또는 공공재건축사업을 추진하려는 경우

② 정비계획 입안의 제안을 위한 토지등소유자의 동의, 제안서의 처리 등에 필요한 사항은 대통령령으로 정한다.

제15조(정비계획 입안을 위한 주민의견청취 등) ① 정비계획의 입안권자는 정비계획을 입안하거나 변경하려면 주민에게 서면으로 통보한 후 주민설명회 및 30일 이상 주민에게 공람하여 의견을 들어야 하며, 제시된 의견이 타당하다고 인정되면 이를 정비계획에 반영하

여야 한다.

② 정비계획의 입안권자는 제1항에 따른 주민공람과 함께 지방의회의 의견을 들어야 한다. 이 경우 지방의회는 정비계획의 입안권자가 정비계획을 통지한 날부터 60일 이내에 의견을 제시하여야 하며, 의견제시 없이 60일이 지난 경우 이의가 없는 것으로 본다.

③ 제1항 및 제2항에도 불구하고 대통령령으로 정하는 경미한 사항을 변경하는 경우에는 주민에 대한 서면통보, 주민설명회, 주민공람 및 지방의회의 의견청취 절차를 거치지 아니할 수 있다.

④ 정비계획의 입안권자는 제97조, 제98조, 제101조 등에 따라 정비기반시설 및 국유·공유재산의 귀속 및 처분에 관한 사항이 포함된 정비계획을 입안하려면 미리 해당 정비기반시설 및 국유·공유재산의 관리청의 의견을 들어야 한다.

제16조(정비계획의 결정 및 정비구역의 지정·고시) ① 정비구역의 지정권자는 정비구역을 지정하거나 변경지정하려면 지방도시계획위원회의 심의를 거쳐야 한다. 다만, 제15조제3항에 따른 경미한 사항을 변경하는 경우에는 지방도시계획위원회의 심의를 거치지 아니할 수 있다. 〈개정 2018. 6. 12.〉

② 정비구역의 지정권자는 정비구역을 지정(변경지정을 포함한다. 이하 같다)하거나 정비계획을 결정(변경결정을 포함한다. 이하 같다)한 때에는 정비계획을 포함한 정비구역 지정의 내용을 해당 지방자치단체의 공보에 고시하여야 한다. 이 경우 지형도면 고시 등에 대하여는 「토지이용규제 기본법」 제8조에 따른다. 〈개정 2018. 6. 12., 2020. 6. 9.〉

③ 정비구역의 지정권자는 제2항에 따라 정비계획을 포함한 정비구역을 지정·고시한 때에는 국토교통부령으로 정하는 방법 및 절차에 따라 국토교통부장관에게 그 지정의 내용을 보고하여야 하며, 관계 서류를 일반인이 열람할 수 있도록 하여야 한다.

제17조(정비구역 지정·고시의 효력 등) ① 제16조제2항 전단에 따라 정비구역의 지정·고시가 있는 경우 해당 정비구역 및 정비계획 중 「국토의 계획 및 이용에 관한 법률」 제52조제1항 각 호의 어느 하나에 해당하는 사항은 같은 법 제50조에 따라 지구단위계획구역 및 지구단위계획으로 결정·고시된 것으로 본다. 〈개정 2018. 6. 12.〉

② 「국토의 계획 및 이용에 관한 법률」에 따른 지구단위계획구역에 대하여 제9조제1항 각 호의 사항을 모두 포함한 지구단위계획을 결정·고시(변경 결정·고시하는 경우를 포함한다)하는 경우 해당 지구단위계획구역은 정비구역으로 지정·고시된 것으로 본다.

③ 정비계획을 통한 토지의 효율적 활용을 위하여 「국토의 계획 및 이용에 관한 법률」 제52조제3항에 따른 건폐율·용적률 등의 완화규정은 제9조제1항에 따른 정비계획에 준용한다. 이 경우 "지구단위계획구역"은 "정비구역"으로, "지구단위계획"은 "정비계획"으로 본다.

④ 제3항에도 불구하고 용적률이 완화되는 경우로서 사업시행자가 정비구역에 있는 대지의 가액 일부에 해당하는 금액을 현금으로 납부한 경우에는 대통령령으로 정하는 공공시설 또는 기반시설(이하 이 항에서 "공공시설등"이라 한다)의 부지를 제공하거나 공공시설등을 설치하여 제공한 것으로 본다.

⑤ 제4항에 따른 현금납부 및 부과 방법 등에 필요한 사항은 대통령령으로 정한다.

제18조(정비구역의 분할, 통합 및 결합) ① 정비구역의 지정권자는 정비사업의 효율적인 추진 또는 도시의 경관보호를 위하여 필요하다고 인정하는 경우에는 다음 각 호의 방법에 따라 정비구역을 지정할 수 있다.

1. 하나의 정비구역을 둘 이상의 정비구역으로 분할
2. 서로 연접한 정비구역을 하나의 정비구역으로 통합
3. 서로 연접하지 아니한 둘 이상의 구역(제8조제1항에 따라 대통령령으로 정하는 요건에 해당하는 구역으로 한정한다) 또는 정비구역을 하나의 정비구역으로 결합

② 제1항에 따라 정비구역을 분할·통합하거나 서로 떨어진 구역을 하나의 정비구역으로 결합하여 지정하려는 경우 시행 방법과 절차에 관한 세부사항은 시·도조례로 정한다.

제19조(행위제한 등) ① 정비구역에서 다음 각 호의 어느 하나에 해당하는 행위를 하려는 자는 시장·군수등의 허가를 받아야 한다. 허가받은 사항을 변경하려는 때에도 또한 같다.

1. 건축물의 건축
2. 공작물의 설치
3. 토지의 형질변경

4. 토석의 채취
5. 토지분할
6. 물건을 쌓아 놓는 행위
7. 그 밖에 대통령령으로 정하는 행위

② 다음 각 호의 어느 하나에 해당하는 행위는 제1항에도 불구하고 허가를 받지 아니하고 할 수 있다. 〈개정 2019. 4. 23.〉

1. 재해복구 또는 재난수습에 필요한 응급조치를 위한 행위
2. 기존 건축물의 붕괴 등 안전사고의 우려가 있는 경우 해당 건축물에 대한 안전조치를 위한 행위
3. 그 밖에 대통령령으로 정하는 행위

③ 제1항에 따라 허가를 받아야 하는 행위로서 정비구역의 지정 및 고시 당시 이미 관계 법령에 따라 행위허가를 받았거나 허가를 받을 필요가 없는 행위에 관하여 그 공사 또는 사업에 착수한 자는 대통령령으로 정하는 바에 따라 시장·군수등에게 신고한 후 이를 계속 시행할 수 있다.

④ 시장·군수등은 제1항을 위반한 자에게 원상회복을 명할 수 있다. 이 경우 명령을 받은 자가 그 의무를 이행하지 아니하는 때에는 시장·군수등은 「행정대집행법」에 따라 대집행할 수 있다.

⑤ 제1항에 따른 허가에 관하여 이 법에 규정된 사항을 제외하고는 「국토의 계획 및 이용에 관한 법률」 제57조부터 제60조까지 및 제62조를 준용한다.

⑥ 제1항에 따라 허가를 받은 경우에는 「국토의 계획 및 이용에 관한 법률」 제56조에 따라 허가를 받은 것으로 본다.

⑦ 국토교통부장관, 시·도지사, 시장, 군수 또는 구청장(자치구의 구청장을 말한다. 이하 같다)은 비경제적인 건축행위 및 투기 수요의 유입을 막기 위하여 제6조제1항에 따라 기본계획을 공람 중인 정비예정구역 또는 정비계획을 수립 중인 지역에 대하여 3년 이내의 기간(1년의 범위에서 한 차례만 연장할 수 있다)을 정하여 대통령령으로 정하는 방법과 절차에 따라 다음 각 호의 행위를 제한할 수 있다. 〈개정 2024. 1. 30.〉

1. 건축물의 건축
2. 토지의 분할
3. 「건축법」 제38조에 따른 건축물대장 중 일반건축물대장을 집

합건축물대장으로 전환

4. 「건축법」 제38조에 따른 건축물대장 중 집합건축물대장의 전유부분 분할

⑧ 정비예정구역 또는 정비구역(이하 "정비구역등"이라 한다)에서는 「주택법」 제2조제11호가목에 따른 지역주택조합의 조합원을 모집해서는 아니 된다. 〈신설 2018. 6. 12.〉

제20조(정비구역등의 해제) ① 정비구역의 지정권자는 다음 각 호의 어느 하나에 해당하는 경우에는 정비구역등을 해제하여야 한다. 〈개정 2018. 6. 12., 2024. 12. 3.〉

1. 정비예정구역에 대하여 기본계획에서 정한 정비구역 지정 예정일부터 3년이 되는 날까지 특별자치시장, 특별자치도지사, 시장 또는 군수가 정비구역을 지정하지 아니하거나 구청장등이 정비구역의 지정을 신청하지 아니하는 경우

2. 재개발사업·재건축사업[제35조에 따른 조합(이하 "조합"이라 한다)이 시행하는 경우로 한정한다]이 다음 각 목의 어느 하나에 해당하는 경우

가. 토지등소유자가 정비구역으로 지정·고시된 날부터 2년이 되는 날까지 추진위원회의 승인을 신청하지 아니하는 경우(제31조제2항제1호에 따라 추진위원회를 구성하는 경우로 한정한다)

나. 토지등소유자가 정비구역으로 지정·고시된 날부터 3년이 되는 날까지 제35조에 따른 조합설립인가(이하 "조합설립인가"라 한다)를 신청하지 아니하는 경우(제31조제7항에 따라 추진위원회를 구성하지 아니하는 경우로 한정한다)

다. 추진위원회가 추진위원회 승인일(제31조제2항제2호에 따라 추진위원회를 구성하는 경우에는 제16조에 따른 정비구역 지정·고시일로 본다)부터 2년이 되는 날까지 조합설립인가를 신청하지 아니하는 경우

라. 조합이 조합설립인가를 받은 날부터 3년이 되는 날까지 사업시행계획인가를 신청하지 아니하는 경우

3. 토지등소유자가 시행하는 재개발사업으로서 토지등소유자가 정비구역으로 지정·고시된 날부터 5년이 되는 날까지 사업시행계획인가를 신청하지 아니하는 경우

② 구청장등은 제1항 각 호의 어느 하나에 해당하는 경우에는 특

별시장·광역시장에게 정비구역등의 해제를 요청하여야 한다.

③ 특별자치시장, 특별자치도지사, 시장, 군수 또는 구청장등이 다음 각 호의 어느 하나에 해당하는 경우에는 30일 이상 주민에게 공람하여 의견을 들어야 한다.

1. 제1항에 따라 정비구역등을 해제하는 경우
2. 제2항에 따라 정비구역등의 해제를 요청하는 경우

④ 특별자치시장, 특별자치도지사, 시장, 군수 또는 구청장등은 제3항에 따른 주민공람을 하는 경우에는 지방의회의 의견을 들어야 한다. 이 경우 지방의회는 특별자치시장, 특별자치도지사, 시장, 군수 또는 구청장등이 정비구역등의 해제에 관한 계획을 통지한 날부터 60일 이내에 의견을 제시하여야 하며, 의견제시 없이 60일이 지난 경우 이의가 없는 것으로 본다.

⑤ 정비구역의 지정권자는 제1항부터 제4항까지의 규정에 따라 정비구역등의 해제를 요청받거나 정비구역등을 해제하려면 지방도시계획위원회의 심의를 거쳐야 한다. 다만, 「도시재정비 촉진을 위한 특별법」 제5조에 따른 재정비촉진지구에서는 같은 법 제34조에 따른 도시재정비위원회(이하 "도시재정비위원회"라 한다)의 심의를 거쳐 정비구역등을 해제하여야 한다. 〈개정 2021. 4. 13.〉

⑥ 제1항에도 불구하고 정비구역의 지정권자는 다음 각 호의 어느 하나에 해당하는 경우에는 제1항제1호부터 제3호까지의 규정에 따른 해당 기간을 2년의 범위에서 연장하여 정비구역등을 해제하지 아니할 수 있다.

1. 정비구역등의 토지등소유자(조합을 설립한 경우에는 조합원을 말한다)가 100분의 30 이상의 동의로 제1항제1호부터 제3호까지의 규정에 따른 해당 기간이 도래하기 전까지 연장을 요청하는 경우
2. 정비사업의 추진 상황으로 보아 주거환경의 계획적 정비 등을 위하여 정비구역등의 존치가 필요하다고 인정하는 경우

⑦ 정비구역의 지정권자는 제5항에 따라 정비구역등을 해제하는 경우(제6항에 따라 해제하지 아니한 경우를 포함한다)에는 그 사실을 해당 지방자치단체의 공보에 고시하고 국토교통부장관에게 통보하여야 하며, 관계 서류를 일반인이 열람할 수 있도록 하여야 한다.

제21조(정비구역등의 직권해제) ① 정비구역의 지정권자는 다음 각 호의 어느 하나에 해당하는 경우 지방도시계획위원회의 심의를 거쳐

정비구역등을 해제할 수 있다. 이 경우 제1호 및 제2호에 따른 구체적인 기준 등에 필요한 사항은 시·도조례로 정한다. 〈개정 2019. 4. 23., 2020. 6. 9.〉

1. 정비사업의 시행으로 토지등소유자에게 과도한 부담이 발생할 것으로 예상되는 경우

2. 정비구역등의 추진 상황으로 보아 지정 목적을 달성할 수 없다고 인정되는 경우

3. 토지등소유자의 100분의 30 이상이 정비구역등(추진위원회가 구성되지 아니한 구역으로 한정한다)의 해제를 요청하는 경우

4. 제23조제1항제1호에 따른 방법으로 시행 중인 주거환경개선사업의 정비구역이 지정·고시된 날부터 10년 이상 지나고, 추진 상황으로 보아 지정 목적을 달성할 수 없다고 인정되는 경우로서 토지등소유자의 과반수가 정비구역의 해제에 동의하는 경우

5. 추진위원회 구성 또는 조합 설립에 동의한 토지등소유자의 2분의 1 이상 3분의 2 이하의 범위에서 시·도조례로 정하는 비율 이상의 동의로 정비구역의 해제를 요청하는 경우(사업시행계획인가를 신청하지 아니한 경우로 한정한다)

6. 추진위원회가 구성되거나 조합이 설립된 정비구역에서 토지등소유자 과반수의 동의로 정비구역의 해제를 요청하는 경우(사업시행계획인가를 신청하지 아니한 경우로 한정한다)

② 제1항에 따른 정비구역등의 해제의 절차에 관하여는 제20조제3항부터 제5항까지 및 제7항을 준용한다.

③ 제1항에 따라 정비구역등을 해제하여 추진위원회 구성승인 또는 조합설립인가가 취소되는 경우 정비구역의 지정권자는 해당 추진위원회 또는 조합이 사용한 비용의 일부를 대통령령으로 정하는 범위에서 시·도조례로 정하는 바에 따라 보조할 수 있다.

제21조의2(도시재생선도지역 지정 요청) 제20조 또는 제21조에 따라 정비구역등이 해제된 경우 정비구역의 지정권자는 해제된 정비구역등을 「도시재생 활성화 및 지원에 관한 특별법」에 따른 도시재생선도지역으로 지정하도록 국토교통부장관에게 요청할 수 있다.

[본조신설 2019. 4. 23.]

제22조(정비구역등 해제의 효력) ① 제20조 및 제21조에 따라 정비구역등이 해제된 경우에는 정비계획으로 변경된 용도지역, 정비기반

시설 등은 정비구역 지정 이전의 상태로 환원된 것으로 본다. 다만, 제21조제1항제4호의 경우 정비구역의 지정권자는 정비기반시설의 설치 등 해당 정비사업의 추진 상황에 따라 환원되는 범위를 제한할 수 있다.

② 제20조 및 제21조에 따라 정비구역등(재개발사업 및 재건축사업을 시행하려는 경우로 한정한다. 이하 이 항에서 같다)이 해제된 경우 정비구역의 지정권자는 해제된 정비구역등을 제23조제1항제1호의 방법으로 시행하는 주거환경개선구역(주거환경개선사업을 시행하는 정비구역을 말한다. 이하 같다)으로 지정할 수 있다. 이 경우 주거환경개선구역으로 지정된 구역은 제7조에 따른 기본계획에 반영된 것으로 본다.

③ 제20조제7항 및 제21조제2항에 따라 정비구역등이 해제·고시된 경우 추진위원회 구성승인 또는 조합설립인가는 취소된 것으로 보고, 시장·군수등은 해당 지방자치단체의 공보에 그 내용을 고시하여야 한다.

제3장 정비사업의 시행

제1절 정비사업의 시행방법 등

제23조(정비사업의 시행방법) ① 주거환경개선사업은 다음 각 호의 어느 하나에 해당하는 방법 또는 이를 혼용하는 방법으로 한다.

1. 제24조에 따른 사업시행자가 정비구역에서 정비기반시설 및 공동이용시설을 새로 설치하거나 확대하고 토지등소유자가 스스로 주택을 보전·정비하거나 개량하는 방법
2. 제24조에 따른 사업시행자가 제63조에 따라 정비구역의 전부 또는 일부를 수용하여 주택을 건설한 후 토지등소유자에게 우선 공급하거나 대지를 토지등소유자 또는 토지등소유자 외의 자에게 공급하는 방법
3. 제24조에 따른 사업시행자가 제69조제2항에 따라 환지로 공급하는 방법
4. 제24조에 따른 사업시행자가 정비구역에서 제74조에 따라 인가받은 관리처분계획에 따라 주택 및 부대시설·복리시설을 건설하여 공급하는 방법

② 재개발사업은 정비구역에서 제74조에 따라 인가받은 관리처분

계획에 따라 건축물을 건설하여 공급하거나 제69조제2항에 따라 환지로 공급하는 방법으로 한다.

③ 재건축사업은 정비구역에서 제74조에 따라 인가받은 관리처분계획에 따라 건축물을 건설하여 공급하는 방법으로 한다. 다만, 주택단지에 있지 아니하는 건축물의 경우에는 지형여건·주변의 환경으로 보아 사업 시행상 불가피한 경우로서 정비구역으로 보는 사업에 한정한다. 〈개정 2025. 1. 31.〉

④ 제3항에 따라 건축물을 건설하여 공급하는 경우 주택, 부대시설 및 복리시설을 제외한 건축물(이하 이 항에서 "공동주택 외 건축물"이라 한다)은 「국토의 계획 및 이용에 관한 법률」에 따른 준주거지역 및 상업지역에서만 건설할 수 있다. 이 경우 공동주택 외 건축물의 연면적은 전체 건축물 연면적의 100분의 30 이하이어야 한다. 〈개정 2025. 1. 31.〉

제24조(주거환경개선사업의 시행자) ① 제23조제1항제1호에 따른 방법으로 시행하는 주거환경개선사업은 시장·군수등이 직접 시행하되, 토지주택공사등을 사업시행자로 지정하여 시행하게 하려는 경우에는 제15조제1항에 따른 공람공고일 현재 토지등소유자의 과반수의 동의를 받아야 한다.

② 제23조제1항제2호부터 제4호까지의 규정에 따른 방법으로 시행하는 주거환경개선사업은 시장·군수등이 직접 시행하거나 다음 각 호에서 정한 자에게 시행하게 할 수 있다.

1. 시장·군수등이 다음 각 목의 어느 하나에 해당하는 자를 사업시행자로 지정하는 경우

가. 토지주택공사등

나. 주거환경개선사업을 시행하기 위하여 국가, 지방자치단체, 토지주택공사등 또는 「공공기관의 운영에 관한 법률」 제4조에 따른 공공기관이 총지분의 100분의 50을 초과하는 출자로 설립한 법인

2. 시장·군수등이 제1호에 해당하는 자와 다음 각 목의 어느 하나에 해당하는 자를 공동시행자로 지정하는 경우

가. 「건설산업기본법」 제9조에 따른 건설업자(이하 "건설업자"라 한다)

나. 「주택법」 제7조제1항에 따라 건설업자로 보는 등록사업자(이하 "등록사업자"라 한다)

③ 제2항에 따라 시행하려는 경우에는 제15조제1항에 따른 공람공고일 현재 해당 정비예정구역의 토지 또는 건축물의 소유자 또는 지상권자의 3분의 2 이상의 동의와 세입자(제15조제1항에 따른 공람공고일 3개월 전부터 해당 정비예정구역에 3개월 이상 거주하고 있는 자를 말한다) 세대수의 과반수의 동의를 각각 받아야 한다. 다만, 세입자의 세대수가 토지등소유자의 2분의 1 이하인 경우 등 대통령령으로 정하는 사유가 있는 경우에는 세입자의 동의절차를 거치지 아니할 수 있다.

④ 시장·군수등은 천재지변, 그 밖의 불가피한 사유로 건축물이 붕괴할 우려가 있어 긴급히 정비사업을 시행할 필요가 있다고 인정하는 경우에는 제1항 및 제3항에도 불구하고 토지등소유자 및 세입자의 동의 없이 자신이 직접 시행하거나 토지주택공사등을 사업시행자로 지정하여 시행하게 할 수 있다. 이 경우 시장·군수등은 지체 없이 토지등소유자에게 긴급한 정비사업의 시행 사유·방법 및 시기 등을 통보하여야 한다.

제25조(재개발사업·재건축사업의 시행자) ① 재개발사업은 다음 각 호의 어느 하나에 해당하는 방법으로 시행할 수 있다.

1. 조합이 시행하거나 조합이 조합원의 과반수의 동의를 받아 시장·군수등, 토지주택공사등, 건설업자, 등록사업자 또는 대통령령으로 정하는 요건을 갖춘 자와 공동으로 시행하는 방법

2. 토지등소유자가 20인 미만인 경우에는 토지등소유자가 시행하거나 토지등소유자가 토지등소유자의 과반수의 동의를 받아 시장·군수등, 토지주택공사등, 건설업자, 등록사업자 또는 대통령령으로 정하는 요건을 갖춘 자와 공동으로 시행하는 방법

② 재건축사업은 조합이 시행하거나 조합이 조합원의 과반수의 동의를 받아 시장·군수등, 토지주택공사등, 건설업자 또는 등록사업자와 공동으로 시행할 수 있다.

제26조(재개발사업·재건축사업의 공공시행자) ① 시장·군수등은 재개발사업 및 재건축사업이 다음 각 호의 어느 하나에 해당하는 때에는 제25조에도 불구하고 직접 정비사업을 시행하거나 토지주택공사등(토지주택공사등이 건설업자 또는 등록사업자와 공동으로 시행하는 경우를 포함한다. 이하 이 항부터 제4항까지에서 같다)을 사업시행자로 지정하여 정비사업을 시행하게 할 수 있다. 〈개정

2018. 6. 12., 2024. 12. 3.〉

1. 천재지변, 「재난 및 안전관리 기본법」 제27조 또는 「시설물의 안전 및 유지관리에 관한 특별법」 제23조에 따른 사용제한 · 사용금지, 그 밖의 불가피한 사유로 긴급하게 정비사업을 시행할 필요가 있다고 인정하는 때

2. 제16조제2항 전단에 따라 고시된 정비계획에서 정한 정비사업 시행 예정일부터 2년 이내에 사업시행계획인가를 신청하지 아니하거나 사업시행계획인가를 신청한 내용이 위법 또는 부당하다고 인정하는 때(재건축사업의 경우는 제외한다)

3. 추진위원회가 시장 · 군수등의 구성승인을 받은 날부터 3년 이내에 조합설립인가를 신청하지 아니하거나 조합이 조합설립인가를 받은 날부터 3년 이내에 사업시행계획인가를 신청하지 아니한 때

4. 지방자치단체의 장이 시행하는 「국토의 계획 및 이용에 관한 법률」 제2조제11호에 따른 도시 · 군계획사업과 병행하여 정비사업을 시행할 필요가 있다고 인정하는 때

5. 제59조제1항에 따른 순환정비방식으로 정비사업을 시행할 필요가 있다고 인정하는 때

6. 제113조에 따라 사업시행계획인가가 취소된 때

7. 해당 정비구역의 국 · 공유지 면적 또는 국 · 공유지와 토지주택공사등이 소유한 토지를 합한 면적이 전체 토지면적의 2분의 1 이상으로서 토지등소유자의 과반수가 시장 · 군수등 또는 토지주택공사등을 사업시행자로 지정하는 것에 동의하는 때

8. 해당 정비구역의 토지면적 2분의 1 이상의 토지소유자와 토지등소유자의 3분의 2 이상에 해당하는 자가 시장 · 군수등 또는 토지주택공사등을 사업시행자로 지정할 것을 요청하는 때. 이 경우 제14조제1항제2호에 따라 토지등소유자가 정비계획의 입안을 제안한 경우 입안제안에 동의한 토지등소유자는 토지주택공사등의 사업시행자 지정에 동의한 것으로 본다. 다만, 사업시행자의 지정 요청 전에 시장 · 군수등 및 제47조에 따른 주민대표회의에 사업시행자의 지정에 대한 반대의 의사표시를 한 토지등소유자의 경우에는 그러하지 아니하다.

② 시장 · 군수등은 제1항에 따라 직접 정비사업을 시행하거나 토지주택공사등을 사업시행자로 지정하는 때에는 정비사업 시행구역

등 토지등소유자에게 알릴 필요가 있는 사항으로서 대통령령으로 정하는 사항을 해당 지방자치단체의 공보에 고시하여야 한다. 다만, 제1항제1호의 경우에는 토지등소유자에게 지체 없이 정비사업의 시행 사유·시기 및 방법 등을 통보하여야 한다.

③ 제2항에 따라 시장·군수등이 직접 정비사업을 시행하거나 토지주택공사등을 사업시행자로 지정·고시한 때에는 그 고시일 다음 날에 추진위원회의 구성승인 또는 조합설립인가가 취소된 것으로 본다. 이 경우 시장·군수등은 해당 지방자치단체의 공보에 해당 내용을 고시하여야 한다.

④ 토지주택공사등과 재개발사업 또는 재건축사업의 준비·추진에 필요한 사항에 대하여 협약 또는 계약 등(이하 “협약등”이라 한다)을 체결하려는 자(토지등소유자로 구성된 자를 말한다)는 대통령령으로 정하는 절차를 거친 사실을 시장·군수등에게 확인받은 후 대통령령으로 정하는 비율 이상의 토지등소유자의 동의를 받아 제1항에 따른 사업시행자 지정 이전에 협약등을 체결할 수 있다. 〈신설 2024. 12. 3.〉

⑤ 제4항에 따른 협약등의 체결에 필요한 사항은 대통령령으로 정한다. 〈신설 2024. 12. 3.〉

제27조(재개발사업·재건축사업의 지정개발자) ① 시장·군수등은 재개발사업 및 재건축사업이 다음 각 호의 어느 하나에 해당하는 때에는 토지등소유자, 「사회기반시설에 대한 민간투자법」 제2조제12호에 따른 민관합동법인 또는 신탁업자로서 대통령령으로 정하는 요건을 갖춘 자(이하 “지정개발자”라 한다)를 사업시행자로 지정하여 정비사업을 시행하게 할 수 있다. 〈개정 2018. 6. 12.〉

1. 천재지변, 「재난 및 안전관리 기본법」 제27조 또는 「시설물의 안전 및 유지관리에 관한 특별법」 제23조에 따른 사용제한·사용금지, 그 밖의 불가피한 사유로 긴급하게 정비사업을 시행할 필요가 있다고 인정하는 때

2. 제16조제2항 전단에 따라 고시된 정비계획에서 정한 정비사업 시행 예정일부터 2년 이내에 사업시행계획인가를 신청하지 아니하거나 사업시행계획인가를 신청한 내용이 위법 또는 부당하다고 인정하는 때(재건축사업의 경우는 제외한다)

3. 제35조에 따른 재개발사업 및 재건축사업의 조합설립을 위한

동의요건 이상에 해당하는 자가 신탁업자를 사업시행자로 지정하는 것에 동의하는 때

② 시장·군수등은 제1항에 따라 지정개발자를 사업시행자로 지정하는 때에는 정비사업 시행구역 등 토지등소유자에게 알릴 필요가 있는 사항으로서 대통령령으로 정하는 사항을 해당 지방자치단체의 공보에 고시하여야 한다. 다만, 제1항제1호의 경우에는 토지등소유자에게 지체 없이 정비사업의 시행 사유·시기 및 방법 등을 통보하여야 한다.

③ 신탁업자는 제1항제3호에 따른 사업시행자 지정에 필요한 동의를 받기 전에 다음 각 호에 관한 사항을 토지등소유자에게 제공하여야 한다.

1. 토지등소유자별 분담금 추산액 및 산출근거
2. 그 밖에 추정분담금의 산출 등과 관련하여 시·도조례로 정하는 사항

④ 제1항제3호에 따른 토지등소유자의 동의는 국토교통부령으로 정하는 동의서에 동의를 받는 방법으로 한다. 이 경우 동의서에는 다음 각 호의 사항이 모두 포함되어야 한다.

1. 건설되는 건축물의 설계의 개요
2. 건축물의 철거 및 새 건축물의 건설에 드는 공사비 등 정비사업에 드는 비용(이하 "정비사업비"라 한다)
3. 정비사업비의 분담기준(신탁업자에게 지급하는 신탁보수 등의 부담에 관한 사항을 포함한다)
4. 사업 완료 후 소유권의 귀속
5. 정비사업의 시행방법 등에 필요한 시행규정
6. 신탁계약의 내용

⑤ 제2항에 따라 시장·군수등이 지정개발자를 사업시행자로 지정·고시한 때에는 그 고시일 다음 날에 추진위원회의 구성승인 또는 조합설립인가가 취소된 것으로 본다. 이 경우 시장·군수등은 해당 지방자치단체의 공보에 해당 내용을 고시하여야 한다.

⑥ 국토교통부장관은 신탁업자와 토지등소유자 상호 간의 공정한 계약의 체결을 위하여 대통령령으로 정하는 바에 따라 표준 계약서 및 표준 시행규정을 마련하여 그 사용을 권장할 수 있다. 〈신설 2023. 7. 18.〉

⑦ 신탁업자와 재개발사업 또는 재건축사업의 준비·추진에 필요한 사항에 대하여 협약등을 체결하려는 자(토지등소유자로 구성된 자를 말한다)는 대통령령으로 정하는 절차를 거친 사실을 시장·군수등에게 확인받은 후 대통령령으로 정하는 비율 이상의 토지등소유자의 동의를 받아 신탁업자를 공개모집한 후 사업시행자 지정 전에 협약등을 체결할 수 있다. 〈신설 2024. 12. 3.〉

⑧ 제7항에 따른 공개모집 및 협약등의 체결에 필요한 사항은 대통령령으로 정한다. 〈신설 2024. 12. 3.〉

제28조(재개발사업·재건축사업의 사업대행자) ① 시장·군수등은 다음 각 호의 어느 하나에 해당하는 경우에는 해당 조합 또는 토지등소유자를 대신하여 직접 정비사업을 시행하거나 토지주택공사등 또는 지정개발자에게 해당 조합 또는 토지등소유자를 대신하여 정비사업을 시행하게 할 수 있다.

1. 장기간 정비사업이 지연되거나 권리관계에 관한 분쟁 등으로 해당 조합 또는 토지등소유자가 시행하는 정비사업을 계속 추진하기 어렵다고 인정하는 경우

2. 토지등소유자(조합을 설립한 경우에는 조합원을 말한다)의 과반수 동의로 요청하는 경우

② 제1항에 따라 정비사업을 대행하는 시장·군수등, 토지주택공사등 또는 지정개발자(이하 "사업대행자"라 한다)는 사업시행자에게 청구할 수 있는 보수 또는 비용의 상환에 대한 권리로써 사업시행자에게 귀속될 대지 또는 건축물을 압류할 수 있다.

③ 제1항에 따라 정비사업을 대행하는 경우 사업대행의 개시결정, 그 결정의 고시 및 효과, 사업대행자의 업무집행, 사업대행의 완료와 그 고시 등에 필요한 사항은 대통령령으로 정한다.

제29조(계약의 방법 및 시공자 선정 등) ① 추진위원장 또는 사업시행자(청산인을 포함한다)는 이 법 또는 다른 법령에 특별한 규정이 있는 경우를 제외하고는 계약(공사, 용역, 물품구매 및 제조 등을 포함한다. 이하 같다)을 체결하려면 일반경쟁에 부쳐야 한다. 다만, 계약규모, 재난의 발생 등 대통령령으로 정하는 경우에는 입찰 참가자를 지명(指名)하여 경쟁에 부치거나 수의계약(隨意契約)으로 할 수 있다. 〈신설 2017. 8. 9.〉

② 제1항 본문에 따라 일반경쟁의 방법으로 계약을 체결하는 경

우로서 대통령령으로 정하는 규모를 초과하는 계약은 「전자조달의 이용 및 촉진에 관한 법률」 제2조제4호의 국가종합전자조달시스템(이하 "전자조달시스템"이라 한다)을 이용하여야 한다. 〈신설 2017. 8. 9.〉

③ 제1항 및 제2항에 따라 계약을 체결하는 경우 계약의 방법 및 절차 등에 필요한 사항은 국토교통부장관이 정하여 고시한다. 〈신설 2017. 8. 9.〉

④ 조합은 조합설립인가를 받은 후 조합총회에서 제1항에 따라 경쟁입찰 또는 수의계약(2회 이상 경쟁입찰이 유찰된 경우로 한정한다)의 방법으로 건설업자 또는 등록사업자를 시공자로 선정하여야 한다. 다만, 대통령령으로 정하는 규모 이하의 정비사업은 조합총회에서 정관으로 정하는 바에 따라 선정할 수 있다. 〈개정 2017. 8. 9.〉

⑤ 토지등소유자가 제25조제1항제2호에 따라 재개발사업을 시행하는 경우에는 제1항에도 불구하고 사업시행계획인가를 받은 후 제2조제11호나목에 따른 규약에 따라 건설업자 또는 등록사업자를 시공자로 선정하여야 한다. 〈개정 2017. 8. 9.〉

⑥ 시장·군수등이 제26조제1항 및 제27조제1항에 따라 직접 정비사업을 시행하거나 토지주택공사등 또는 지정개발자를 사업시행자로 지정한 경우 사업시행자는 제26조제2항 및 제27조제2항에 따른 사업시행자 지정·고시 후 제1항에 따른 경쟁입찰 또는 수의계약의 방법으로 건설업자 또는 등록사업자를 시공자로 선정하여야 한다. 〈개정 2017. 8. 9.〉

⑦ 제6항에 따라 시공자를 선정하거나 제23조제1항제4호의 방법으로 시행하는 주거환경개선사업의 사업시행자가 시공자를 선정하는 경우 제47조에 따른 주민대표회의 또는 제48조에 따른 토지등소유자 전체회의는 대통령령으로 정하는 경쟁입찰 또는 수의계약(2회 이상 경쟁입찰이 유찰된 경우로 한정한다)의 방법으로 시공자를 추천할 수 있다. 〈개정 2017. 8. 9.〉

⑧ 조합은 제4항에 따른 시공자 선정을 위한 입찰에 참가하는 건설업자 또는 등록사업자가 토지등소유자에게 시공에 관한 정보를 제공할 수 있도록 합동설명회를 2회 이상 개최하여야 한다. 〈신설 2023. 12. 26.〉

⑨ 제8항에 따른 합동설명회의 개최 방법이나 시기 등은 국토교통부령으로 정한다. 〈신설 2023. 12. 26.〉

⑩ 제7항에 따라 주민대표회의 또는 토지등소유자 전체회의가 시공자를 추천한 경우 사업시행자는 추천받은 자를 시공자로 선정하여야 한다. 이 경우 시공자와의 계약에 관해서는 「지방자치단체를 당사자로 하는 계약에 관한 법률」 제9조 또는 「공공기관의 운영에 관한 법률」 제39조를 적용하지 아니한다. 〈개정 2017. 8. 9., 2023. 12. 26.〉

⑪ 사업시행자(사업대행자를 포함한다)는 제4항부터 제7항까지 및 제10항에 따라 선정된 시공자와 공사에 관한 계약을 체결할 때에는 기존 건축물의 철거 공사(「석면안전관리법」에 따른 석면 조사 · 해체 · 제거를 포함한다)에 관한 사항을 포함시켜야 한다. 〈개정 2017. 8. 9., 2023. 12. 26.〉

[제목개정 2017. 8. 9.]

제29조의2(공사비 검증 요청 등) ① 재개발사업 · 재건축사업의 사업시행자(시장 · 군수등 또는 토지주택공사등이 단독 또는 공동으로 정비사업을 시행하는 경우는 제외한다)는 시공자와 계약 체결 후 다음 각 호의 어느 하나에 해당하는 때에는 제114조에 따른 정비사업 지원기구에 공사비 검증을 요청하여야 한다.

1. 토지등소유자 또는 조합원 5분의 1 이상이 사업시행자에게 검증 의뢰를 요청하는 경우

2. 공사비의 증액 비율(당초 계약금액 대비 누적 증액 규모의 비율로서 생산자물가상승률은 제외한다)이 다음 각 목의 어느 하나에 해당하는 경우

가. 사업시행계획인가 이전에 시공자를 선정한 경우: 100분의 10 이상

나. 사업시행계획인가 이후에 시공자를 선정한 경우: 100분의 5 이상

3. 제1호 또는 제2호에 따른 공사비 검증이 완료된 이후 공사비의 증액 비율(검증 당시 계약금액 대비 누적 증액 규모의 비율로서 생산자물가상승률은 제외한다)이 100분의 3 이상인 경우

② 제1항에 따른 공사비 검증의 방법 및 절차, 검증 수수료, 그 밖에 필요한 사항은 국토교통부장관이 정하여 고시한다.

[본조신설 2019. 4. 23.]

제30조(임대사업자의 선정) ① 사업시행자는 공공지원민간임대주택을 원활히 공급하기 위하여 국토교통부장관이 정하는 경쟁입찰의 방법 또는 수의계약(2회 이상 경쟁입찰이 유찰된 경우와 공공재개발사업을 통해 건설·공급되는 공공지원민간임대주택을 국가가 출자·설립한 법인 등 대통령령으로 정한 자에게 매각하는 경우로 한정한다)의 방법으로 「민간임대주택에 관한 특별법」 제2조제7호에 따른 임대사업자(이하 "임대사업자"라 한다)를 선정할 수 있다. 〈개정 2018. 1. 16., 2021. 4. 13.〉

② 제1항에 따른 임대사업자의 선정절차 등에 필요한 사항은 국토교통부장관이 정하여 고시할 수 있다. 〈개정 2018. 1. 16.〉

[제목개정 2018. 1. 16.]

제2절 조합설립추진위원회 및 조합의 설립 등

제31조(조합설립추진위원회의 구성·승인) ① 조합을 설립하려는 경우에는 다음 각 호의 사항에 대하여 토지등소유자 과반수의 동의를 받아 조합설립을 위한 추진위원회를 구성하여 국토교통부령으로 정하는 방법과 절차에 따라 시장·군수등의 승인을 받아야 한다. 이 경우 시장·군수등은 승인 이후 구역경계, 토지등소유자의 수 등 국토교통부령으로 정하는 사항을 해당 지방자치단체 공보에 고시하여야 한다. 〈개정 2024. 12. 3.〉

1. 추진위원회 위원장(이하 "추진위원장"이라 한다)을 포함한 5명 이상의 추진위원회 위원(이하 "추진위원"이라 한다)

2. 제34조제1항에 따른 운영규정

② 추진위원회는 다음 각 호의 어느 하나에 해당하는 지역을 대상으로 구성한다. 〈신설 2024. 12. 3.〉

1. 제16조에 따라 정비구역으로 지정·고시된 지역

2. 제16조에 따라 정비구역으로 지정·고시되지 아니한 지역으로서 다음 각 목의 어느 하나에 해당하는 지역

가. 제4조제1항 단서에 따라 기본계획을 수립하지 아니한 지역 또는 제5조제2항에 따라 기본계획에 같은 조 제1항제9호 및 제10호의 사항을 생략한 지역으로서 대통령령으로 정하는 지역

나. 기본계획에 제5조제1항제9호에 따른 정비예정구역이 설정

된 지역

다. 제13조의2에 따른 입안 요청 및 제14조에 따른 입안 제안에 따라 정비계획의 입안을 결정한 지역

라. 제15조에 따라 정비계획의 입안을 위하여 주민에게 공람한 지역

③ 제1항에 따라 추진위원회의 구성에 동의한 토지등소유자(이하 이 조에서 "추진위원회 동의자"라 한다)는 제35조제1항부터 제5항까지의 규정에 따른 조합의 설립에 동의한 것으로 본다. 다만, 조합설립인가를 신청하기 전에 시장·군수등 및 추진위원회에 조합설립에 대한 반대의 의사표시를 한 추진위원회 동의자의 경우에는 그러하지 아니하다. 〈개정 2024. 12. 3.〉

④ 제2항제2호에 따라 추진위원회를 구성하여 승인받은 경우로서 승인 당시의 구역과 제16조에 따라 지정·고시된 정비구역의 면적 차이가 대통령령으로 정하는 기준 이상인 경우 추진위원회는 제1항 각 호의 사항에 대하여 토지등소유자 과반수의 동의를 받아 시장·군수등에게 다시 승인을 받아야 한다. 이 경우 제1항의 추진위원회 구성에 동의한 자는 정비구역 지정·고시 이후 1개월 이내에 동의를 철회하지 아니하는 경우 동의한 것으로 본다. 〈신설 2024. 12. 3.〉

⑤ 제4항에 따른 승인이 있는 경우 기존의 추진위원회의 업무와 관련된 권리·의무는 승인받은 추진위원회가 포괄승계한 것으로 본다. 〈신설 2024. 12. 3.〉

⑥ 제1항 및 제4항에 따른 토지등소유자의 동의를 받으려는 자는 대통령령으로 정하는 방법 및 절차에 따라야 한다. 이 경우 동의를 받기 전에 제3항의 내용을 설명·고지하여야 한다. 〈개정 2024. 12. 3.〉

⑦ 정비사업에 대하여 제118조에 따른 공공지원을 하려는 경우에는 추진위원회를 구성하지 아니할 수 있다. 이 경우 조합설립 방법 및 절차 등에 필요한 사항은 대통령령으로 정한다. 〈개정 2024. 12. 3.〉

제32조(추진위원회의 기능) ① 추진위원회는 다음 각 호의 업무를 수행할 수 있다.

1. 제102조에 따른 정비사업전문관리업자(이하 "정비사업전문관리업자"라 한다)의 선정 및 변경

2. 설계자의 선정 및 변경
3. 개략적인 정비사업 시행계획서의 작성
4. 조합설립인가를 받기 위한 준비업무
5. 그 밖에 조합설립을 추진하기 위하여 대통령령으로 정하는 업무

② 추진위원회가 정비사업전문관리업자를 선정하려는 경우에는 제31조에 따라 추진위원회 승인을 받은 후 제29조제1항에 따른 경쟁입찰 또는 수의계약(2회 이상 경쟁입찰이 유찰된 경우로 한정한다)의 방법으로 선정하여야 한다. 〈개정 2017. 8. 9.〉

③ 추진위원회는 제35조제2항, 제3항 및 제5항에 따른 조합설립인가를 신청하기 전에 대통령령으로 정하는 방법 및 절차에 따라 조합설립을 위한 창립총회를 개최하여야 한다.

④ 추진위원회가 제1항에 따라 수행하는 업무의 내용이 토지등소유자의 비용부담을 수반하거나 권리·의무에 변동을 발생시키는 경우로서 대통령령으로 정하는 사항에 대하여는 그 업무를 수행하기 전에 대통령령으로 정하는 비율 이상의 토지등소유자의 동의를 받아야 한다.

제33조(추진위원회의 조직) ① 추진위원회는 추진위원회를 대표하는 추진위원장 1명과 감사를 두어야 한다.

② 추진위원의 선출에 관한 선거관리는 제41조제3항을 준용한다. 이 경우 "조합"은 "추진위원회"로, "조합임원"은 "추진위원"으로 본다.

③ 토지등소유자는 제34조에 따른 추진위원회의 운영규정에 따라 추진위원회에 추진위원의 교체 및 해임을 요구할 수 있으며, 추진위원장이 사임, 해임, 임기만료, 그 밖에 불가피한 사유 등으로 직무를 수행할 수 없는 때부터 6개월 이상 선임되지 아니한 경우 그 업무의 대행에 관하여는 제41조제5항 단서를 준용한다. 이 경우 "조합임원"은 "추진위원장"으로 본다.

④ 제3항에 따른 추진위원의 교체·해임 절차 등에 필요한 사항은 제34조제1항에 따른 운영규정에 따른다.

⑤ 추진위원의 결격사유는 제43조제1항부터 제3항까지를 준용한다. 이 경우 "조합"은 "추진위원회"로, "조합임원"은 "추진위원"으로, "제35조에 따른 조합설립 인가권자"는 "제31조에 따른 추진위원회

승인권자"로 본다. 〈개정 2023. 7. 18.〉

제34조(추진위원회의 운영) ① 국토교통부장관은 추진위원회의 공정한 운영을 위하여 다음 각 호의 사항을 포함한 추진위원회의 운영규정을 정하여 고시하여야 한다.

1. 추진위원의 선임방법 및 변경
2. 추진위원의 권리 · 의무
3. 추진위원회의 업무범위
4. 추진위원회의 운영방법
5. 토지등소유자의 운영경비 납부
6. 추진위원회 운영자금의 차입
7. 그 밖에 추진위원회의 운영에 필요한 사항으로서 대통령령으로 정하는 사항

② 추진위원회는 운영규정에 따라 운영하여야 하며, 토지등소유자는 운영에 필요한 경비를 운영규정에 따라 납부하여야 한다.

③ 추진위원회는 수행한 업무를 제44조에 따른 총회(이하 "총회"라 한다)에 보고하여야 하며, 그 업무와 관련된 권리 · 의무는 조합이 포괄승계한다.

④ 추진위원회는 사용경비를 기재한 회계장부 및 관계 서류를 조합설립인가일부터 30일 이내에 조합에 인계하여야 한다.

⑤ 추진위원회의 운영에 필요한 사항은 대통령령으로 정한다.

제35조(조합설립인가 등) ① 시장 · 군수등, 토지주택공사등 또는 지정개발자가 아닌 자가 정비사업을 시행하려는 경우에는 토지등소유자로 구성된 조합을 설립하여야 한다. 다만, 제25조제1항제2호에 따라 토지등소유자가 재개발사업을 시행하려는 경우에는 그러하지 아니하다.

② 재개발사업의 추진위원회(제31조제7항에 따라 추진위원회를 구성하지 아니하는 경우에는 토지등소유자를 말한다)가 조합을 설립하려면 토지등소유자의 4분의 3 이상 및 토지면적의 2분의 1 이상의 토지소유자의 동의를 받아 다음 각 호의 사항을 첨부하여 제16조에 따른 정비구역 지정 · 고시 후 시장 · 군수등의 인가를 받아야 한다. 〈개정 2024. 12. 3.〉

1. 정관
2. 정비사업비와 관련된 자료 등 국토교통부령으로 정하는 서류

3. 그 밖에 시·도조례로 정하는 서류

③ 재건축사업의 추진위원회(제31조제7항에 따라 추진위원회를 구성하지 아니하는 경우에는 토지등소유자를 말한다)가 조합을 설립하려는 때에는 주택단지의 공동주택의 각 동(복리시설의 경우에는 주택단지의 복리시설 전체를 하나의 동으로 본다)별 구분소유자의 과반수(복리시설로서 대통령령으로 정하는 경우에는 3분의 1 이상으로 한다) 동의(공동주택의 각 동별 구분소유자가 5 이하인 경우는 제외한다)와 주택단지의 전체 구분소유자의 100분의 70 이상 및 토지면적의 100분의 70 이상의 토지소유자의 동의를 받아 제2항 각 호의 사항을 첨부하여 제16조에 따른 정비구역 지정·고시 후 시장·군수등의 인가를 받아야 한다. 〈개정 2024. 12. 3., 2025. 1. 31.〉

④ 제3항에도 불구하고 주택단지가 아닌 지역이 정비구역에 포함된 때에는 주택단지가 아닌 지역의 토지 또는 건축물 소유자의 4분의 3 이상 및 토지면적의 3분의 2 이상의 토지소유자의 동의를 받아야 한다. 〈개정 2019. 4. 23.〉

⑤ 제2항 및 제3항에 따라 설립된 조합이 인가받은 사항을 변경하고자 하는 때에는 총회에서 조합원의 3분의 2 이상의 찬성으로 의결하고, 제2항 각 호의 사항을 첨부하여 시장·군수등의 인가를 받아야 한다. 다만, 대통령령으로 정하는 경미한 사항을 변경하려는 때에는 총회의 의결 없이 시장·군수등에게 신고하고 변경할 수 있다.

⑥ 시장·군수등은 제5항 단서에 따른 신고를 받은 날부터 20일 이내에 신고수리 여부를 신고인에게 통지하여야 한다. 〈신설 2021. 3. 16.〉

⑦ 시장·군수등이 제6항에서 정한 기간 내에 신고수리 여부 또는 민원 처리 관련 법령에 따른 처리기간의 연장을 신고인에게 통지하지 아니하면 그 기간(민원 처리 관련 법령에 따라 처리기간이 연장 또는 재연장된 경우에는 해당 처리기간을 말한다)이 끝난 날의 다음 날에 신고를 수리한 것으로 본다. 〈신설 2021. 3. 16.〉

⑧ 조합이 정비사업을 시행하는 경우 「주택법」 제54조를 적용할 때에는 조합을 같은 법 제2조제10호에 따른 사업주체로 보며, 조합 설립인가일부터 같은 법 제4조에 따른 주택건설사업 등의 등록을 한 것으로 본다. 〈개정 2021. 3. 16.〉

⑨ 제2항부터 제5항까지의 규정에 따른 토지등소유자에 대한 동의

의 대상 및 절차, 조합설립 신청 및 인가 절차, 인가받은 사항의 변경 등에 필요한 사항은 대통령령으로 정한다. 〈개정 2021. 3. 16.〉

⑩ 추진위원회는 조합설립에 필요한 동의를 받기 전에 추정분담금 등 대통령령으로 정하는 정보를 토지등소유자에게 제공하여야 한다. 〈개정 2021. 3. 16.〉

제36조(토지등소유자의 동의방법 등) ① 다음 각 호에 대한 동의(동의한 사항의 철회 또는 제26조제1항제8호 단서, 제31조제2항 단서 및 제47조제4항 단서에 따른 반대의 의사표시를 포함한다)는 서면동의서에 토지등소유자가 성명을 적고 지장(指章)을 날인하는 방법으로 하며, 주민등록증, 여권 등 신원을 확인할 수 있는 신분증명서의 사본을 첨부하여야 한다. 〈개정 2021. 3. 16.〉

1. 제20조제6항제1호에 따라 정비구역등 해제의 연장을 요청하는 경우
2. 제21조제1항제4호에 따라 정비구역의 해제에 동의하는 경우
3. 제24조제1항에 따라 주거환경개선사업의 시행자를 토지주택공사등으로 지정하는 경우
4. 제25조제1항제2호에 따라 토지등소유자가 재개발사업을 시행하려는 경우
5. 제26조 또는 제27조에 따라 재개발사업·재건축사업의 공공시행자 또는 지정개발자를 지정하는 경우
6. 제31조제1항에 따라 조합설립을 위한 추진위원회를 구성하는 경우
7. 제32조제4항에 따라 추진위원회의 업무가 토지등소유자의 비용부담을 수반하거나 권리·의무에 변동을 가져오는 경우
8. 제35조제2항부터 제5항까지의 규정에 따라 조합을 설립하는 경우
9. 제47조제3항에 따라 주민대표회의를 구성하는 경우
10. 제50조제6항에 따라 사업시행계획인가를 신청하는 경우
11. 제58조제3항에 따라 사업시행자가 사업시행계획서를 작성하려는 경우

② 제1항에도 불구하고 토지등소유자가 해외에 장기체류하거나 법인인 경우 등 불가피한 사유가 있다고 시장·군수등이 인정하는 경우에는 토지등소유자의 인감도장을 찍은 서면동의서에 해당 인감

증명서를 첨부하는 방법으로 할 수 있다.

③ 제1항 및 제2항에 따라 서면동의서를 작성하는 경우 제31조제1항 및 제35조제2항부터 제4항까지의 규정에 해당하는 때에는 시장·군수등이 대통령령으로 정하는 방법에 따라 검인(檢印)한 서면동의서를 사용하여야 하며, 검인을 받지 아니한 서면동의서는 그 효력이 발생하지 아니한다.

④ 제1항, 제2항 및 제12조에 따른 토지등소유자의 동의자 수 산정 방법 및 절차 등에 필요한 사항은 대통령령으로 정한다.

제36조(토지등소유자의 동의방법 등) ① 다음 각 호에 대한 동의(동의한 사항의 철회 또는 제26조제1항제8호 단서, 제31조제3항 단서 및 제47조제4항 단서에 따른 반대의 의사표시를 포함한다)는 서면동의서 또는 전자서명동의서(「전자문서 및 전자거래 기본법」 제2조제1호에 따른 전자문서에 「전자서명법」 제2조제2호에 따른 전자서명을 한 동의서를 말한다. 이하 같다)를 제출하는 방법으로 한다. 이 경우 서면동의서는 토지등소유자가 성명을 적고 지장(指章)을 날인하는 방법으로 하며, 주민등록증, 여권 등 신원을 확인할 수 있는 신분증명서의 사본을 첨부하여야 한다. 〈개정 2021. 3. 16., 2024. 12. 3.〉

1. 제20조제6항제1호에 따라 정비구역등 해제의 연장을 요청하는 경우
2. 제21조제1항제4호에 따라 정비구역의 해제에 동의하는 경우
3. 제24조제1항에 따라 주거환경개선사업의 시행자를 토지주택공사등으로 지정하는 경우
4. 제25조제1항제2호에 따라 토지등소유자가 재개발사업을 시행하려는 경우
5. 제26조 또는 제27조에 따라 재개발사업·재건축사업의 공공시행자 또는 지정개발자를 지정하는 경우
6. 제31조제1항에 따라 조합설립을 위한 추진위원회를 구성하는 경우
7. 제32조제4항에 따라 추진위원회의 업무가 토지등소유자의 비용부담을 수반하거나 권리·의무에 변동을 가져오는 경우
8. 제35조제2항부터 제5항까지의 규정에 따라 조합을 설립하는 경우

9. 제47조제3항에 따라 주민대표회의를 구성하는 경우

10. 제50조제6항에 따라 사업시행계획인가를 신청하는 경우

11. 제58조제3항에 따라 사업시행자가 사업시행계획서를 작성하려는 경우

② 제1항에도 불구하고 토지등소유자가 해외에 장기체류하거나 법인인 경우 등 불가피한 사유가 있다고 시장·군수등이 인정하는 경우에는 토지등소유자의 인감도장을 찍은 서면동의서에 해당 인감증명서를 첨부하는 방법으로 할 수 있다.

③ 제1항 및 제2항에 따라 서면동의서 또는 전자서명동의서(이하 이 항에서 "동의서"라 한다)를 작성하는 경우 제31조제1항 및 제35조제2항부터 제4항까지의 규정에 해당하는 때에는 시장·군수등이 대통령령으로 정하는 방법에 따라 검인(檢印) 또는 확인한 동의서를 사용하여야 하며, 검인 또는 확인을 받지 아니한 동의서는 그 효력이 발생하지 아니한다. 〈개정 2024. 12. 3.〉

④ 제1항, 제2항 및 제12조에 따른 토지등소유자의 동의자 수 산정 방법·절차 및 제1항에 따른 전자서명동의서의 본인확인 방법 등에 필요한 사항은 대통령령으로 정한다. 〈개정 2024. 12. 3.〉

[시행일: 2025. 12. 4.] 제36조

제36조의2(토지등소유자가 시행하는 재개발사업에서의 토지등소유자의 동의자 수 산정에 관한 특례) ① 정비구역 지정·고시(변경지정·고시는 제외한다. 이하 이 항에서 같다) 이후 제25조제1항제2호에 따라 토지등소유자가 재개발사업을 시행하는 경우 토지등소유자의 동의자 수를 산정하는 기준일은 다음 각 호의 구분에 따른다.

1. 제14조제1항제6호에 따라 정비계획의 변경을 제안하는 경우: 정비구역 지정·고시가 있는 날

2. 제50조제6항에 따라 사업시행계획인가를 신청하는 경우: 사업시행계획인가를 신청하기 직전의 정비구역 변경지정·고시가 있는 날(정비구역 변경지정이 없거나 정비구역 지정·고시 후에 정비사업을 목적으로 취득한 토지 또는 건축물에 대해서는 정비구역 지정·고시가 있는 날을 말한다)

② 제1항에 따른 토지등소유자의 동의자 수를 산정함에 있어 같은 항 각 호의 구분에 따른 산정기준일 이후 1명의 토지등소유자로부터 토지 또는 건축물의 소유권이나 지상권을 양수하여 여러 명이 소유

하게 된 때에는 그 여러 명을 대표하는 1명을 토지등소유자로 본다.
[본조신설 2022. 6. 10.]

제36조의3(토지등소유자의 동의 인정에 관한 특례) ① 토지등소유자가 다음 각 호의 어느 하나에 해당하는 사항에 대하여 동의를 하는 경우, 제2항의 요건을 모두 충족한 경우에 한정하여 다음 각 호의 사항 중 동의하지 아니한 다른 사항에 대하여도 동의를 한 것으로 본다.

1. 제13조의2에 따른 정비계획의 입안 요청을 위한 동의
2. 제14조에 따른 입안의 제안을 위한 동의
3. 제31조제1항에 따른 추진위원회 구성에 대한 동의

② 제1항에 따라 동의를 인정받기 위한 요건은 다음 각 호와 같다.

1. 제1항 각 호의 동의를 받을 때 같은 항 각 호의 다른 동의에 관하여 대통령령으로 정하는 사항을 포함하여 동의를 받을 것
2. 제1항 각 호의 동의를 받을 때 같은 항 각 호의 다른 동의로도 인정될 수 있음을 고지받고, 고지받은 날부터 대통령령으로 정하는 기간 내에 동의를 철회하지 아니할 것
3. 그 밖에 대통령령으로 정하는 기준과 방법을 충족할 것

[본조신설 2024. 12. 3.]

제37조(토지등소유자의 동의서 재사용의 특례) ① 조합설립인가(변경인가를 포함한다. 이하 이 조에서 같다)를 받은 후에 동의서 위조, 동의 철회, 동의율 미달 또는 동의자 수 산정방법에 관한 하자 등으로 다툼이 있는 경우로서 다음 각 호의 어느 하나에 해당하는 때에는 동의서의 유효성에 다툼이 없는 토지등소유자의 동의서를 다시 사용할 수 있다.

1. 조합설립인가의 무효 또는 취소소송 중에 일부 동의서를 추가 또는 보완하여 조합설립변경인가를 신청하는 때
2. 법원의 판결로 조합설립인가의 무효 또는 취소가 확정되어 조합설립인가를 다시 신청하는 때

② 조합(제1항제2호의 경우에는 추진위원회를 말한다)이 제1항에 따른 토지등소유자의 동의서를 다시 사용하려면 다음 각 호의 요건을 충족하여야 한다.

1. 토지등소유자에게 기존 동의서를 다시 사용할 수 있다는 취지와 반대 의사표시의 절차 및 방법을 설명·고지할 것
2. 제1항제2호의 경우에는 다음 각 목의 요건

가. 조합설립인가의 무효 또는 취소가 확정된 조합과 새롭게 설립하려는 조합이 추진하려는 정비사업의 목적과 방식이 동일할 것

나. 조합설립인가의 무효 또는 취소가 확정된 날부터 3년의 범위에서 대통령령으로 정하는 기간 내에 새로운 조합을 설립하기 위한 창립총회를 개최할 것

③ 제1항에 따른 토지등소유자의 동의서 재사용의 요건(정비사업의 내용 및 정비계획의 변경범위 등을 포함한다), 방법 및 절차 등에 필요한 사항은 대통령령으로 정한다.

제38조(조합의 법인격 등) ① 조합은 법인으로 한다.

② 조합은 조합설립인가를 받은 날부터 30일 이내에 주된 사무소의 소재지에서 대통령령으로 정하는 사항을 등기하는 때에 성립한다.

③ 조합은 명칭에 "정비사업조합"이라는 문자를 사용하여야 한다.

제39조(조합원의 자격 등) ① 제25조에 따른 정비사업의 조합원(사업시행자가 신탁업자인 경우에는 위탁자를 말하며, 사업시행자가 토지주택공사등인 경우에는 제72조에 따른 분양신청을 할 수 있는 자를 말한다. 이하 이 조에서 같다)은 토지등소유자(재건축사업의 경우에는 재건축사업에 동의한 자만 해당한다)로 하되, 다음 각 호의 어느 하나에 해당하는 때에는 그 여러 명을 대표하는 1명을 조합원으로 본다. 다만, 「지방자치분권 및 지역균형발전에 관한 특별법」 제25조에 따른 공공기관지방이전 및 혁신도시 활성화를 위한 시책 등에 따라 이전하는 공공기관이 소유한 토지 또는 건축물을 양수한 경우 양수한 자(공유의 경우 대표자 1명을 말한다)를 조합원으로 본다. 〈개정 2017. 8. 9., 2018. 3. 20., 2023. 6. 9., 2025. 5. 20.〉

1. 토지 또는 건축물의 소유권과 지상권이 여러 명의 공유에 속하는 때

2. 여러 명의 토지등소유자가 1세대에 속하는 때. 이 경우 동일한 세대별 주민등록표 상에 등재되어 있지 아니한 배우자 및 미혼인 19세 미만의 직계비속은 1세대로 보며, 1세대로 구성된 여러 명의 토지등소유자가 조합설립인가 후 세대를 분리하여 동일한 세대에 속하지 아니하는 때에도 이혼 및 19세 이상 자녀의 분가(세대별 주민등록을 달리하고, 실거주지를 분가한 경우로 한정한다)를 제외하고는 1세대로 본다.

3. 조합설립인가(조합설립인가 전에 제26조제1항 또는 제27조제1

항제3호에 따라 토지주택공사등 또는 신탁업자를 사업시행자로 지정한 경우에는 사업시행자의 지정을 말한다. 이하 이 조에서 같다) 후 1명의 토지등소유자로부터 토지 또는 건축물의 소유권이나 지상권을 양수하여 여러 명이 소유하게 된 때

② 「주택법」 제63조제1항에 따른 투기과열지구(이하 "투기과열지구"라 한다)로 지정된 지역에서 재건축사업을 시행하는 경우에는 조합설립인가 후, 재개발사업을 시행하는 경우에는 제74조에 따른 관리처분계획의 인가 후 해당 정비사업의 건축물 또는 토지를 양수(매매·증여, 그 밖의 권리의 변동을 수반하는 모든 행위를 포함하되, 상속·이혼으로 인한 양도·양수의 경우는 제외한다. 이하 이 조에서 같다)한 자는 제1항에도 불구하고 조합원이 될 수 없다. 다만, 양도인이 다음 각 호의 어느 하나에 해당하는 경우 그 양도인으로부터 그 건축물 또는 토지를 양수한 자는 그러하지 아니하다. 〈개정 2017. 10. 24., 2020. 6. 9., 2021. 4. 13.〉

1. 세대원(세대주가 포함된 세대의 구성원을 말한다. 이하 이 조에서 같다)의 근무상 또는 생업상의 사정이나 질병치료(「의료법」 제3조에 따른 의료기관의 장이 1년 이상의 치료나 요양이 필요하다고 인정하는 경우로 한정한다)·취학·결혼으로 세대원이 모두 해당 사업구역에 위치하지 아니한 특별시·광역시·특별자치시·특별자치도·시 또는 군으로 이전하는 경우
2. 상속으로 취득한 주택으로 세대원 모두 이전하는 경우
3. 세대원 모두 해외로 이주하거나 세대원 모두 2년 이상 해외에 체류하려는 경우
4. 1세대(제1항제2호에 따라 1세대에 속하는 때를 말한다) 1주택자로서 양도하는 주택에 대한 소유기간 및 거주기간이 대통령령으로 정하는 기간 이상인 경우
5. 제80조에 따른 지분형주택을 공급받기 위하여 건축물 또는 토지를 토지주택공사등과 공유하려는 경우
6. 공공임대주택, 「공공주택 특별법」에 따른 공공분양주택의 공급 및 대통령령으로 정하는 사업을 목적으로 건축물 또는 토지를 양수하려는 공공재개발사업 시행자에게 양도하려는 경우
7. 그 밖에 불가피한 사정으로 양도하는 경우로서 대통령령으로 정하는 경우

③ 사업시행자는 제2항 각 호 외의 부분 본문에 따라 조합원의 자격을 취득할 수 없는 경우 정비사업의 토지, 건축물 또는 그 밖의 권리를 취득한 자에게 제73조를 준용하여 손실보상을 하여야 한다.

[법률 제14567호(2017. 2. 8.) 제39조제1항 각 호 외의 부분 단서의 개정규정은 부칙 제2조의 규정에 의하여 2018년 1월 26일까지 유효함]

제40조(정관의 기재사항 등) ① 조합의 정관에는 다음 각 호의 사항이 포함되어야 한다. 〈개정 2023. 12. 26.〉

1. 조합의 명칭 및 사무소의 소재지
2. 조합원의 자격
3. 조합원의 제명 · 탈퇴 및 교체
4. 정비구역의 위치 및 면적
5. 제41조에 따른 조합의 임원(이하 "조합임원"이라 한다)의 수 및 업무의 범위
6. 조합임원의 권리 · 의무 · 보수 · 선임방법 · 변경 및 해임
7. 대의원의 수, 선임방법, 선임절차 및 대의원회의 의결방법
8. 조합의 비용부담 및 조합의 회계
9. 정비사업의 시행연도 및 시행방법
10. 총회의 소집 절차 · 시기 및 의결방법
11. 총회의 개최 및 조합원의 총회소집 요구
12. 제73조제3항에 따른 이자 지급
13. 정비사업비의 부담 시기 및 절차
14. 정비사업이 종결된 때의 청산절차(제86조의2에 따른 조합의 해산 이후 청산인의 보수 등 청산 업무에 필요한 사항을 포함한다)
15. 청산금의 징수 · 지급의 방법 및 절차
16. 시공자 · 설계자의 선정 및 계약서에 포함될 내용
17. 정관의 변경절차
18. 그 밖에 정비사업의 추진 및 조합의 운영을 위하여 필요한 사항으로서 대통령령으로 정하는 사항

② 시 · 도지사는 제1항 각 호의 사항이 포함된 표준정관을 작성하여 보급할 수 있다. 〈개정 2019. 4. 23.〉

③ 조합이 정관을 변경하려는 경우에는 제35조제2항부터 제5항까지의 규정에도 불구하고 총회를 개최하여 조합원 과반수의 찬성으로

시장·군수등의 인가를 받아야 한다. 다만, 제1항제2호·제3호·제4호·제8호·제13호 또는 제16호의 경우에는 조합원 3분의 2 이상의 찬성으로 한다.

④ 제3항에도 불구하고 대통령령으로 정하는 경미한 사항을 변경하려는 때에는 이 법 또는 정관으로 정하는 방법에 따라 변경하고 시장·군수등에게 신고하여야 한다.

⑤ 시장·군수등은 제4항에 따른 신고를 받은 날부터 20일 이내에 신고수리 여부를 신고인에게 통지하여야 한다. 〈신설 2021. 3. 16.〉

⑥ 시장·군수등이 제5항에서 정한 기간 내에 신고수리 여부 또는 민원 처리 관련 법령에 따른 처리기간의 연장을 신고인에게 통지하지 아니하면 그 기간(민원 처리 관련 법령에 따라 처리기간이 연장 또는 재연장된 경우에는 해당 처리기간을 말한다)이 끝난 날의 다음 날에 신고를 수리한 것으로 본다. 〈신설 2021. 3. 16.〉

제41조(조합의 임원) ① 조합은 조합원으로서 정비구역에 위치한 건축물 또는 토지(재건축사업의 경우에는 건축물과 그 부속토지를 말한다. 이하 이 항에서 같다)를 소유한 자[하나의 건축물 또는 토지의 소유권을 다른 사람과 공유한 경우에는 가장 많은 지분을 소유(2인 이상의 공유자가 가장 많은 지분을 소유한 경우를 포함한다)한 경우로 한정한다] 중 다음 각 호의 어느 하나의 요건을 갖춘 조합장 1명과 이사, 감사를 임원으로 둔다. 이 경우 조합장은 선임일부터 제74조제1항에 따른 관리처분계획인가를 받을 때까지는 해당 정비구역에서 거주(영업을 하는 자의 경우 영업을 말한다. 이하 이 조 및 제43조에서 같다)하여야 한다. 〈개정 2019. 4. 23., 2023. 7. 18.〉

1. 정비구역에 위치한 건축물 또는 토지를 5년 이상 소유할 것
2. 정비구역에서 거주하고 있는 자로서 선임일 직전 3년 동안 정비구역에서 1년 이상 거주할 것
3. 삭제 〈2019. 4. 23.〉

② 조합의 이사와 감사의 수는 대통령령으로 정하는 범위에서 정관으로 정한다.

③ 조합은 총회 의결을 거쳐 조합임원의 선출에 관한 선거관리를 「선거관리위원회법」 제3조에 따라 선거관리위원회에 위탁할 수 있다.

④ 조합임원의 임기는 3년 이하의 범위에서 정관으로 정하되, 연임할 수 있다.

⑤ 조합임원의 선출방법 등은 정관으로 정한다. 다만, 시장·군수등은 다음 각 호의 어느 하나에 해당하는 경우 시·도조례로 정하는 바에 따라 변호사·회계사·기술사 등으로서 대통령령으로 정하는 요건을 갖춘 자를 전문조합관리인으로 선정하여 조합임원의 업무를 대행하게 할 수 있다. 〈개정 2019. 4. 23.〉

1. 조합임원이 사임, 해임, 임기만료, 그 밖에 불가피한 사유 등으로 직무를 수행할 수 없는 때부터 6개월 이상 선임되지 아니한 경우

2. 총회에서 조합원 과반수의 출석과 출석 조합원 과반수의 동의로 전문조합관리인의 선정을 요청하는 경우

⑥ 제5항에 따른 전문조합관리인의 선정절차, 업무집행 등에 필요한 사항은 대통령령으로 정한다.

제42조(조합임원의 직무 등) ① 조합장은 조합을 대표하고, 그 사무를 총괄하며, 총회 또는 제46조에 따른 대의원회의 의장이 된다.

② 제1항에 따라 조합장이 대의원회의 의장이 되는 경우에는 대의원으로 본다.

③ 조합장 또는 이사가 자기를 위하여 조합과 계약이나 소송을 할 때에는 감사가 조합을 대표한다.

④ 조합임원은 같은 목적의 정비사업을 하는 다른 조합의 임원 또는 직원을 겸할 수 없다.

제43조(조합임원 등의 결격사유 및 해임) ① 다음 각 호의 어느 하나에 해당하는 자는 조합임원 또는 전문조합관리인이 될 수 없다. 〈개정 2019. 4. 23., 2020. 6. 9., 2023. 7. 18.〉

1. 미성년자·피성년후견인 또는 피한정후견인

2. 파산선고를 받고 복권되지 아니한 자

3. 금고 이상의 실형을 선고받고 그 집행이 종료(종료된 것으로 보는 경우를 포함한다)되거나 집행이 면제된 날부터 2년이 지나지 아니한 자

4. 금고 이상의 형의 집행유예를 받고 그 유예기간 중에 있는 자

5. 이 법을 위반하여 벌금 100만원 이상의 형을 선고받고 10년이 지나지 아니한 자

6. 제35조에 따른 조합설립 인가권자에 해당하는 지방자치단체의 장, 지방의회의원 또는 그 배우자·직계존속·직계비속

② 조합임원이 다음 각 호의 어느 하나에 해당하는 경우에는 당연 퇴임한다. 〈개정 2019. 4. 23., 2020. 6. 9.〉

1. 제1항 각 호의 어느 하나에 해당하게 되거나 선임 당시 그에 해당하는 자이었음이 밝혀진 경우

2. 조합임원이 제41조제1항에 따른 자격요건을 갖추지 못한 경우

③ 제2항에 따라 퇴임된 임원이 퇴임 전에 관여한 행위는 그 효력을 잃지 아니한다.

④ 조합임원은 제44조제2항에도 불구하고 조합원 10분의 1 이상의 요구로 소집된 총회에서 조합원 과반수의 출석과 출석 조합원 과반수의 동의를 받아 해임할 수 있다. 이 경우 요구자 대표로 선출된 자가 해임 총회의 소집 및 진행을 할 때에는 조합장의 권한을 대행한다.

⑤ 제41조제5항제2호에 따라 시장·군수등이 전문조합관리인을 선정한 경우 전문조합관리인이 업무를 대행할 임원은 당연 퇴임한다. 〈신설 2019. 4. 23.〉

[제목개정 2019. 4. 23.]

제43조의2(벌금형의 분리 선고) 「형법」 제38조에도 불구하고 이 법 제135조부터 제138조까지에 규정된 죄와 다른 죄의 경합범(競合犯)에 대하여 벌금형을 선고하는 경우에는 이를 분리하여 선고하여야 한다.

[본조신설 2021. 8. 10.]

제44조(총회의 소집) ① 조합에는 조합원으로 구성되는 총회를 둔다.

② 총회는 조합장이 직권으로 소집하거나 조합원 5분의 1 이상(정관의 기재사항 중 제40조제1항제6호에 따른 조합임원의 권리·의무·보수·선임방법·변경 및 해임에 관한 사항을 변경하기 위한 총회의 경우는 10분의 1 이상으로 한다) 또는 대의원 3분의 2 이상의 요구로 조합장이 소집하며, 조합원 또는 대의원의 요구로 총회를 소집하는 경우 조합은 소집을 요구하는 자가 본인인지 여부를 대통령령으로 정하는 기준에 따라 정관으로 정하는 방법으로 확인하여야 한다. 〈개정 2019. 4. 23., 2023. 7. 18.〉

③ 제2항에도 불구하고 조합임원의 사임, 해임 또는 임기만료 후 6개월 이상 조합임원이 선임되지 아니한 경우에는 시장·군수등이 조합임원 선출을 위한 총회를 소집할 수 있다.

④ 제2항 및 제3항에 따라 총회를 소집하려는 자는 총회가 개최되기 7일 전까지 회의 목적·안건·일시 및 장소와 제45조제5항, 제6항 및 제8항에 따른 의결권의 행사기간 및 장소 등 의결권 행사에 필요한 사항을 정하여 조합원에게 통지하여야 한다. 〈개정 2021. 8. 10., 2024. 12. 3.〉

⑤ 총회의 소집 절차·시기 등에 필요한 사항은 정관으로 정한다.

제44조의2(온라인총회) ① 조합은 총회의 의결을 거쳐 제44조에 따른 총회와 병행하여 「정보통신망 이용촉진 및 정보보호 등에 관한 법률」 제2조제1항제1호에 따른 정보통신망을 이용한 총회(이하 "온라인총회"라 한다)를 개최하여 조합원이 참석하게 할 수 있다. 다만, 「재난 및 안전관리 기본법」 제3조제1호에 따른 재난의 발생 등 대통령령으로 정하는 사유가 발생하여 시장·군수등이 조합원의 직접 출석이 어렵다고 인정하는 경우에는 온라인총회를 단독으로 개최할 수 있다.

② 제1항에 따른 온라인총회는 다음 각 호의 요건을 모두 갖추어 개최하여야 한다. 이 경우 정족수를 산정할 때에는 직접 출석한 것으로 본다.

1. 온라인총회에 참석한 조합원이 본인인지 여부를 확인할 수 있을 것

2. 온라인총회에 참석한 조합원의 접속 기록 등이 보관되어 실제 참석 여부를 확인·관리할 수 있을 것

3. 그 밖에 원활한 의견의 청취·제시 등을 위하여 대통령령으로 정하는 기준에 부합할 것

③ 그 밖에 온라인총회의 개최 방법 및 절차에 관하여 필요한 사항은 대통령령으로 정한다.

[본조신설 2024. 12. 3.]

[시행일: 2025. 12. 4.] 제44조의2

제45조(총회의 의결) ① 다음 각 호의 사항은 총회의 의결을 거쳐야 한다. 〈개정 2019. 4. 23., 2020. 4. 7., 2021. 3. 16., 2022. 6. 10.〉

1. 정관의 변경(제40조제4항에 따른 경미한 사항의 변경은 이 법 또는 정관에서 총회의결사항으로 정한 경우로 한정한다)

2. 자금의 차입과 그 방법·이자율 및 상환방법

3. 정비사업비의 세부 항목별 사용계획이 포함된 예산안 및 예산

의 사용내역

4. 예산으로 정한 사항 외에 조합원에게 부담이 되는 계약

5. 시공자 · 설계자 및 감정평가법인등(제74조제4항에 따라 시장 · 군수등이 선정 · 계약하는 감정평가법인등은 제외한다)의 선정 및 변경. 다만, 감정평가법인등 선정 및 변경은 총회의 의결을 거쳐 시장 · 군수등에게 위탁할 수 있다.

6. 정비사업전문관리업자의 선정 및 변경

7. 조합임원의 선임 및 해임

8. 정비사업비의 조합원별 분담내역

9. 제52조에 따른 사업시행계획서의 작성 및 변경(제50조제1항 본문에 따른 정비사업의 중지 또는 폐지에 관한 사항을 포함하며, 같은 항 단서에 따른 경미한 변경은 제외한다)

10. 제74조에 따른 관리처분계획의 수립 및 변경(제74조제1항 각 호 외의 부분 단서에 따른 경미한 변경은 제외한다)

10의2. 제86조의2에 따른 조합의 해산과 조합 해산 시의 회계보고

11. 제89조에 따른 청산금의 징수 · 지급(분할징수 · 분할지급을 포함한다)

12. 제93조에 따른 비용의 금액 및 징수방법

13. 그 밖에 조합원에게 경제적 부담을 주는 사항 등 주요한 사항을 결정하기 위하여 대통령령 또는 정관으로 정하는 사항

② 제1항 각 호의 사항 중 이 법 또는 정관에 따라 조합원의 동의가 필요한 사항은 총회에 상정하여야 한다.

③ 총회의 의결은 이 법 또는 정관에 다른 규정이 없으면 조합원 과반수의 출석과 출석 조합원의 과반수 찬성으로 한다.

④ 제1항제9호 및 제10호의 경우에는 조합원 과반수의 찬성으로 의결한다. 다만, 정비사업비가 100분의 10(생산자물가상승률분, 제73조에 따른 손실보상 금액은 제외한다) 이상 늘어나는 경우에는 조합원 3분의 2 이상의 찬성으로 의결하여야 한다.

⑤ 조합원은 서면으로 의결권을 행사하거나 다음 각 호의 어느 하나에 해당하는 경우에는 대리인을 통하여 의결권을 행사할 수 있다. 서면으로 의결권을 행사하는 경우에는 정족수를 산정할 때에 출석한 것으로 본다.

1. 조합원이 권한을 행사할 수 없어 배우자, 직계존비속 또는 형

제자매 중에서 성년자를 대리인으로 정하여 위임장을 제출하는 경우
2. 해외에 거주하는 조합원이 대리인을 지정하는 경우
3. 법인인 토지등소유자가 대리인을 지정하는 경우. 이 경우 법인의 대리인은 조합임원 또는 대의원으로 선임될 수 있다.

⑥ 제5항에도 불구하고 조합원은 다음 각 호의 요건을 모두 충족한 경우에는 전자적 방법(「전자문서 및 전자거래 기본법」 제2조제2호에 따른 정보처리시스템을 사용하거나 그 밖의 정보통신기술을 이용하는 방법을 말한다. 이하 같다)으로 의결권을 행사할 수 있다. 이 경우 정족수를 산정할 때에 출석한 것으로 본다. 〈신설 2024. 12. 3.〉
1. 조합원이 전자적 방법 외에 제5항에 따른 방법으로도 의결권을 행사할 수 있게 할 것
2. 의결권의 행사 방법에 따른 결과가 각각 구분되어 확인·관리할 수 있을 것
3. 그 밖에 전자적 방법을 통한 의결권의 투명한 행사 등을 위하여 대통령령으로 정하는 기준에 부합할 것

⑦ 조합은 조합원의 참여를 확대하기 위하여 조합원이 전자적 방법을 우선적으로 이용하도록 노력하여야 한다. 〈신설 2024. 12. 3.〉

⑧ 제6항제1호에도 불구하고 제44조의2제1항 단서에 해당하는 경우에는 전자적 방법만으로 의결권을 행사할 수 있다. 〈신설 2024. 12. 3.〉

⑨ 조합은 제5항, 제6항 및 제8항에 따라 서면 또는 전자적 방법으로 의결권을 행사하는 자가 본인인지를 확인하여야 한다. 〈신설 2021. 8. 10., 2024. 12. 3.〉

⑩ 총회의 의결은 조합원의 100분의 10 이상이 직접 출석(제5항에 따라 대리인을 통하거나 제8항에 따라 전자적 방법으로 의결권을 행사하는 경우 직접 출석한 것으로 본다. 이하 이 조에서 같다)하여야 한다. 다만, 시공자의 선정을 의결하는 총회의 경우에는 조합원의 과반수가 직접 출석하여야 하고, 창립총회, 시공자 선정 취소를 위한 총회, 사업시행계획서의 작성 및 변경, 관리처분계획의 수립 및 변경을 의결하는 총회 등 대통령령으로 정하는 총회의 경우에는 조합원의 100분의 20 이상이 직접 출석하여야 한다. 〈개정 2021. 8. 10., 2023. 7. 18., 2024. 12. 3., 2025. 5. 20.〉

⑪ 총회의 의결방법, 서면 또는 전자적 방법에 따른 의결권 행사 및 본인확인방법 등에 필요한 사항은 정관으로 정한다. 〈개정 2021. 8. 10., 2024. 12. 3.〉

제46조(대의원회) ① 조합원의 수가 100명 이상인 조합은 대의원회를 두어야 한다.

② 대의원회는 조합원의 10분의 1 이상으로 구성한다. 다만, 조합원의 10분의 1이 100명을 넘는 경우에는 조합원의 10분의 1의 범위에서 100명 이상으로 구성할 수 있다.

③ 조합장이 아닌 조합임원은 대의원이 될 수 없다.

④ 대의원회는 총회의 의결사항 중 대통령령으로 정하는 사항 외에는 총회의 권한을 대행할 수 있다.

⑤ 대의원의 수, 선임방법, 선임절차 및 대의원회의 의결방법 등은 대통령령으로 정하는 범위에서 정관으로 정한다.

제47조(주민대표회의) ① 토지등소유자가 시장·군수등 또는 토지주택공사등의 사업시행을 원하는 경우에는 정비구역 지정·고시 후 주민대표기구(이하 "주민대표회의"라 한다)를 구성하여야 한다. 다만, 제26조제4항에 따라 협약등이 체결된 경우에는 정비구역 지정·고시 이전에 주민대표회의를 구성할 수 있다. 〈개정 2024. 12. 3.〉

② 주민대표회의는 위원장을 포함하여 5명 이상 25명 이하로 구성한다.

③ 주민대표회의는 토지등소유자의 과반수의 동의를 받아 구성하며, 국토교통부령으로 정하는 방법 및 절차에 따라 시장·군수등의 승인을 받아야 한다.

④ 제3항에 따라 주민대표회의의 구성에 동의한 자는 제26조제1항제8호 후단에 따른 사업시행자의 지정에 동의한 것으로 본다. 다만, 사업시행자의 지정 요청 전에 시장·군수등 및 주민대표회의에 사업시행자의 지정에 대한 반대의 의사표시를 한 토지등소유자의 경우에는 그러하지 아니하다.

⑤ 주민대표회의 또는 세입자(상가세입자를 포함한다. 이하 같다)는 사업시행자가 다음 각 호의 사항에 관하여 제53조에 따른 시행규정을 정하는 때에 의견을 제시할 수 있다. 이 경우 사업시행자는 주민대표회의 또는 세입자의 의견을 반영하기 위하여 노력하여야 한다.

1. 건축물의 철거

2. 주민의 이주(세입자의 퇴거에 관한 사항을 포함한다)

3. 토지 및 건축물의 보상(세입자에 대한 주거이전비 등 보상에 관한 사항을 포함한다)

4. 정비사업비의 부담

5. 세입자에 대한 임대주택의 공급 및 입주자격

6. 그 밖에 정비사업의 시행을 위하여 필요한 사항으로서 대통령령으로 정하는 사항

⑥ 주민대표회의의 운영, 비용부담, 위원의 선임 방법 및 절차 등에 필요한 사항은 대통령령으로 정한다.

제48조(토지등소유자 전체회의) ① 제27조제1항제3호에 따라 사업시행자로 지정된 신탁업자는 다음 각 호의 사항에 관하여 해당 정비사업의 토지등소유자(재건축사업의 경우에는 신탁업자를 사업시행자로 지정하는 것에 동의한 토지등소유자를 말한다. 이하 이 조에서 같다) 전원으로 구성되는 회의(이하 "토지등소유자 전체회의"라 한다)의 의결을 거쳐야 한다.

1. 시행규정의 확정 및 변경

2. 정비사업비의 사용 및 변경

3. 정비사업전문관리업자와의 계약 등 토지등소유자의 부담이 될 계약

4. 시공자의 선정 및 변경

5. 정비사업비의 토지등소유자별 분담내역

6. 자금의 차입과 그 방법 · 이자율 및 상환방법

7. 제52조에 따른 사업시행계획서의 작성 및 변경(제50조제1항 본문에 따른 정비사업의 중지 또는 폐지에 관한 사항을 포함하며, 같은 항 단서에 따른 경미한 변경은 제외한다)

8. 제74조에 따른 관리처분계획의 수립 및 변경(제74조제1항 각 호 외의 부분 단서에 따른 경미한 변경은 제외한다)

9. 제89조에 따른 청산금의 징수 · 지급(분할징수 · 분할지급을 포함한다)과 조합 해산 시의 회계보고

10. 제93조에 따른 비용의 금액 및 징수방법

11. 그 밖에 토지등소유자에게 부담이 되는 것으로 시행규정으로 정하는 사항

② 토지등소유자 전체회의는 사업시행자가 직권으로 소집하거나

토지등소유자 5분의 1 이상의 요구로 사업시행자가 소집한다.

③ 토지등소유자 전체회의의 소집 절차 · 시기 및 의결방법 등에 관하여는 제44조제5항, 제44조의2 및 제45조제3항부터 제11항까지를 준용한다. 이 경우 "총회"는 "토지등소유자 전체회의"로, "조합"은 "사업시행자"로, "정관"은 "시행규정"으로, "조합원"은 "토지등소유자"로 본다. 〈개정 2021. 8. 10., 2024. 12. 3.〉

[시행일: 2025. 12. 4.] 제48조제3항(온라인총회에 관한 부분에 한정한다)

제49조(민법의 준용) 조합에 관하여는 이 법에 규정된 사항을 제외하고는 「민법」 중 사단법인에 관한 규정을 준용한다.

제3절 사업시행계획 등

제50조(사업시행계획인가) ① 사업시행자(제25조제1항 및 제2항에 따른 공동시행의 경우를 포함하되, 사업시행자가 시장 · 군수등인 경우는 제외한다)는 정비사업을 시행하려는 경우에는 제52조에 따른 사업시행계획서(이하 "사업시행계획서"라 한다)에 정관등과 그 밖에 국토교통부령으로 정하는 서류를 첨부하여 시장 · 군수등에게 제출하고 사업시행계획인가를 받아야 하고, 인가받은 사항을 변경하거나 정비사업을 중지 또는 폐지하려는 경우에도 또한 같다. 다만, 대통령령으로 정하는 경미한 사항을 변경하려는 때에는 시장 · 군수등에게 신고하여야 한다.

② 시장 · 군수등은 제1항 단서에 따른 신고를 받은 날부터 20일 이내에 신고수리 여부를 신고인에게 통지하여야 한다. 〈신설 2021. 3. 16.〉

③ 시장 · 군수등이 제2항에서 정한 기간 내에 신고수리 여부 또는 민원 처리 관련 법령에 따른 처리기간의 연장을 신고인에게 통지하지 아니하면 그 기간(민원 처리 관련 법령에 따라 처리기간이 연장 또는 재연장된 경우에는 해당 처리기간을 말한다)이 끝난 날의 다음 날에 신고를 수리한 것으로 본다. 〈신설 2021. 3. 16.〉

④ 시장 · 군수등은 특별한 사유가 없으면 제1항에 따라 사업시행계획서의 제출이 있은 날부터 60일 이내에 인가 여부를 결정하여 사업시행자에게 통보하여야 한다. 〈개정 2021. 3. 16.〉

⑤ 사업시행자(시장 · 군수등 또는 토지주택공사등은 제외한다)는

사업시행계획인가를 신청하기 전에 미리 총회의 의결을 거쳐야 하며, 인가받은 사항을 변경하거나 정비사업을 중지 또는 폐지하려는 경우에도 또한 같다. 다만, 제1항 단서에 따른 경미한 사항의 변경은 총회의 의결을 필요로 하지 아니한다. 〈개정 2021. 3. 16.〉

⑥ 토지등소유자가 제25조제1항제2호에 따라 재개발사업을 시행하려는 경우에는 사업시행계획인가를 신청하기 전에 사업시행계획서에 대하여 토지등소유자의 4분의 3 이상 및 토지면적의 2분의 1 이상의 토지소유자의 동의를 받아야 한다. 다만, 인가받은 사항을 변경하려는 경우에는 규약으로 정하는 바에 따라 토지등소유자의 과반수의 동의를 받아야 하며, 제1항 단서에 따른 경미한 사항의 변경인 경우에는 토지등소유자의 동의를 필요로 하지 아니한다. 〈개정 2021. 3. 16.〉

⑦ 지정개발자가 정비사업을 시행하려는 경우에는 사업시행계획인가를 신청하기 전에 토지등소유자의 과반수의 동의 및 토지면적의 2분의 1 이상의 토지소유자의 동의를 받아야 한다. 다만, 제1항 단서에 따른 경미한 사항의 변경인 경우에는 토지등소유자의 동의를 필요로 하지 아니한다. 〈개정 2021. 3. 16.〉

⑧ 제26조제1항제1호 및 제27조제1항제1호에 따른 사업시행자는 제7항에도 불구하고 토지등소유자의 동의를 필요로 하지 아니한다. 〈개정 2021. 3. 16.〉

⑨ 시장·군수등은 제1항에 따른 사업시행계획인가(시장·군수등이 사업시행계획서를 작성한 경우를 포함한다)를 하거나 정비사업을 변경·중지 또는 폐지하는 경우에는 국토교통부령으로 정하는 방법 및 절차에 따라 그 내용을 해당 지방자치단체의 공보에 고시하여야 한다. 다만, 제1항 단서에 따른 경미한 사항을 변경하려는 경우에는 그러하지 아니하다. 〈개정 2021. 3. 16.〉

제50조의2(사업시행계획의 통합심의) ① 정비구역의 지정권자는 사업시행계획인가와 관련된 다음 각 호 중 둘 이상의 심의가 필요한 경우에는 이를 통합하여 검토 및 심의(이하 "통합심의"라 한다)하여야 한다. 〈개정 2025. 1. 31.〉

1. 「건축법」에 따른 건축물의 건축 및 특별건축구역의 지정 등에 관한 사항

2. 「경관법」에 따른 경관 심의에 관한 사항

3. 「교육환경 보호에 관한 법률」에 따른 교육환경평가

4. 「국토의 계획 및 이용에 관한 법률」에 따른 도시·군관리계획에 관한 사항

5. 「도시교통정비 촉진법」에 따른 교통영향평가에 관한 사항

5의2. 「소방시설 설치 및 관리에 관한 법률」에 따른 성능위주설계의 평가에 관한 사항

5의3. 「자연재해대책법」에 따른 재해영향평가에 관한 사항

6. 「환경영향평가법」에 따른 환경영향평가 등에 관한 사항

7. 그 밖에 국토교통부장관, 시·도지사 또는 시장·군수등이 필요하다고 인정하여 통합심의에 부치는 사항

② 사업시행자가 통합심의를 신청하는 경우에는 제1항 각 호와 관련된 서류를 첨부하여야 한다. 이 경우 정비구역의 지정권자는 통합심의를 효율적으로 처리하기 위하여 필요한 경우 제출기한을 정하여 제출하도록 할 수 있다.

③ 정비구역의 지정권자가 통합심의를 하는 경우에는 다음 각 호의 어느 하나에 해당하는 위원회에 속하고 해당 위원회의 위원장의 추천을 받은 위원, 정비구역의 지정권자가 속한 지방자치단체 소속 공무원 및 제50조에 따른 사업시행계획 인가권자가 속한 지방자치단체 소속 공무원으로 소집된 통합심의위원회를 구성하여 통합심의하여야 한다. 이 경우 통합심의위원회의 구성, 통합심의의 방법 및 절차에 관한 사항은 대통령령으로 정한다. 〈개정 2025. 1. 31.〉

1. 「건축법」에 따른 건축위원회

2. 「경관법」에 따른 경관위원회

3. 「교육환경 보호에 관한 법률」에 따른 교육환경보호위원회

4. 지방도시계획위원회

5. 「도시교통정비 촉진법」에 따른 교통영향평가심의위원회

6. 도시재정비위원회(정비구역이 재정비촉진지구 내에 있는 경우에 한정한다)

6의2. 「소방시설 설치 및 관리에 관한 법률」에 따른 성능위주설계평가단 또는 중앙소방기술심의위원회

6의3. 「자연재해대책법」에 따른 재해영향평가심의위원회

7. 「환경영향평가법」에 따른 환경영향평가협의회

8. 제1항제7호에 대하여 심의권한을 가진 관련 위원회

④ 시장·군수등은 특별한 사유가 없으면 통합심의 결과를 반영하여 사업시행계획을 인가하여야 한다.

⑤ 통합심의를 거친 경우에는 제1항 각 호의 사항에 대한 검토·심의·조사·협의·조정 또는 재정을 거친 것으로 본다.

[본조신설 2023. 7. 18.]

제50조의3(정비계획 변경 및 사업시행인가의 심의 특례) ① 정비구역의 지정권자는 제50조제1항에 따른 사업시행계획인가(인가받은 사항을 변경하는 경우를 포함한다. 이하 이 조에서 같다)에 앞서 제16조제2항에 따라 결정·고시된 정비계획의 변경(정비구역의 변경도 포함하며, 제15조제3항에 따른 경미한 변경은 제외한다. 이하 이 조에서 같다)이 필요한 경우 제16조에도 불구하고 정비계획의 변경을 위한 지방도시계획위원회 심의를 사업시행계획인가와 관련된 심의와 함께 통합하여 검토 및 심의할 수 있다.

② 정비구역의 지정권자가 제1항에 따라 심의를 통합하여 실시하는 경우 사업시행자는 하나의 총회(제27조제1항에 따라 신탁업자가 사업시행자로 지정된 경우에는 제48조에 따른 토지등소유자 전체회의를 말한다. 이하 이 조에서 같다)에서 제45조제1항제8호 및 제9호에 관한 사항을 의결하여야 한다.

③ 제1항 및 제2항에서 규정한 사항 외에 심의 및 총회 의결을 위한 절차와 방법에 관하여 필요한 사항은 대통령령으로 정한다.

[본조신설 2023. 7. 18.]

제51조(기반시설의 기부채납 기준) ① 시장·군수등은 제50조제1항에 따라 사업시행계획을 인가하는 경우 사업시행자가 제출하는 사업시행계획에 해당 정비사업과 직접적으로 관련이 없거나 과도한 정비기반시설의 기부채납을 요구하여서는 아니 된다.

② 국토교통부장관은 정비기반시설의 기부채납과 관련하여 다음 각 호의 사항이 포함된 운영기준을 작성하여 고시할 수 있다.

1. 정비기반시설의 기부채납 부담의 원칙 및 수준
2. 정비기반시설의 설치기준 등

③ 시장·군수등은 제2항에 따른 운영기준의 범위에서 지역여건 또는 사업의 특성 등을 고려하여 따로 기준을 정할 수 있으며, 이 경우 사전에 국토교통부장관에게 보고하여야 한다.

제52조(사업시행계획서의 작성) ① 사업시행자는 정비계획에 따라

다음 각 호의 사항을 포함하는 사업시행계획서를 작성하여야 한다. 〈개정 2018. 1. 16., 2021. 4. 13.〉

1. 토지이용계획(건축물배치계획을 포함한다)
2. 정비기반시설 및 공동이용시설의 설치계획
3. 임시거주시설을 포함한 주민이주대책
4. 세입자의 주거 및 이주 대책
5. 사업시행기간 동안 정비구역 내 가로등 설치, 폐쇄회로 텔레비전 설치 등 범죄예방대책
6. 제10조에 따른 임대주택의 건설계획(재건축사업의 경우는 제외한다)
7. 제54조제4항, 제101조의5 및 제101조의6에 따른 국민주택규모 주택의 건설계획(주거환경개선사업의 경우는 제외한다)
8. 공공지원민간임대주택 또는 임대관리 위탁주택의 건설계획(필요한 경우로 한정한다)
9. 건축물의 높이 및 용적률 등에 관한 건축계획
10. 정비사업의 시행과정에서 발생하는 폐기물의 처리계획
11. 교육시설의 교육환경 보호에 관한 계획(정비구역부터 200미터 이내에 교육시설이 설치되어 있는 경우로 한정한다)
12. 정비사업비
13. 그 밖에 사업시행을 위한 사항으로서 대통령령으로 정하는 바에 따라 시ㆍ도조례로 정하는 사항

② 사업시행자가 제1항에 따른 사업시행계획서에 「공공주택 특별법」 제2조제1호에 따른 공공주택(이하 "공공주택"이라 한다) 건설계획을 포함하는 경우에는 공공주택의 구조ㆍ기능 및 설비에 관한 기준과 부대시설ㆍ복리시설의 범위, 설치기준 등에 필요한 사항은 같은 법 제37조에 따른다.

제53조(시행규정의 작성) 시장ㆍ군수등, 토지주택공사등 또는 신탁업자가 단독으로 정비사업을 시행하는 경우 다음 각 호의 사항을 포함하는 시행규정을 작성하여야 한다.

1. 정비사업의 종류 및 명칭
2. 정비사업의 시행연도 및 시행방법
3. 비용부담 및 회계
4. 토지등소유자의 권리ㆍ의무

5. 정비기반시설 및 공동이용시설의 부담

6. 공고·공람 및 통지의 방법

7. 토지 및 건축물에 관한 권리의 평가방법

8. 관리처분계획 및 청산(분할징수 또는 납입에 관한 사항을 포함한다). 다만, 수용의 방법으로 시행하는 경우는 제외한다.

9. 시행규정의 변경

10. 사업시행계획서의 변경

11. 토지등소유자 전체회의(신탁업자가 사업시행자인 경우로 한정한다)

12. 그 밖에 시·도조례로 정하는 사항

제54조(재건축사업 등의 용적률 완화 및 국민주택규모 주택 건설비율) ① 사업시행자는 다음 각 호의 어느 하나에 해당하는 정비사업(「도시재정비 촉진을 위한 특별법」 제2조제1호에 따른 재정비촉진지구에서 시행되는 재개발사업 및 재건축사업은 제외한다. 이하 이 조에서 같다)을 시행하는 경우 정비계획(이 법에 따라 정비계획으로 의제되는 계획을 포함한다. 이하 이 조에서 같다)으로 정하여진 용적률에도 불구하고 지방도시계획위원회의 심의를 거쳐 「국토의 계획 및 이용에 관한 법률」 제78조 및 관계 법률에 따른 용적률의 상한(이하 이 조에서 "법적상한용적률"이라 한다)까지 건축할 수 있다. 〈개정 2023. 7. 18.〉

1. 「수도권정비계획법」 제6조제1항제1호에 따른 과밀억제권역(이하 "과밀억제권역"이라 한다)에서 시행하는 재개발사업 및 재건축사업(「국토의 계획 및 이용에 관한 법률」 제78조에 따른 주거지역 및 대통령령으로 정하는 공업지역으로 한정한다. 이하 이 조에서 같다)

2. 제1호 외의 경우 시·도조례로 정하는 지역에서 시행하는 재개발사업 및 재건축사업

② 제1항에 따라 사업시행자가 정비계획으로 정하여진 용적률을 초과하여 건축하려는 경우에는 「국토의 계획 및 이용에 관한 법률」 제78조에 따라 특별시·광역시·특별자치시·특별자치도·시 또는 군의 조례로 정한 용적률 제한 및 정비계획으로 정한 허용세대수의 제한을 받지 아니한다.

③ 제1항의 관계 법률에 따른 용적률의 상한은 다음 각 호의 어느 하나에 해당하여 건축행위가 제한되는 경우 건축이 가능한 용적

률을 말한다. 〈개정 2023. 3. 21., 2023. 8. 8., 2024. 2. 6.〉

1. 「국토의 계획 및 이용에 관한 법률」 제76조에 따른 건축물의 층수제한

2. 「건축법」 제60조에 따른 높이제한

3. 「건축법」 제61조에 따른 일조 등의 확보를 위한 건축물의 높이제한

4. 「공항시설법」 제34조에 따른 장애물 제한표면구역 내 건축물의 높이제한

5. 「군사기지 및 군사시설 보호법」 제10조에 따른 비행안전구역 내 건축물의 높이제한

6. 「문화유산의 보존 및 활용에 관한 법률」 제12조에 따른 건설공사 시 문화유산 보호를 위한 건축제한

6의2. 「자연유산의 보존 및 활용에 관한 법률」 제9조에 따른 건설공사 시 천연기념물등의 보호를 위한 건축제한

7. 그 밖에 시장·군수등이 건축 관계 법률의 건축제한으로 용적률의 완화가 불가능하다고 근거를 제시하고, 지방도시계획위원회 또는 「건축법」 제4조에 따라 시·도에 두는 건축위원회가 심의를 거쳐 용적률 완화가 불가능하다고 인정한 경우

④ 사업시행자는 법적상한용적률에서 정비계획으로 정하여진 용적률을 뺀 용적률(이하 "초과용적률"이라 한다)의 다음 각 호에 따른 비율에 해당하는 면적에 국민주택규모 주택을 건설하여야 한다. 다만, 제24조제4항, 제26조제1항제1호 및 제27조제1항제1호에 따른 정비사업을 시행하는 경우에는 그러하지 아니하다. 〈개정 2021. 4. 13.〉

1. 과밀억제권역에서 시행하는 재건축사업은 초과용적률의 100분의 30 이상 100분의 50 이하로서 시·도조례로 정하는 비율

2. 과밀억제권역에서 시행하는 재개발사업은 초과용적률의 100분의 50 이상 100분의 75 이하로서 시·도조례로 정하는 비율

3. 과밀억제권역 외의 지역에서 시행하는 재건축사업은 초과용적률의 100분의 50 이하로서 시·도조례로 정하는 비율

4. 과밀억제권역 외의 지역에서 시행하는 재개발사업은 초과용적률의 100분의 75 이하로서 시·도조례로 정하는 비율

[제목개정 2021. 4. 13.]

제55조(국민주택규모 주택의 공급 및 인수) ① 사업시행자는 제54조제4항에 따라 건설한 국민주택규모 주택을 국토교통부장관, 시·도지사, 시장, 군수, 구청장 또는 토지주택공사등(이하 "인수자"라 한다)에 공급하여야 한다. 〈개정 2021. 4. 13.〉

② 제1항에 따른 국민주택규모 주택의 공급가격은 「공공주택 특별법」 제50조의4에 따라 국토교통부장관이 고시하는 공공건설임대주택의 표준건축비로 하며, 부속 토지는 인수자에게 기부채납한 것으로 본다. 〈개정 2021. 4. 13.〉

③ 사업시행자는 제54조제1항 및 제2항에 따라 정비계획상 용적률을 초과하여 건축하려는 경우에는 사업시행계획인가를 신청하기 전에 미리 제1항 및 제2항에 따른 국민주택규모 주택에 관한 사항을 인수자와 협의하여 사업시행계획서에 반영하여야 한다. 〈개정 2021. 4. 13.〉

④ 제1항 및 제2항에 따른 국민주택규모 주택의 인수를 위한 절차와 방법 등에 필요한 사항은 대통령령으로 정할 수 있으며, 인수된 국민주택규모 주택은 대통령령으로 정하는 장기공공임대주택으로 활용하여야 한다. 다만, 토지등소유자의 부담 완화 등 대통령령으로 정하는 요건에 해당하는 경우에는 인수된 국민주택규모 주택을 장기공공임대주택이 아닌 임대주택으로 활용할 수 있다. 〈개정 2021. 4. 13.〉

⑤ 제2항에도 불구하고 제4항 단서에 따른 임대주택의 인수자는 임대의무기간에 따라 감정평가액의 100분의 50 이하의 범위에서 대통령령으로 정하는 가격으로 부속 토지를 인수하여야 한다.

[제목개정 2021. 4. 13.]

제56조(관계 서류의 공람과 의견청취) ① 시장·군수등은 사업시행계획인가를 하거나 사업시행계획서를 작성하려는 경우에는 대통령령으로 정하는 방법 및 절차에 따라 관계 서류의 사본을 14일 이상 일반인이 공람할 수 있게 하여야 한다. 다만, 제50조제1항 단서에 따른 경미한 사항을 변경하려는 경우에는 그러하지 아니하다.

② 토지등소유자 또는 조합원, 그 밖에 정비사업과 관련하여 이해관계를 가지는 자는 제1항의 공람기간 이내에 시장·군수등에게 서면으로 의견을 제출할 수 있다.

③ 시장·군수등은 제2항에 따라 제출된 의견을 심사하여 채택할

필요가 있다고 인정하는 때에는 이를 채택하고, 그러하지 아니한 경우에는 의견을 제출한 자에게 그 사유를 알려주어야 한다.

제57조(인 · 허가등의 의제 등) ① 사업시행자가 사업시행계획인가를 받은 때(시장 · 군수등이 직접 정비사업을 시행하는 경우에는 사업시행계획서를 작성한 때를 말한다. 이하 이 조에서 같다)에는 다음 각 호의 인가 · 허가 · 결정 · 승인 · 신고 · 등록 · 협의 · 동의 · 심사 · 지정 또는 해제(이하 "인 · 허가등"이라 한다)가 있은 것으로 보며, 제50조제9항에 따른 사업시행계획인가의 고시가 있은 때에는 다음 각 호의 관계 법률에 따른 인 · 허가등의 고시 · 공고 등이 있은 것으로 본다. 〈개정 2020. 3. 31., 2020. 6. 9., 2021. 3. 16., 2021. 7. 20., 2021. 11. 30., 2022. 6. 10., 2022. 12. 27., 2025. 1. 31.〉

1. 「주택법」 제15조에 따른 사업계획의 승인

2. 「공공주택 특별법」 제35조에 따른 주택건설사업계획의 승인

3. 「건축법」 제11조에 따른 건축허가, 같은 법 제20조에 따른 가설건축물의 건축허가 또는 축조신고 및 같은 법 제29조에 따른 건축협의

4. 「도로법」 제36조에 따른 도로관리청이 아닌 자에 대한 도로공사 시행의 허가 및 같은 법 제61조에 따른 도로의 점용 허가

5. 「사방사업법」 제20조에 따른 사방지의 지정해제

6. 「농지법」 제34조에 따른 농지전용의 허가 · 협의 및 같은 법 제35조에 따른 농지전용신고

7. 「산지관리법」 제14조 · 제15조에 따른 산지전용허가 및 산지전용신고, 같은 법 제15조의2에 따른 산지일시사용허가 · 신고와 「산림자원의 조성 및 관리에 관한 법률」 제36조제1항 · 제5항에 따른 입목벌채등의 허가 · 신고 및 「산림보호법」 제9조제1항 및 같은 조 제2항제1호에 따른 산림보호구역에서의 행위의 허가. 다만, 「산림자원의 조성 및 관리에 관한 법률」에 따른 채종림 · 시험림과 「산림보호법」에 따른 산림유전자원보호구역의 경우는 제외한다.

8. 「하천법」 제30조에 따른 하천공사 시행의 허가 및 하천공사실시계획의 인가, 같은 법 제33조에 따른 하천의 점용허가 및 같은 법 제50조에 따른 하천수의 사용허가

9. 「수도법」 제17조에 따른 일반수도사업의 인가 및 같은 법 제

52조 또는 제54조에 따른 전용상수도 또는 전용공업용수도 설치의 인가

10. 「하수도법」 제16조에 따른 공공하수도 사업의 허가 및 같은 법 제34조제2항에 따른 개인하수처리시설의 설치신고

11. 「공간정보의 구축 및 관리 등에 관한 법률」 제15조제4항에 따른 지도등의 간행 심사

12. 「유통산업발전법」 제8조에 따른 대규모점포등의 등록

13. 「국유재산법」 제30조에 따른 사용허가(재개발사업으로 한정한다)

14. 「공유재산 및 물품 관리법」 제20조에 따른 사용ㆍ수익허가(재개발사업으로 한정한다)

15. 「공간정보의 구축 및 관리 등에 관한 법률」 제86조제1항에 따른 사업의 착수ㆍ변경의 신고

16. 「국토의 계획 및 이용에 관한 법률」 제86조에 따른 도시ㆍ군계획시설 사업시행자의 지정 및 같은 법 제88조에 따른 실시계획의 인가

17. 「전기안전관리법」 제8조에 따른 자가용전기설비의 공사계획의 인가 및 신고

18. 「소방시설 설치 및 관리에 관한 법률」 제6조제1항에 따른 건축허가등의 동의, 「위험물안전관리법」 제6조제1항에 따른 제조소등의 설치의 허가(제조소등은 공장건축물 또는 그 부속시설과 관계있는 것으로 한정한다)

19. 「도시공원 및 녹지 등에 관한 법률」 제16조의2에 따른 공원조성계획의 결정

20. 「장애인ㆍ노인ㆍ임산부 등의 편의증진 보장에 관한 법률」 제9조의2에 따른 편의시설 설치기준의 적합성 확인

② 사업시행자가 공장이 포함된 구역에 대하여 재개발사업의 사업시행계획인가를 받은 때에는 제1항에 따른 인ㆍ허가등 외에 다음 각 호의 인ㆍ허가등이 있은 것으로 보며, 제50조제9항에 따른 사업시행계획인가를 고시한 때에는 다음 각 호의 관계 법률에 따른 인ㆍ허가등의 고시ㆍ공고 등이 있은 것으로 본다. 〈개정 2021. 3. 16.〉

1. 「산업집적활성화 및 공장설립에 관한 법률」 제13조에 따른 공장설립등의 승인 및 같은 법 제15조에 따른 공장설립등의 완료신고

2. 「폐기물관리법」 제29조제2항에 따른 폐기물처리시설의 설치승

인 또는 설치신고(변경승인 또는 변경신고를 포함한다)

3. 「대기환경보전법」 제23조, 「물환경보전법」 제33조 및 「소음·진동관리법」 제8조에 따른 배출시설설치의 허가 및 신고

4. 「총포·도검·화약류 등의 안전관리에 관한 법률」 제25조제1항에 따른 화약류저장소 설치의 허가

③ 사업시행자는 정비사업에 대하여 제1항 및 제2항에 따른 인·허가등의 의제를 받으려는 경우에는 제50조제1항에 따른 사업시행계획인가를 신청하는 때에 해당 법률에서 정하는 관계 서류를 함께 제출하여야 한다. 다만, 사업시행계획인가를 신청한 때에 시공자가 선정되어 있지 아니하여 관계 서류를 제출할 수 없거나 제6항에 따라 사업시행계획인가를 하는 경우에는 시장·군수등이 정하는 기한까지 제출할 수 있다. 〈개정 2020. 6. 9.〉

④ 시장·군수등은 사업시행계획인가를 하거나 사업시행계획서를 작성하려는 경우 제1항 각 호 및 제2항 각 호에 따라 의제되는 인·허가등에 해당하는 사항이 있는 때에는 미리 관계 행정기관의 장과 협의하여야 하고, 협의를 요청받은 관계 행정기관의 장은 요청받은 날(제3항 단서의 경우에는 서류가 관계 행정기관의 장에게 도달된 날을 말한다)부터 30일 이내에 의견을 제출하여야 한다. 이 경우 관계 행정기관의 장이 30일 이내에 의견을 제출하지 아니하면 협의된 것으로 본다.

⑤ 시장·군수등은 사업시행계획인가(시장·군수등이 사업시행계획서를 작성한 경우를 포함한다)를 하려는 경우 정비구역부터 200미터 이내에 교육시설이 설치되어 있는 때에는 해당 지방자치단체의 교육감 또는 교육장과 협의하여야 하며, 인가받은 사항을 변경하는 경우에도 또한 같다.

⑥ 시장·군수등은 제4항 및 제5항에도 불구하고 천재지변이나 그 밖의 불가피한 사유로 긴급히 정비사업을 시행할 필요가 있다고 인정하는 때에는 관계 행정기관의 장 및 교육감 또는 교육장과 협의를 마치기 전에 제50조제1항에 따른 사업시행계획인가를 할 수 있다. 이 경우 협의를 마칠 때까지는 제1항 및 제2항에 따른 인·허가등을 받은 것으로 보지 아니한다.

⑦ 제1항이나 제2항에 따라 인·허가등을 받은 것으로 보는 경우에는 관계 법률 또는 시·도조례에 따라 해당 인·허가등의 대가로

부과되는 수수료와 해당 국·공유지의 사용 또는 점용에 따른 사용료 또는 점용료를 면제한다.

제58조(사업시행계획인가의 특례) ① 사업시행자는 일부 건축물의 존치 또는 리모델링(「주택법」 제2조제25호 또는 「건축법」 제2조제1항제10호에 따른 리모델링을 말한다. 이하 같다)에 관한 내용이 포함된 사업시행계획서를 작성하여 사업시행계획인가를 신청할 수 있다.

② 시장·군수등은 존치 또는 리모델링하는 건축물 및 건축물이 있는 토지가 「주택법」 및 「건축법」에 따른 다음 각 호의 건축 관련 기준에 적합하지 아니하더라도 대통령령으로 정하는 기준에 따라 사업시행계획인가를 할 수 있다.

1. 「주택법」 제2조제12호에 따른 주택단지의 범위
2. 「주택법」 제35조제1항제3호 및 제4호에 따른 부대시설 및 복리시설의 설치기준
3. 「건축법」 제44조에 따른 대지와 도로의 관계
4. 「건축법」 제46조에 따른 건축선의 지정
5. 「건축법」 제61조에 따른 일조 등의 확보를 위한 건축물의 높이 제한

③ 사업시행자가 제1항에 따라 사업시행계획서를 작성하려는 경우에는 존치 또는 리모델링하는 건축물 소유자의 동의(「집합건물의 소유 및 관리에 관한 법률」 제2조제2호에 따른 구분소유자가 있는 경우에는 구분소유자의 3분의 2 이상의 동의와 해당 건축물 연면적의 3분의 2 이상의 구분소유자의 동의로 한다)를 받아야 한다. 다만, 정비계획에서 존치 또는 리모델링하는 것으로 계획된 경우에는 그러하지 아니한다.

제59조(순환정비방식의 정비사업 등) ① 사업시행자는 정비구역의 안과 밖에 새로 건설한 주택 또는 이미 건설되어 있는 주택의 경우 그 정비사업의 시행으로 철거되는 주택의 소유자 또는 세입자(정비구역에서 실제 거주하는 자로 한정한다. 이하 이 항 및 제61조제1항에서 같다)를 임시로 거주하게 하는 등 그 정비구역을 순차적으로 정비하여 주택의 소유자 또는 세입자의 이주대책을 수립하여야 한다.

② 사업시행자는 제1항에 따른 방식으로 정비사업을 시행하는 경

우에는 임시로 거주하는 주택(이하 “순환용주택”이라 한다)을 「주택법」 제54조에도 불구하고 제61조에 따른 임시거주시설로 사용하거나 임대할 수 있으며, 대통령령으로 정하는 방법과 절차에 따라 토지주택공사등이 보유한 공공임대주택을 순환용주택으로 우선 공급할 것을 요청할 수 있다.

③ 사업시행자는 순환용주택에 거주하는 자가 정비사업이 완료된 후에도 순환용주택에 계속 거주하기를 희망하는 때에는 대통령령으로 정하는 바에 따라 분양하거나 계속 임대할 수 있다. 이 경우 사업시행자가 소유하는 순환용주택은 제74조에 따라 인가받은 관리처분계획에 따라 토지등소유자에게 처분된 것으로 본다.

제60조(지정개발자의 정비사업비의 예치 등) ① 시장·군수등은 재개발사업의 사업시행계획인가를 하는 경우 해당 정비사업의 사업시행자가 지정개발자(지정개발자가 토지등소유자인 경우로 한정한다)인 때에는 정비사업비의 100분의 20의 범위에서 시·도조례로 정하는 금액을 예치하게 할 수 있다.

② 제1항에 따른 예치금은 제89조제1항 및 제2항에 따른 청산금의 지급이 완료된 때에 반환한다.

③ 제1항 및 제2항에 따른 예치 및 반환 등에 필요한 사항은 시·도조례로 정한다.

제4절 정비사업 시행을 위한 조치 등

제61조(임시거주시설·임시상가의 설치 등) ① 사업시행자는 주거환경개선사업 및 재개발사업의 시행으로 철거되는 주택의 소유자 또는 세입자에게 해당 정비구역 안과 밖에 위치한 임대주택 등의 시설에 임시로 거주하게 하거나 주택자금의 융자를 알선하는 등 임시거주에 상응하는 조치를 하여야 한다.

② 사업시행자는 제1항에 따라 임시거주시설(이하 “임시거주시설”이라 한다)의 설치 등을 위하여 필요한 때에는 국가·지방자치단체, 그 밖의 공공단체 또는 개인의 시설이나 토지를 일시 사용할 수 있다.

③ 국가 또는 지방자치단체는 사업시행자로부터 임시거주시설에 필요한 건축물이나 토지의 사용신청을 받은 때에는 대통령령으로 정하는 사유가 없으면 이를 거절하지 못한다. 이 경우 사용료 또는 대부료는 면제한다.

④ 사업시행자는 정비사업의 공사를 완료한 때에는 완료한 날부터 30일 이내에 임시거주시설을 철거하고, 사용한 건축물이나 토지를 원상회복하여야 한다.

⑤ 재개발사업의 사업시행자는 사업시행으로 이주하는 상가세입자가 사용할 수 있도록 정비구역 또는 정비구역 인근에 임시상가를 설치할 수 있다.

제62조(임시거주시설ㆍ임시상가의 설치 등에 따른 손실보상) ① 사업시행자는 제61조에 따라 공공단체(지방자치단체는 제외한다) 또는 개인의 시설이나 토지를 일시 사용함으로써 손실을 입은 자가 있는 경우에는 손실을 보상하여야 하며, 손실을 보상하는 경우에는 손실을 입은 자와 협의하여야 한다.

② 사업시행자 또는 손실을 입은 자는 제1항에 따른 손실보상에 관한 협의가 성립되지 아니하거나 협의할 수 없는 경우에는 「공익사업을 위한 토지 등의 취득 및 보상에 관한 법률」 제49조에 따라 설치되는 관할 토지수용위원회에 재결을 신청할 수 있다.

③ 제1항 또는 제2항에 따른 손실보상은 이 법에 규정된 사항을 제외하고는 「공익사업을 위한 토지 등의 취득 및 보상에 관한 법률」을 준용한다.

제63조(토지 등의 수용 또는 사용) 사업시행자는 정비구역에서 정비사업(재건축사업의 경우에는 제26조제1항제1호 및 제27조제1항제1호에 해당하는 사업으로 한정한다)을 시행하기 위하여 「공익사업을 위한 토지 등의 취득 및 보상에 관한 법률」 제3조에 따른 토지ㆍ물건 또는 그 밖의 권리를 취득하거나 사용할 수 있다.

제64조(재건축사업에서의 매도청구) ① 재건축사업의 사업시행자는 사업시행계획인가의 고시가 있은 날부터 30일 이내에 다음 각 호의 자에게 조합설립 또는 사업시행자의 지정에 관한 동의 여부를 회답할 것을 서면으로 촉구하여야 한다.

1. 제35조제3항부터 제5항까지에 따른 조합설립에 동의하지 아니한 자

2. 제26조제1항 및 제27조제1항에 따라 시장ㆍ군수등, 토지주택공사등 또는 신탁업자의 사업시행자 지정에 동의하지 아니한 자

② 제1항의 촉구를 받은 토지등소유자는 촉구를 받은 날부터 2개월 이내에 회답하여야 한다.

③ 제2항의 기간 내에 회답하지 아니한 경우 그 토지등소유자는 조합설립 또는 사업시행자의 지정에 동의하지 아니하겠다는 뜻을 회답한 것으로 본다.

④ 제2항의 기간이 지나면 사업시행자는 그 기간이 만료된 때부터 2개월 이내에 조합설립 또는 사업시행자 지정에 동의하지 아니하겠다는 뜻을 회답한 토지등소유자와 건축물 또는 토지만 소유한 자에게 건축물 또는 토지의 소유권과 그 밖의 권리를 매도할 것을 청구할 수 있다.

제65조(「공익사업을 위한 토지 등의 취득 및 보상에 관한 법률」의 준용) ① 정비구역에서 정비사업의 시행을 위한 토지 또는 건축물의 소유권과 그 밖의 권리에 대한 수용 또는 사용은 이 법에 규정된 사항을 제외하고는 「공익사업을 위한 토지 등의 취득 및 보상에 관한 법률」을 준용한다. 다만, 정비사업의 시행에 따른 손실보상의 기준 및 절차는 대통령령으로 정할 수 있다.

② 제1항에 따라 「공익사업을 위한 토지 등의 취득 및 보상에 관한 법률」을 준용하는 경우 사업시행계획인가 고시(시장 · 군수등이 직접 정비사업을 시행하는 경우에는 제50조제9항에 따른 사업시행계획서의 고시를 말한다. 이하 이 조에서 같다)가 있은 때에는 같은 법 제20조제1항 및 제22조제1항에 따른 사업인정 및 그 고시가 있은 것으로 본다. 〈개정 2021. 3. 16.〉

③ 제1항에 따른 수용 또는 사용에 대한 재결의 신청은 「공익사업을 위한 토지 등의 취득 및 보상에 관한 법률」 제23조 및 같은 법 제28조제1항에도 불구하고 사업시행계획인가(사업시행계획변경인가를 포함한다)를 할 때 정한 사업시행기간 이내에 하여야 한다.

④ 대지 또는 건축물을 현물보상하는 경우에는 「공익사업을 위한 토지 등의 취득 및 보상에 관한 법률」 제42조에도 불구하고 제83조에 따른 준공인가 이후에도 할 수 있다.

제66조(용적률에 관한 특례 등) ① 사업시행자가 다음 각 호의 어느 하나에 해당하는 경우에는 「국토의 계획 및 이용에 관한 법률」 제78조제1항에도 불구하고 해당 정비구역에 적용되는 용적률의 100분의 125 이하의 범위에서 대통령령으로 정하는 바에 따라 특별시 · 광역시 · 특별자치시 · 특별자치도 · 시 또는 군의 조례로 용적률을 완화하여 정할 수 있다. 〈개정 2023. 7. 18.〉

1. 제65조제1항 단서에 따라 대통령령으로 정하는 손실보상의 기준 이상으로 세입자에게 주거이전비를 지급하거나 영업의 폐지 또는 휴업에 따른 손실을 보상하는 경우

2. 제65조제1항 단서에 따른 손실보상에 더하여 임대주택을 추가로 건설하거나 임대상가를 건설하는 등 추가적인 세입자 손실보상 대책을 수립하여 시행하는 경우

② 정비구역이 역세권 등 대통령령으로 정하는 요건에 해당하는 경우(제24조제4항, 제26조제1항제1호 및 제27조제1항제1호에 따른 정비사업을 시행하는 경우는 제외한다)에는 제11조, 제54조 및 「국토의 계획 및 이용에 관한 법률」 제78조에도 불구하고 다음 각 호의 어느 하나에 따라 용적률을 완화하여 적용할 수 있다. 〈신설 2023. 7. 18.〉

1. 지방도시계획위원회의 심의를 거쳐 법적상한용적률의 100분의 120까지 완화

2. 용도지역의 변경을 통하여 용적률을 완화하여 정비계획을 수립(변경수립을 포함한다. 이하 이 조에서 같다)한 후 변경된 용도지역의 법적상한용적률까지 완화

③ 사업시행자는 제2항에 따라 완화된 용적률에서 정비계획으로 정하여진 용적률을 뺀 용적률의 100분의 75 이하로서 대통령령으로 정하는 바에 따라 시·도조례로 정하는 비율에 해당하는 면적에 국민주택규모 주택을 건설하여 인수자에게 공급하여야 한다. 이 경우 국민주택규모 주택의 공급 및 인수방법에 관하여는 제55조를 준용한다. 〈신설 2023. 7. 18.〉

④ 제3항에도 불구하고 인수자는 사업시행자로부터 공급받은 주택 중 대통령령으로 정하는 비율에 해당하는 주택에 대해서는 「공공주택 특별법」 제48조에 따라 분양할 수 있다. 이 경우 해당 주택의 공급가격은 「주택법」 제57조제4항에 따라 국토교통부장관이 고시하는 건축비로 하며, 부속 토지의 가격은 감정평가액의 100분의 50 이상의 범위에서 대통령령으로 정한다. 〈신설 2023. 7. 18.〉

⑤ 제3항 및 제4항에서 규정한 사항 외에 국민주택규모 주택의 인수 절차 및 활용에 필요한 사항은 대통령령으로 정할 수 있다. 〈신설 2023. 7. 18.〉

[제목개정 2023. 7. 18.]

제67조(재건축사업의 범위에 관한 특례) ① 사업시행자 또는 추진위원회는 다음 각 호의 어느 하나에 해당하는 경우에는 그 주택단지 안의 일부 토지에 대하여 「건축법」 제57조에도 불구하고 분할하려는 토지면적이 같은 조에서 정하고 있는 면적에 미달되더라도 토지분할을 청구할 수 있다.

1. 「주택법」 제15조제1항에 따라 사업계획승인을 받아 건설한 둘 이상의 건축물이 있는 주택단지에 재건축사업을 하는 경우

2. 제35조제3항에 따른 조합설립의 동의요건을 충족시키기 위하여 필요한 경우

② 사업시행자 또는 추진위원회는 제1항에 따라 토지분할 청구를 하는 때에는 토지분할의 대상이 되는 토지 및 그 위의 건축물과 관련된 토지등소유자와 협의하여야 한다.

③ 사업시행자 또는 추진위원회는 제2항에 따른 토지분할의 협의가 성립되지 아니한 경우에는 법원에 토지분할을 청구할 수 있다.

④ 시장·군수등은 제3항에 따라 토지분할이 청구된 경우에 분할되어 나가는 토지 및 그 위의 건축물이 다음 각 호의 요건을 충족하는 때에는 토지분할이 완료되지 아니하여 제1항에 따른 동의요건에 미달되더라도 「건축법」 제4조에 따라 특별자치시·특별자치도·시·군·구(자치구를 말한다)에 설치하는 건축위원회의 심의를 거쳐 조합설립인가와 사업시행계획인가를 할 수 있다. 〈개정 2024. 1. 30.〉

1. 해당 토지 및 건축물과 관련된 토지등소유자(제77조에 따른 기준일의 다음 날 이후에 정비구역에 위치한 건축물 및 그 부속토지의 소유권을 취득한 자는 제외한다)의 수가 전체의 10분의 1 이하일 것

2. 분할되어 나가는 토지 위의 건축물이 분할선 상에 위치하지 아니할 것

3. 그 밖에 사업시행계획인가를 위하여 대통령령으로 정하는 요건에 해당할 것

제68조(건축규제의 완화 등에 관한 특례) ① 주거환경개선사업에 따른 건축허가를 받은 때와 부동산등기(소유권 보존등기 또는 이전등기로 한정한다)를 하는 때에는 「주택도시기금법」 제8조의 국민주택채권의 매입에 관한 규정을 적용하지 아니한다.

② 주거환경개선구역에서 「국토의 계획 및 이용에 관한 법률」 제43조제2항에 따른 도시·군계획시설의 결정·구조 및 설치의 기준 등에 필요한 사항은 국토교통부령으로 정하는 바에 따른다.

③ 사업시행자는 주거환경개선구역에서 다음 각 호의 어느 하나에 해당하는 사항은 시·도조례로 정하는 바에 따라 기준을 따로 정할 수 있다.

1. 「건축법」 제44조에 따른 대지와 도로의 관계(소방활동에 지장이 없는 경우로 한정한다)

2. 「건축법」 제60조 및 제61조에 따른 건축물의 높이 제한(사업시행자가 공동주택을 건설·공급하는 경우로 한정한다)

④ 사업시행자는 공공재건축사업을 위한 정비구역, 제26조제1항제1호 및 제27조제1항제1호에 따른 재건축구역(재건축사업을 시행하는 정비구역을 말한다. 이하 같다) 또는 제66조제2항에 따라 용적률을 완화하여 적용하는 정비구역에서 다음 각 호의 어느 하나에 해당하는 사항에 대하여 대통령령으로 정하는 범위에서 「건축법」 제72조제2항에 따른 지방건축위원회 또는 지방도시계획위원회의 심의를 거쳐 그 기준을 완화받을 수 있다. 〈개정 2021. 4. 13., 2023. 7. 18.〉

1. 「건축법」 제42조에 따른 대지의 조경기준

2. 「건축법」 제55조에 따른 건폐율의 산정기준

3. 「건축법」 제58조에 따른 대지 안의 공지 기준

4. 「건축법」 제60조 및 제61조에 따른 건축물의 높이 제한

5. 「주택법」 제35조제1항제3호 및 제4호에 따른 부대시설 및 복리시설의 설치기준

5의2. 「도시공원 및 녹지 등에 관한 법률」 제14조에 따른 도시공원 또는 녹지 확보기준

6. 제1호부터 제5호까지 및 제5호의2에서 규정한 사항 외에 공공재건축사업 또는 제26조제1항제1호 및 제27조제1항제1호에 따른 재건축사업의 원활한 시행을 위하여 대통령령으로 정하는 사항

제69조(다른 법령의 적용 및 배제) ① 주거환경개선구역은 해당 정비구역의 지정·고시가 있은 날부터 「국토의 계획 및 이용에 관한 법률」 제36조제1항제1호가목 및 같은 조 제2항에 따라 주거지역을 세분하여 정하는 지역 중 대통령령으로 정하는 지역으로 결정·고시

된 것으로 본다. 다만, 다음 각 호의 어느 하나에 해당하는 경우에는 그러하지 아니하다.

1. 해당 정비구역이 「개발제한구역의 지정 및 관리에 관한 특별조치법」 제3조제1항에 따라 결정된 개발제한구역인 경우

2. 시장·군수등이 주거환경개선사업을 위하여 필요하다고 인정하여 해당 정비구역의 일부분을 종전 용도지역으로 그대로 유지하거나 동일면적의 범위에서 위치를 변경하는 내용으로 정비계획을 수립한 경우

3. 시장·군수등이 제9조제1항제10호다목의 사항을 포함하는 정비계획을 수립한 경우

② 정비사업과 관련된 환지에 관하여는 「도시개발법」 제28조부터 제49조까지의 규정을 준용한다. 이 경우 같은 법 제41조제2항 본문에 따른 "환지처분을 하는 때"는 "사업시행계획인가를 하는 때"로 본다.

③ 주거환경개선사업의 경우에는 「공익사업을 위한 토지 등의 취득 및 보상에 관한 법률」 제78조제4항을 적용하지 아니하며, 「주택법」을 적용할 때에는 이 법에 따른 사업시행자(토지주택공사등이 공동사업시행자인 경우에는 토지주택공사등을 말한다)는 「주택법」에 따른 사업주체로 본다. 〈개정 2019. 4. 23.〉

④ 공공재개발사업 시행자 또는 공공재건축사업 시행자는 공공재개발사업 또는 공공재건축사업을 시행하는 경우 「건설기술 진흥법」 등 관계 법령에도 불구하고 대통령령으로 정하는 바에 따라 건설사업관리기술인의 배치기준을 별도로 정할 수 있다. 〈신설 2021. 4. 13.〉

제70조(지상권 등 계약의 해지) ① 정비사업의 시행으로 지상권·전세권 또는 임차권의 설정 목적을 달성할 수 없는 때에는 그 권리자는 계약을 해지할 수 있다.

② 제1항에 따라 계약을 해지할 수 있는 자가 가지는 전세금·보증금, 그 밖의 계약상의 금전의 반환청구권은 사업시행자에게 행사할 수 있다.

③ 제2항에 따른 금전의 반환청구권의 행사로 해당 금전을 지급한 사업시행자는 해당 토지등소유자에게 구상할 수 있다.

④ 사업시행자는 제3항에 따른 구상이 되지 아니하는 때에는 해

당 토지등소유자에게 귀속될 대지 또는 건축물을 압류할 수 있다. 이 경우 압류한 권리는 저당권과 동일한 효력을 가진다.

⑤ 제74조에 따라 관리처분계획의 인가를 받은 경우 지상권·전세권설정계약 또는 임대차계약의 계약기간은 「민법」 제280조·제281조 및 제312조제2항, 「주택임대차보호법」 제4조제1항, 「상가건물 임대차보호법」 제9조제1항을 적용하지 아니한다.

제71조(소유자의 확인이 곤란한 건축물 등에 대한 처분) ① 사업시행자는 다음 각 호에서 정하는 날 현재 건축물 또는 토지의 소유자의 소재 확인이 현저히 곤란한 때에는 전국적으로 배포되는 둘 이상의 일간신문에 2회 이상 공고하고, 공고한 날부터 30일 이상이 지난 때에는 그 소유자의 해당 건축물 또는 토지의 감정평가액에 해당하는 금액을 법원에 공탁하고 정비사업을 시행할 수 있다.

1. 제25조에 따라 조합이 사업시행자가 되는 경우에는 제35조에 따른 조합설립인가일
2. 제25조제1항제2호에 따라 토지등소유자가 시행하는 재개발사업의 경우에는 제50조에 따른 사업시행계획인가일
3. 제26조제1항에 따라 시장·군수등, 토지주택공사등이 정비사업을 시행하는 경우에는 같은 조 제2항에 따른 고시일
4. 제27조제1항에 따라 지정개발자를 사업시행자로 지정하는 경우에는 같은 조 제2항에 따른 고시일

② 재건축사업을 시행하는 경우 조합설립인가일 현재 조합원 전체의 공동소유인 토지 또는 건축물은 조합 소유의 토지 또는 건축물로 본다.

③ 제2항에 따라 조합 소유로 보는 토지 또는 건축물의 처분에 관한 사항은 제74조제1항에 따른 관리처분계획에 명시하여야 한다.

④ 제1항에 따른 토지 또는 건축물의 감정평가는 제74조제4항제1호를 준용한다. 〈개정 2021. 3. 16.〉

제5절 관리처분계획 등

제72조(분양공고 및 분양신청) ① 사업시행자는 제50조제9항에 따른 사업시행계획인가의 고시가 있은 날(사업시행계획인가 이후 시공자를 선정한 경우에는 시공자와 계약을 체결한 날)부터 90일(대통령령으로 정하는 경우에는 1회에 한정하여 30일의 범위에서 연장할

수 있다) 이내에 다음 각 호의 사항을 토지등소유자에게 통지하고, 분양의 대상이 되는 대지 또는 건축물의 내역 등 대통령령으로 정하는 사항을 해당 지역에서 발간되는 일간신문에 공고하여야 한다. 다만, 토지등소유자 1인이 시행하는 재개발사업의 경우에는 그러하지 아니하다. 〈개정 2021. 3. 16., 2025. 1. 31.〉

1. 분양대상자별 종전의 토지 또는 건축물의 명세 및 사업시행계획인가의 고시가 있은 날을 기준으로 한 가격(사업시행계획인가 전에 제81조제3항에 따라 철거된 건축물은 시장·군수등에게 허가를 받은 날을 기준으로 한 가격)
2. 분양대상자별 분담금의 추산액
3. 분양신청기간
4. 그 밖에 대통령령으로 정하는 사항

② 제1항제3호에 따른 분양신청기간은 통지한 날부터 30일 이상 60일 이내로 하여야 한다. 다만, 사업시행자는 제74조제1항에 따른 관리처분계획의 수립에 지장이 없다고 판단하는 경우에는 분양신청기간을 20일의 범위에서 한 차례만 연장할 수 있다.

③ 대지 또는 건축물에 대한 분양을 받으려는 토지등소유자는 제2항에 따른 분양신청기간에 대통령령으로 정하는 방법 및 절차에 따라 사업시행자에게 대지 또는 건축물에 대한 분양신청을 하여야 한다.

④ 사업시행자는 제2항에 따른 분양신청기간 종료 후 제50조제1항에 따른 사업시행계획인가의 변경(경미한 사항의 변경은 제외한다)으로 세대수 또는 주택규모가 달라지는 경우 제1항부터 제3항까지의 규정에 따라 분양공고 등의 절차를 다시 거칠 수 있다.

⑤ 사업시행자는 정관등으로 정하고 있거나 총회의 의결을 거친 경우 제4항에 따라 제73조제1항제1호 및 제2호에 해당하는 토지등소유자에게 분양신청을 다시 하게 할 수 있다

⑥ 제3항부터 제5항까지의 규정에도 불구하고 투기과열지구의 정비사업에서 제74조에 따른 관리처분계획에 따라 같은 조 제1항제2호 또는 제1항제4호가목의 분양대상자 및 그 세대에 속한 자는 분양대상자 선정일(조합원 분양분의 분양대상자는 최초 관리처분계획 인가일을 말한다)부터 5년 이내에는 투기과열지구에서 제3항부터 제5항까지의 규정에 따른 분양신청을 할 수 없다. 다만, 상속, 결혼,

이혼으로 조합원 자격을 취득한 경우에는 분양신청을 할 수 있다. 〈신설 2017. 10. 24.〉

⑦ 공공재개발사업 시행자는 제39조제2항제6호에 따라 건축물 또는 토지를 양수하려는 경우 무분별한 분양신청을 방지하기 위하여 제1항 또는 제4항에 따른 분양공고 시 양수대상이 되는 건축물 또는 토지의 조건을 함께 공고하여야 한다. 〈신설 2021. 4. 13.〉

제73조(분양신청을 하지 아니한 자 등에 대한 조치) ① 사업시행자는 관리처분계획이 인가·고시된 다음 날부터 90일 이내에 다음 각 호에서 정하는 자와 토지, 건축물 또는 그 밖의 권리의 손실보상에 관한 협의를 하여야 한다. 다만, 사업시행자는 분양신청기간 종료일의 다음 날부터 협의를 시작할 수 있다. 〈개정 2017. 10. 24.〉

1. 분양신청을 하지 아니한 자
2. 분양신청기간 종료 이전에 분양신청을 철회한 자
3. 제72조제6항 본문에 따라 분양신청을 할 수 없는 자
4. 제74조에 따라 인가된 관리처분계획에 따라 분양대상에서 제외된 자

② 사업시행자는 제1항에 따른 협의가 성립되지 아니하면 그 기간의 만료일 다음 날부터 60일 이내에 수용재결을 신청하거나 매도청구소송을 제기하여야 한다.

③ 사업시행자는 제2항에 따른 기간을 넘겨서 수용재결을 신청하거나 매도청구소송을 제기한 경우에는 해당 토지등소유자에게 지연일수(遲延日數)에 따른 이자를 지급하여야 한다. 이 경우 이자는 100분의 15 이하의 범위에서 대통령령으로 정하는 이율을 적용하여 산정한다.

제74조(관리처분계획의 인가 등) ① 사업시행자는 제72조에 따른 분양신청기간이 종료된 때에는 분양신청의 현황을 기초로 다음 각 호의 사항이 포함된 관리처분계획을 수립하여 시장·군수등의 인가를 받아야 하며, 관리처분계획을 변경·중지 또는 폐지하려는 경우에도 또한 같다. 다만, 대통령령으로 정하는 경미한 사항을 변경하려는 경우에는 시장·군수등에게 신고하여야 한다. 〈개정 2018. 1. 16.〉

1. 분양설계
2. 분양대상자의 주소 및 성명
3. 분양대상자별 분양예정인 대지 또는 건축물의 추산액(임대관리

위탁주택에 관한 내용을 포함한다)

4. 다음 각 목에 해당하는 보류지 등의 명세와 추산액 및 처분방법. 다만, 나목의 경우에는 제30조제1항에 따라 선정된 임대사업자의 성명 및 주소(법인인 경우에는 법인의 명칭 및 소재지와 대표자의 성명 및 주소)를 포함한다.

가. 일반 분양분

나. 공공지원민간임대주택

다. 임대주택

라. 그 밖에 부대시설·복리시설 등

5. 분양대상자별 종전의 토지 또는 건축물 명세 및 사업시행계획인가 고시가 있은 날을 기준으로 한 가격(사업시행계획인가 전에 제81조제3항에 따라 철거된 건축물은 시장·군수등에게 허가를 받은 날을 기준으로 한 가격)

6. 정비사업비의 추산액(재건축사업의 경우에는 「재건축초과이익 환수에 관한 법률」에 따른 재건축부담금에 관한 사항을 포함한다) 및 그에 따른 조합원 분담규모 및 분담시기

7. 분양대상자의 종전 토지 또는 건축물에 관한 소유권 외의 권리명세

8. 세입자별 손실보상을 위한 권리명세 및 그 평가액

9. 그 밖에 정비사업과 관련한 권리 등에 관하여 대통령령으로 정하는 사항

② 시장·군수등은 제1항 각 호 외의 부분 단서에 따른 신고를 받은 날부터 20일 이내에 신고수리 여부를 신고인에게 통지하여야 한다. 〈신설 2021. 3. 16.〉

③ 시장·군수등이 제2항에서 정한 기간 내에 신고수리 여부 또는 민원 처리 관련 법령에 따른 처리기간의 연장을 신고인에게 통지하지 아니하면 그 기간(민원 처리 관련 법령에 따라 처리기간이 연장 또는 재연장된 경우에는 해당 처리기간을 말한다)이 끝난 날의 다음 날에 신고를 수리한 것으로 본다. 〈신설 2021. 3. 16.〉

④ 정비사업에서 제1항제3호·제5호 및 제8호에 따라 재산 또는 권리를 평가할 때에는 다음 각 호의 방법에 따른다. 〈개정 2020. 4. 7., 2021. 3. 16., 2021. 7. 27.〉

1. 「감정평가 및 감정평가사에 관한 법률」에 따른 감정평가법인등

중 다음 각 목의 구분에 따른 감정평가법인등이 평가한 금액을 산술평균하여 산정한다. 다만, 관리처분계획을 변경·중지 또는 폐지하려는 경우 분양예정 대상인 대지 또는 건축물의 추산액과 종전의 토지 또는 건축물의 가격은 사업시행자 및 토지등소유자 전원이 합의하여 산정할 수 있다.

가. 주거환경개선사업 또는 재개발사업: 시장·군수등이 선정·계약한 2인 이상의 감정평가법인등

나. 재건축사업: 시장·군수등이 선정·계약한 1인 이상의 감정평가법인등과 조합총회의 의결로 선정·계약한 1인 이상의 감정평가법인등

2. 시장·군수등은 제1호에 따라 감정평가법인등을 선정·계약하는 경우 감정평가법인등의 업무수행능력, 소속 감정평가사의 수, 감정평가 실적, 법규 준수 여부, 평가계획의 적정성 등을 고려하여 객관적이고 투명한 절차에 따라 선정하여야 한다. 이 경우 감정평가법인등의 선정·절차 및 방법 등에 필요한 사항은 시·도조례로 정한다.

3. 사업시행자는 제1호에 따라 감정평가를 하려는 경우 시장·군수등에게 감정평가법인등의 선정·계약을 요청하고 감정평가에 필요한 비용을 미리 예치하여야 한다. 시장·군수등은 감정평가가 끝난 경우 예치된 금액에서 감정평가 비용을 직접 지급한 후 나머지 비용을 사업시행자와 정산하여야 한다.

⑤ 조합은 제45조제1항제10호의 사항을 의결하기 위한 총회의 개최일부터 1개월 전에 제1항제3호부터 제6호까지의 규정에 해당하는 사항을 각 조합원에게 문서로 통지하여야 한다. 〈개정 2021. 3. 16.〉

⑥ 제1항에 따른 관리처분계획의 내용, 관리처분의 방법 등에 필요한 사항은 대통령령으로 정한다. 〈개정 2021. 3. 16.〉

⑦ 제1항 각 호의 관리처분계획의 내용과 제4항부터 제6항까지의 규정은 시장·군수등이 직접 수립하는 관리처분계획에 준용한다. 〈개정 2021. 3. 16.〉

제75조(사업시행계획인가 및 관리처분계획인가의 시기 조정) ① 특별시장·광역시장 또는 도지사는 정비사업의 시행으로 정비구역 주변 지역에 주택이 현저하게 부족하거나 주택시장이 불안정하게 되는

등 특별시·광역시 또는 도의 조례로 정하는 사유가 발생하는 경우에는 「주거기본법」 제9조에 따른 시·도 주거정책심의위원회의 심의를 거쳐 사업시행계획인가 또는 제74조에 따른 관리처분계획인가의 시기를 조정하도록 해당 시장, 군수 또는 구청장에게 요청할 수 있다. 이 경우 요청을 받은 시장, 군수 또는 구청장은 특별한 사유가 없으면 그 요청에 따라야 하며, 사업시행계획인가 또는 관리처분계획인가의 조정 시기는 인가를 신청한 날부터 1년을 넘을 수 없다.

② 특별자치시장 및 특별자치도지사는 정비사업의 시행으로 정비구역 주변 지역에 주택이 현저하게 부족하거나 주택시장이 불안정하게 되는 등 특별자치시 및 특별자치도의 조례로 정하는 사유가 발생하는 경우에는 「주거기본법」 제9조에 따른 시·도 주거정책심의위원회의 심의를 거쳐 사업시행계획인가 또는 제74조에 따른 관리처분계획인가의 시기를 조정할 수 있다. 이 경우 사업시행계획인가 또는 관리처분계획인가의 조정 시기는 인가를 신청한 날부터 1년을 넘을 수 없다.

③ 제1항 및 제2항에 따른 사업시행계획인가 또는 관리처분계획인가의 시기 조정의 방법 및 절차 등에 필요한 사항은 특별시·광역시·특별자치시·도 또는 특별자치도의 조례로 정한다.

제76조(관리처분계획의 수립기준) ① 제74조제1항에 따른 관리처분계획의 내용은 다음 각 호의 기준에 따른다. 〈개정 2017. 10. 24., 2018. 3. 20., 2022. 2. 3., 2023. 6. 9., 2024. 1. 30.〉

1. 종전의 토지 또는 건축물의 면적·이용 상황·환경, 그 밖의 사항을 종합적으로 고려하여 대지 또는 건축물이 균형 있게 분양신청자에게 배분되고 합리적으로 이용되도록 한다.

2. 지나치게 좁거나 넓은 토지 또는 건축물은 넓히거나 좁혀 대지 또는 건축물이 적정 규모가 되도록 한다.

3. 너무 좁은 토지 또는 건축물을 취득한 자나 정비구역 지정 후 분할된 토지 또는 집합건물의 구분소유권을 취득한 자에게는 현금으로 청산할 수 있다.

4. 재해 또는 위생상의 위해를 방지하기 위하여 토지의 규모를 조정할 특별한 필요가 있는 때에는 너무 좁은 토지를 넓혀 토지를 갈음하여 보상을 하거나 건축물의 일부와 그 건축물이 있는 대지의 공유지분을 교부할 수 있다.

5. 분양설계에 관한 계획은 제72조에 따른 분양신청기간이 만료하는 날을 기준으로 하여 수립한다.

6. 1세대 또는 1명이 하나 이상의 주택 또는 토지를 소유한 경우 1주택을 공급하고, 같은 세대에 속하지 아니하는 2명 이상이 1주택 또는 1토지를 공유한 경우에는 1주택만 공급한다.

7. 제6호에도 불구하고 다음 각 목의 경우에는 각 목의 방법에 따라 주택을 공급할 수 있다.

가. 2명 이상이 1토지를 공유한 경우로서 시·도조례로 주택공급을 따로 정하고 있는 경우에는 시·도조례로 정하는 바에 따라 주택을 공급할 수 있다.

나. 다음 어느 하나에 해당하는 토지등소유자에게는 소유한 주택 수만큼 공급할 수 있다.

1) 과밀억제권역에 위치하지 아니한 재건축사업의 토지등소유자. 다만, 투기과열지구 또는 「주택법」 제63조의2제1항제1호에 따라 지정된 조정대상지역(이하 이 조에서 "조정대상지역"이라 한다)에서 사업시행계획인가(최초 사업시행계획인가를 말한다)를 신청하는 재건축사업의 토지등소유자는 제외한다.

2) 근로자(공무원인 근로자를 포함한다) 숙소, 기숙사 용도로 주택을 소유하고 있는 토지등소유자

3) 국가, 지방자치단체 및 토지주택공사등

4) 「지방자치분권 및 지역균형발전에 관한 특별법」 제25조에 따른 공공기관지방이전 및 혁신도시 활성화를 위한 시책 등에 따라 이전하는 공공기관이 소유한 주택을 양수한 자

다. 나목1) 단서에도 불구하고 과밀억제권역 외의 조정대상지역 또는 투기과열지구에서 조정대상지역 또는 투기과열지구로 지정되기 전에 1명의 토지등소유자로부터 토지 또는 건축물의 소유권을 양수하여 여러 명이 소유하게 된 경우에는 양도인과 양수인에게 각각 1주택을 공급할 수 있다.

라. 제74조제1항제5호에 따른 가격의 범위 또는 종전 주택의 주거전용면적의 범위에서 2주택을 공급할 수 있고, 이 중 1주택은 주거전용면적을 60제곱미터 이하로 한다. 다만, 60제곱미터 이하로 공급받은 1주택은 제86조제2항에 따른 이전고시일 다음 날부터 3년이 지나기 전에는 주택을 전매(매매·증여나 그 밖에 권리의 변동을

수반하는 모든 행위를 포함하되 상속의 경우는 제외한다)하거나 전매를 알선할 수 없다.

마. 과밀억제권역에 위치한 재건축사업의 경우에는 토지등소유자가 소유한 주택수의 범위에서 3주택까지 공급할 수 있다. 다만, 투기과열지구 또는 조정대상지역에서 사업시행계획인가(최초 사업시행계획인가를 말한다)를 신청하는 재건축사업의 경우에는 그러하지 아니하다.

② 제1항에 따른 관리처분계획의 수립기준 등에 필요한 사항은 대통령령으로 정한다.

[법률 제14567호(2017. 2. 8.) 제76조제1항제7호나목4)의 개정규정은 부칙 제2조의 규정에 의하여 2018년 1월 26일까지 유효함]

제77조(주택 등 건축물을 분양받을 권리의 산정 기준일) ① 정비사업을 통하여 분양받을 건축물이 다음 각 호의 어느 하나에 해당하는 경우에는 제16조제2항 전단에 따른 고시가 있은 날 또는 시·도지사가 투기를 억제하기 위하여 제6조제1항에 따른 기본계획 수립을 위한 주민공람의 공고일 후 정비구역 지정·고시 전에 따로 정하는 날(이하 이 조에서 "기준일"이라 한다)의 다음 날을 기준으로 건축물을 분양받을 권리를 산정한다. 〈개정 2018. 6. 12., 2024. 1. 30.〉

1. 1필지의 토지가 여러 개의 필지로 분할되는 경우

2. 「집합건물의 소유 및 관리에 관한 법률」에 따른 집합건물이 아닌 건축물이 같은 법에 따른 집합건물로 전환되는 경우

3. 하나의 대지 범위에 속하는 동일인 소유의 토지와 주택 등 건축물을 토지와 주택 등 건축물로 각각 분리하여 소유하는 경우

4. 나대지에 건축물을 새로 건축하거나 기존 건축물을 철거하고 다세대주택, 그 밖의 공동주택을 건축하여 토지등소유자의 수가 증가하는 경우

5. 「집합건물의 소유 및 관리에 관한 법률」 제2조제3호에 따른 전유부분의 분할로 토지등소유자의 수가 증가하는 경우

② 시·도지사는 제1항에 따라 기준일을 따로 정하는 경우에는 기준일·지정사유·건축물을 분양받을 권리의 산정 기준 등을 해당 지방자치단체의 공보에 고시하여야 한다.

제78조(관리처분계획의 공람 및 인가절차 등) ① 사업시행자는 제74조에 따른 관리처분계획인가를 신청하기 전에 관계 서류의 사본

을 30일 이상 토지등소유자에게 공람하게 하고 의견을 들어야 한다. 다만, 제74조제1항 각 호 외의 부분 단서에 따라 대통령령으로 정하는 경미한 사항을 변경하려는 경우에는 토지등소유자의 공람 및 의견청취 절차를 거치지 아니할 수 있다.

② 시장·군수등은 사업시행자의 관리처분계획인가의 신청이 있은 날부터 30일 이내에 인가 여부를 결정하여 사업시행자에게 통보하여야 한다. 다만, 시장·군수등은 제3항에 따라 관리처분계획의 타당성 검증을 요청하는 경우에는 관리처분계획인가의 신청을 받은 날부터 60일 이내에 인가 여부를 결정하여 사업시행자에게 통지하여야 한다. 〈개정 2017. 8. 9.〉

③ 시장·군수등은 다음 각 호의 어느 하나에 해당하는 경우에는 대통령령으로 정하는 공공기관에 관리처분계획의 타당성 검증을 요청하여야 한다. 이 경우 시장·군수등은 타당성 검증 비용을 사업시행자에게 부담하게 할 수 있다. 〈신설 2017. 8. 9.〉

1. 제74조제1항제6호에 따른 정비사업비가 제52조제1항제12호에 따른 정비사업비 기준으로 100분의 10 이상으로서 대통령령으로 정하는 비율 이상 늘어나는 경우

2. 제74조제1항제6호에 따른 조합원 분담규모가 제72조제1항제2호에 따른 분양대상자별 분담금의 추산액 총액 기준으로 100분의 20 이상으로서 대통령령으로 정하는 비율 이상 늘어나는 경우

3. 조합원 5분의 1 이상이 관리처분계획인가 신청이 있은 날부터 15일 이내에 시장·군수등에게 타당성 검증을 요청한 경우

4. 그 밖에 시장·군수등이 필요하다고 인정하는 경우

④ 시장·군수등이 제2항에 따라 관리처분계획을 인가하는 때에는 그 내용을 해당 지방자치단체의 공보에 고시하여야 한다. 〈개정 2017. 8. 9.〉

⑤ 사업시행자는 제1항에 따라 공람을 실시하려거나 제4항에 따른 시장·군수등의 고시가 있은 때에는 대통령령으로 정하는 방법과 절차에 따라 토지등소유자에게는 공람계획을 통지하고, 분양신청을 한 자에게는 관리처분계획인가의 내용 등을 통지하여야 한다. 〈개정 2017. 8. 9.〉

⑥ 제1항, 제4항 및 제5항은 시장·군수등이 직접 관리처분계획을 수립하는 경우에 준용한다. 〈개정 2017. 8. 9.〉

⑦ 사업시행자는 관리처분계획의 내용이 제3항제1호 또는 제2호에 해당하는 경우 관리처분계획인가의 신청 이전(제45조제1항제10호에 따른 총회 의결이 있은 경우로 한정한다)에 제3항에 따른 공공기관에 관리처분계획의 타당성 검증을 요청할 수 있다. 이 경우 제3항에 따른 타당성 검증이 요청된 것으로 본다. 〈신설 2025. 1. 31.〉

제79조(관리처분계획에 따른 처분 등) ① 정비사업의 시행으로 조성된 대지 및 건축물은 관리처분계획에 따라 처분 또는 관리하여야 한다.

② 사업시행자는 정비사업의 시행으로 건설된 건축물을 제74조에 따라 인가받은 관리처분계획에 따라 토지등소유자에게 공급하여야 한다.

③ 사업시행자(제23조제1항제2호에 따라 대지를 공급받아 주택을 건설하는 자를 포함한다. 이하 이 항, 제6항 및 제7항에서 같다)는 정비구역에 주택을 건설하는 경우에는 입주자 모집 조건·방법·절차, 입주금(계약금·중도금 및 잔금을 말한다)의 납부 방법·시기·절차, 주택공급 방법·절차 등에 관하여 「주택법」 제54조에도 불구하고 대통령령으로 정하는 범위에서 시장·군수등의 승인을 받아 따로 정할 수 있다.

④ 사업시행자는 제72조에 따른 분양신청을 받은 후 잔여분이 있는 경우에는 정관등 또는 사업시행계획으로 정하는 목적을 위하여 그 잔여분을 보류지(건축물을 포함한다)로 정하거나 조합원 또는 토지등소유자 이외의 자에게 분양할 수 있다. 이 경우 분양공고와 분양신청절차 등에 필요한 사항은 대통령령으로 정한다.

⑤ 국토교통부장관, 시·도지사, 시장, 군수, 구청장 또는 토지주택공사등은 조합이 요청하는 경우 재개발사업의 시행으로 건설된 임대주택을 인수하여야 한다. 이 경우 재개발임대주택의 인수 절차 및 방법, 인수 가격 등에 필요한 사항은 대통령령으로 정한다.

⑥ 사업시행자는 정비사업의 시행으로 임대주택을 건설하는 경우에는 임차인의 자격·선정방법·임대보증금·임대료 등 임대조건에 관한 기준 및 무주택 세대주에게 우선 매각하도록 하는 기준 등에 관하여 「민간임대주택에 관한 특별법」 제42조 및 제44조, 「공공주택 특별법」 제48조, 제49조 및 제50조의3에도 불구하고 대통령령

으로 정하는 범위에서 시장·군수등의 승인을 받아 따로 정할 수 있다. 다만, 재개발임대주택으로서 최초의 임차인 선정이 아닌 경우에는 대통령령으로 정하는 범위에서 인수자가 따로 정한다.

⑦ 사업시행자는 제2항부터 제6항까지의 규정에 따른 공급대상자에게 주택을 공급하고 남은 주택을 제2항부터 제6항까지의 규정에 따른 공급대상자 외의 자에게 공급할 수 있다.

⑧ 제7항에 따른 주택의 공급 방법·절차 등은 「주택법」 제54조를 준용한다. 다만, 사업시행자가 제64조에 따른 매도청구소송을 통하여 법원의 승소판결을 받은 후 입주예정자에게 피해가 없도록 손실보상금을 공탁하고 분양예정인 건축물을 담보한 경우에는 법원의 승소판결이 확정되기 전이라도 「주택법」 제54조에도 불구하고 입주자를 모집할 수 있으나, 제83조에 따른 준공인가 신청 전까지 해당 주택건설 대지의 소유권을 확보하여야 한다.

제80조(지분형주택 등의 공급) ① 사업시행자가 토지주택공사등인 경우에는 분양대상자와 사업시행자가 공동 소유하는 방식으로 주택(이하 "지분형주택"이라 한다)을 공급할 수 있다. 이 경우 공급되는 지분형주택의 규모, 공동 소유기간 및 분양대상자 등 필요한 사항은 대통령령으로 정한다.

② 국토교통부장관, 시·도지사, 시장, 군수, 구청장 또는 토지주택공사등은 정비구역에 세입자와 대통령령으로 정하는 면적 이하의 토지 또는 주택을 소유한 자의 요청이 있는 경우에는 제79조제5항에 따라 인수한 임대주택의 일부를 「주택법」에 따른 토지임대부 분양주택으로 전환하여 공급하여야 한다.

제81조(건축물 등의 사용·수익의 중지 및 철거 등) ① 종전의 토지 또는 건축물의 소유자·지상권자·전세권자·임차권자 등 권리자는 제78조제4항에 따른 관리처분계획인가의 고시가 있은 때에는 제86조에 따른 이전고시가 있는 날까지 종전의 토지 또는 건축물을 사용하거나 수익할 수 없다. 다만, 다음 각 호의 어느 하나에 해당하는 경우에는 그러하지 아니하다. 〈개정 2017. 8. 9.〉

1. 사업시행자의 동의를 받은 경우
2. 「공익사업을 위한 토지 등의 취득 및 보상에 관한 법률」에 따른 손실보상이 완료되지 아니한 경우

② 사업시행자는 제74조제1항에 따른 관리처분계획인가를 받은

후 기존의 건축물을 철거하여야 한다.

③ 사업시행자는 다음 각 호의 어느 하나에 해당하는 경우에는 제2항에도 불구하고 기존 건축물 소유자의 동의 및 시장·군수등의 허가를 받아 해당 건축물을 철거할 수 있다. 이 경우 건축물의 철거는 토지등소유자로서의 권리·의무에 영향을 주지 아니한다.

1. 「재난 및 안전관리 기본법」·「주택법」·「건축법」 등 관계 법령에서 정하는 기존 건축물의 붕괴 등 안전사고의 우려가 있는 경우

2. 폐공가(廢空家)의 밀집으로 범죄발생의 우려가 있는 경우

④ 시장·군수등은 사업시행자가 제2항에 따라 기존의 건축물을 철거하거나 철거를 위하여 점유자를 퇴거시키려는 경우 다음 각 호의 어느 하나에 해당하는 시기에는 건축물을 철거하거나 점유자를 퇴거시키는 것을 제한할 수 있다. 〈개정 2022. 6. 10., 2023. 2. 14.〉

1. 일출 전과 일몰 후

2. 호우, 대설, 폭풍해일, 지진해일, 태풍, 강풍, 풍랑, 한파 등으로 해당 지역에 중대한 재해발생이 예상되어 기상청장이 「기상법」 제13조의2에 따라 특보를 발표한 때

3. 「재난 및 안전관리 기본법」 제3조에 따른 재난이 발생한 때

4. 제1호부터 제3호까지의 규정에 준하는 시기로 시장·군수등이 인정하는 시기

제82조(시공보증) ① 조합이 정비사업의 시행을 위하여 시장·군수등 또는 토지주택공사등이 아닌 자를 시공자로 선정(제25조에 따른 공동사업시행자가 시공하는 경우를 포함한다)한 경우 그 시공자는 공사의 시공보증(시공자가 공사의 계약상 의무를 이행하지 못하거나 의무이행을 하지 아니할 경우 보증기관에서 시공자를 대신하여 계약이행의무를 부담하거나 총 공사금액의 100분의 50 이하 대통령령으로 정하는 비율 이상의 범위에서 사업시행자가 정하는 금액을 납부할 것을 보증하는 것을 말한다)을 위하여 국토교통부령으로 정하는 기관의 시공보증서를 조합에 제출하여야 한다. 〈개정 2018. 6. 12.〉

② 시장·군수등은 「건축법」 제21조에 따른 착공신고를 받는 경우에는 제1항에 따른 시공보증서의 제출 여부를 확인하여야 한다.

제6절 공사완료에 따른 조치 등

제83조(정비사업의 준공인가) ① 시장·군수등이 아닌 사업시행자가 정비사업 공사를 완료한 때에는 대통령령으로 정하는 방법 및 절차에 따라 시장·군수등의 준공인가를 받아야 한다.

② 제1항에 따라 준공인가신청을 받은 시장·군수등은 지체 없이 준공검사를 실시하여야 한다. 이 경우 시장·군수등은 효율적인 준공검사를 위하여 필요한 때에는 관계 행정기관·공공기관·연구기관, 그 밖의 전문기관 또는 단체에게 준공검사의 실시를 의뢰할 수 있다.

③ 시장·군수등은 제2항 전단 또는 후단에 따른 준공검사를 실시한 결과 정비사업이 인가받은 사업시행계획대로 완료되었다고 인정되는 때에는 준공인가를 하고 공사의 완료를 해당 지방자치단체의 공보에 고시하여야 한다.

④ 시장·군수등은 직접 시행하는 정비사업에 관한 공사가 완료된 때에는 그 완료를 해당 지방자치단체의 공보에 고시하여야 한다.

⑤ 시장·군수등은 제1항에 따른 준공인가를 하기 전이라도 완공된 건축물이 사용에 지장이 없는 등 대통령령으로 정하는 기준에 적합한 경우에는 입주예정자가 완공된 건축물을 사용할 수 있도록 사업시행자에게 허가할 수 있다. 다만, 시장·군수등이 사업시행자인 경우에는 허가를 받지 아니하고 입주예정자가 완공된 건축물을 사용하게 할 수 있다.

⑥ 제3항 및 제4항에 따른 공사완료의 고시 절차 및 방법, 그 밖에 필요한 사항은 대통령령으로 정한다.

제84조(준공인가 등에 따른 정비구역의 해제) ① 정비구역의 지정은 제83조에 따른 준공인가의 고시가 있은 날(관리처분계획을 수립하는 경우에는 이전고시가 있은 때를 말한다)의 다음 날에 해제된 것으로 본다. 이 경우 지방자치단체는 해당 지역을 「국토의 계획 및 이용에 관한 법률」에 따른 지구단위계획으로 관리하여야 한다.

② 제1항에 따른 정비구역의 해제는 조합의 존속에 영향을 주지 아니한다.

제85조(공사완료에 따른 관련 인·허가등의 의제) ① 제83조제1항부터 제4항까지의 규정에 따라 준공인가를 하거나 공사완료를 고시하는 경우 시장·군수등이 제57조에 따라 의제되는 인·허가등에

따른 준공검사 · 준공인가 · 사용검사 · 사용승인 등(이하 "준공검사 · 인가등"이라 한다)에 관하여 제3항에 따라 관계 행정기관의 장과 협의한 사항은 해당 준공검사 · 인가등을 받은 것으로 본다.

② 시장 · 군수등이 아닌 사업시행자는 제1항에 따른 준공검사 · 인가등의 의제를 받으려는 경우에는 제83조제1항에 따른 준공인가를 신청하는 때에 해당 법률에서 정하는 관계 서류를 함께 제출하여야 한다. 〈개정 2020. 6. 9.〉

③ 시장 · 군수등은 제83조제1항부터 제4항까지의 규정에 따른 준공인가를 하거나 공사완료를 고시하는 경우 그 내용에 제57조에 따라 의제되는 인 · 허가등에 따른 준공검사 · 인가등에 해당하는 사항이 있은 때에는 미리 관계 행정기관의 장과 협의하여야 한다.

④ 관계 행정기관의 장은 제3항에 따른 협의를 요청받은 날부터 10일 이내에 의견을 제출하여야 한다. 〈신설 2021. 3. 16.〉

⑤ 관계 행정기관의 장이 제4항에서 정한 기간(「민원 처리에 관한 법률」 제20조제2항에 따라 회신기간을 연장한 경우에는 그 연장된 기간을 말한다) 내에 의견을 제출하지 아니하면 협의가 이루어진 것으로 본다. 〈신설 2021. 3. 16.〉

⑥ 제57조제6항은 제1항에 따른 준공검사 · 인가등의 의제에 준용한다. 〈개정 2021. 3. 16.〉

제86조(이전고시 등) ① 사업시행자는 제83조제3항 및 제4항에 따른 고시가 있은 때에는 지체 없이 대지확정측량을 하고 토지의 분할절차를 거쳐 관리처분계획에서 정한 사항을 분양받을 자에게 통지하고 대지 또는 건축물의 소유권을 이전하여야 한다. 다만, 정비사업의 효율적인 추진을 위하여 필요한 경우에는 해당 정비사업에 관한 공사가 전부 완료되기 전이라도 완공된 부분은 준공인가를 받아 대지 또는 건축물별로 분양받을 자에게 소유권을 이전할 수 있다.

② 사업시행자는 제1항에 따라 대지 및 건축물의 소유권을 이전하려는 때에는 그 내용을 해당 지방자치단체의 공보에 고시한 후 시장 · 군수등에게 보고하여야 한다. 이 경우 대지 또는 건축물을 분양받을 자는 고시가 있은 날의 다음 날에 그 대지 또는 건축물의 소유권을 취득한다.

제86조의2(조합의 해산) ① 조합장은 제86조제2항에 따른 고시가 있은 날부터 1년 이내에 조합 해산을 위한 총회를 소집하여야 한다.

② 조합장이 제1항에 따른 기간 내에 총회를 소집하지 아니한 경우 제44조제2항에도 불구하고 조합원 5분의 1 이상의 요구로 소집된 총회에서 조합원 과반수의 출석과 출석 조합원 과반수의 동의를 받아 해산을 의결할 수 있다. 이 경우 요구자 대표로 선출된 자가 조합 해산을 위한 총회의 소집 및 진행을 할 때에는 조합장의 권한을 대행한다.

③ 시장·군수등은 조합이 정당한 사유 없이 제1항 또는 제2항에 따라 해산을 의결하지 아니하는 경우에는 조합설립인가를 취소할 수 있다.

④ 해산하는 조합에 청산인이 될 자가 없는 경우에는 「민법」 제83조에도 불구하고 시장·군수등은 법원에 청산인의 선임을 청구할 수 있다.

⑤ 제1항 또는 제2항에 따라 조합이 해산을 의결하거나 제3항에 따라 조합설립인가가 취소된 경우 청산인은 지체 없이 청산의 목적 범위에서 성실하게 청산인의 직무를 수행하여야 한다. 〈신설 2023. 12. 26.〉

[본조신설 2022. 6. 10.]

제87조(대지 및 건축물에 대한 권리의 확정) ① 대지 또는 건축물을 분양받을 자에게 제86조제2항에 따라 소유권을 이전한 경우 종전의 토지 또는 건축물에 설정된 지상권·전세권·저당권·임차권·가등기담보권·가압류 등 등기된 권리 및 「주택임대차보호법」 제3조제1항의 요건을 갖춘 임차권은 소유권을 이전받은 대지 또는 건축물에 설정된 것으로 본다.

② 제1항에 따라 취득하는 대지 또는 건축물 중 토지등소유자에게 분양하는 대지 또는 건축물은 「도시개발법」 제40조에 따라 행하여진 환지로 본다.

③ 제79조제4항에 따른 보류지와 일반에게 분양하는 대지 또는 건축물은 「도시개발법」 제34조에 따른 보류지 또는 체비지로 본다.

제88조(등기절차 및 권리변동의 제한) ① 사업시행자는 제86조제2항에 따른 이전고시가 있은 때에는 지체 없이 대지 및 건축물에 관한 등기를 지방법원지원 또는 등기소에 촉탁 또는 신청하여야 한다.

② 제1항의 등기에 필요한 사항은 대법원규칙으로 정한다.

③ 정비사업에 관하여 제86조제2항에 따른 이전고시가 있은 날부

터 제1항에 따른 등기가 있을 때까지는 저당권 등의 다른 등기를 하지 못한다.

제89조(청산금 등) ① 대지 또는 건축물을 분양받은 자가 종전에 소유하고 있던 토지 또는 건축물의 가격과 분양받은 대지 또는 건축물의 가격 사이에 차이가 있는 경우 사업시행자는 제86조제2항에 따른 이전고시가 있은 후에 그 차액에 상당하는 금액(이하 "청산금"이라 한다)을 분양받은 자로부터 징수하거나 분양받은 자에게 지급하여야 한다.

② 제1항에도 불구하고 사업시행자는 정관등에서 분할징수 및 분할지급을 정하고 있거나 총회의 의결을 거쳐 따로 정한 경우에는 관리처분계획인가 후부터 제86조제2항에 따른 이전고시가 있은 날까지 일정 기간별로 분할징수하거나 분할지급할 수 있다.

③ 사업시행자는 제1항 및 제2항을 적용하기 위하여 종전에 소유하고 있던 토지 또는 건축물의 가격과 분양받은 대지 또는 건축물의 가격을 평가하는 경우 그 토지 또는 건축물의 규모 · 위치 · 용도 · 이용 상황 · 정비사업비 등을 참작하여 평가하여야 한다.

④ 제3항에 따른 가격평가의 방법 및 절차 등에 필요한 사항은 대통령령으로 정한다.

제90조(청산금의 징수방법 등) ① 시장 · 군수등인 사업시행자는 청산금을 납부할 자가 이를 납부하지 아니하는 경우 지방세 체납처분의 예에 따라 징수(분할징수를 포함한다. 이하 이 조에서 같다)할 수 있으며, 시장 · 군수등이 아닌 사업시행자는 시장 · 군수등에게 청산금의 징수를 위탁할 수 있다. 이 경우 제93조제5항을 준용한다.

② 제89조제1항에 따른 청산금을 지급받을 자가 받을 수 없거나 받기를 거부한 때에는 사업시행자는 그 청산금을 공탁할 수 있다.

③ 청산금을 지급(분할지급을 포함한다)받을 권리 또는 이를 징수할 권리는 제86조제2항에 따른 이전고시일의 다음 날부터 5년간 행사하지 아니하면 소멸한다.

제91조(저당권의 물상대위) 정비구역에 있는 토지 또는 건축물에 저당권을 설정한 권리자는 사업시행자가 저당권이 설정된 토지 또는 건축물의 소유자에게 청산금을 지급하기 전에 압류절차를 거쳐 저당권을 행사할 수 있다.

제4장 비용의 부담 등

제92조(비용부담의 원칙) ① 정비사업비는 이 법 또는 다른 법령에 특별한 규정이 있는 경우를 제외하고는 사업시행자가 부담한다.

② 시장·군수등은 시장·군수등이 아닌 사업시행자가 시행하는 정비사업의 정비계획에 따라 설치되는 다음 각 호의 시설에 대하여는 그 건설에 드는 비용의 전부 또는 일부를 부담할 수 있다.

1. 도시·군계획시설 중 대통령령으로 정하는 주요 정비기반시설 및 공동이용시설
2. 임시거주시설

제93조(비용의 조달) ① 사업시행자는 토지등소유자로부터 제92조제1항에 따른 비용과 정비사업의 시행과정에서 발생한 수입의 차액을 부과금으로 부과·징수할 수 있다.

② 사업시행자는 토지등소유자가 제1항에 따른 부과금의 납부를 게을리한 때에는 연체료를 부과·징수할 수 있다. 〈개정 2020. 6. 9.〉

③ 제1항 및 제2항에 따른 부과금 및 연체료의 부과·징수에 필요한 사항은 정관등으로 정한다.

④ 시장·군수등이 아닌 사업시행자는 부과금 또는 연체료를 체납하는 자가 있는 때에는 시장·군수등에게 그 부과·징수를 위탁할 수 있다.

⑤ 시장·군수등은 제4항에 따라 부과·징수를 위탁받은 경우에는 지방세 체납처분의 예에 따라 부과·징수할 수 있다. 이 경우 사업시행자는 징수한 금액의 100분의 4에 해당하는 금액을 해당 시장·군수등에게 교부하여야 한다.

제94조(정비기반시설 관리자의 비용부담) ① 시장·군수등은 자신이 시행하는 정비사업으로 현저한 이익을 받는 정비기반시설의 관리자가 있는 경우에는 대통령령으로 정하는 방법 및 절차에 따라 해당 정비사업비의 일부를 그 정비기반시설의 관리자와 협의하여 그 관리자에게 부담시킬 수 있다.

② 사업시행자는 정비사업을 시행하는 지역에 전기·가스 등의 공급시설을 설치하기 위하여 공동구를 설치하는 경우에는 다른 법령에 따라 그 공동구에 수용될 시설을 설치할 의무가 있는 자에게 공동구의 설치에 드는 비용을 부담시킬 수 있다.

③ 제2항의 비용부담의 비율 및 부담방법과 공동구의 관리에 필

요한 사항은 국토교통부령으로 정한다.

제95조(보조 및 융자) ① 국가 또는 시·도는 시장, 군수, 구청장 또는 토지주택공사등이 시행하는 정비사업에 관한 기초조사 및 정비사업의 시행에 필요한 시설로서 대통령령으로 정하는 정비기반시설, 임시거주시설 및 주거환경개선사업에 따른 공동이용시설의 건설에 드는 비용의 일부를 보조하거나 융자할 수 있다. 이 경우 국가 또는 시·도는 다음 각 호의 어느 하나에 해당하는 사업에 우선적으로 보조하거나 융자할 수 있다.

1. 시장·군수등 또는 토지주택공사등이 다음 각 목의 어느 하나에 해당하는 지역에서 시행하는 주거환경개선사업

가. 제20조 및 제21조에 따라 해제된 정비구역등

나. 「도시재정비 촉진을 위한 특별법」 제7조제2항에 따라 재정비촉진지구가 해제된 지역

2. 국가 또는 지방자치단체가 도시영세민을 이주시켜 형성된 낙후지역으로서 대통령령으로 정하는 지역에서 시장·군수등 또는 토지주택공사등이 단독으로 시행하는 재개발사업

② 시장·군수등은 사업시행자가 토지주택공사등인 주거환경개선사업과 관련하여 제1항에 따른 정비기반시설 및 공동이용시설, 임시거주시설을 건설하는 경우 건설에 드는 비용의 전부 또는 일부를 토지주택공사등에게 보조하여야 한다.

③ 국가 또는 지방자치단체는 시장·군수등이 아닌 사업시행자가 시행하는 정비사업에 드는 비용의 일부를 보조 또는 융자하거나 융자를 알선할 수 있다.

④ 국가 또는 지방자치단체는 제1항 및 제2항에 따라 정비사업에 필요한 비용을 보조 또는 융자하는 경우 제59조제1항에 따른 순환정비방식의 정비사업에 우선적으로 지원할 수 있다. 이 경우 순환정비방식의 정비사업의 원활한 시행을 위하여 국가 또는 지방자치단체는 다음 각 호의 비용 일부를 보조 또는 융자할 수 있다. 〈개정 2018. 6. 12.〉

1. 순환용주택의 건설비

2. 순환용주택의 단열보완 및 창호교체 등 에너지 성능 향상과 효율개선을 위한 리모델링 비용

3. 공가(空家)관리비

⑤ 국가는 다음 각 호의 어느 하나에 해당하는 비용의 전부 또는 일부를 지방자치단체 또는 토지주택공사등에 보조 또는 융자할 수 있다.

1. 제59조제2항에 따라 토지주택공사등이 보유한 공공임대주택을 순환용주택으로 조합에게 제공하는 경우 그 건설비 및 공가관리비 등의 비용

2. 제79조제5항에 따라 시·도지사, 시장, 군수, 구청장 또는 토지주택공사등이 재개발임대주택을 인수하는 경우 그 인수 비용

⑥ 국가 또는 지방자치단체는 제80조제2항에 따라 토지임대부 분양주택을 공급받는 자에게 해당 공급비용의 전부 또는 일부를 보조 또는 융자할 수 있다.

제96조(정비기반시설의 설치) 사업시행자는 관할 지방자치단체의 장과의 협의를 거쳐 정비구역에 정비기반시설(주거환경개선사업의 경우에는 공동이용시설을 포함한다)을 설치하여야 한다.

제97조(정비기반시설 및 토지 등의 귀속) ① 시장·군수등 또는 토지주택공사등이 정비사업의 시행으로 새로 정비기반시설을 설치하거나 기존의 정비기반시설을 대체하는 정비기반시설을 설치한 경우에는 「국유재산법」 및 「공유재산 및 물품 관리법」에도 불구하고 종래의 정비기반시설은 사업시행자에게 무상으로 귀속되고, 새로 설치된 정비기반시설은 그 시설을 관리할 국가 또는 지방자치단체에 무상으로 귀속된다.

② 시장·군수등 또는 토지주택공사등이 아닌 사업시행자가 정비사업의 시행으로 새로 설치한 정비기반시설은 그 시설을 관리할 국가 또는 지방자치단체에 무상으로 귀속되고, 정비사업의 시행으로 용도가 폐지되는 국가 또는 지방자치단체 소유의 정비기반시설은 사업시행자가 새로 설치한 정비기반시설의 설치비용에 상당하는 범위에서 그에게 무상으로 양도된다.

③ 제1항 및 제2항의 정비기반시설에 해당하는 도로는 다음 각 호의 어느 하나에 해당하는 도로를 말한다.

1. 「국토의 계획 및 이용에 관한 법률」 제30조에 따라 도시·군관리계획으로 결정되어 설치된 도로

2. 「도로법」 제23조에 따라 도로관리청이 관리하는 도로

3. 「도시개발법」 등 다른 법률에 따라 설치된 국가 또는 지방자치

단체 소유의 도로

4. 그 밖에 「공유재산 및 물품 관리법」에 따른 공유재산 중 일반인의 교통을 위하여 제공되고 있는 부지. 이 경우 부지의 사용 형태, 규모, 기능 등 구체적인 기준은 시·도조례로 정할 수 있다.

④ 시장·군수등은 제1항부터 제3항까지의 규정에 따른 정비기반시설의 귀속 및 양도에 관한 사항이 포함된 정비사업을 시행하거나 그 시행을 인가하려는 경우에는 미리 그 관리청의 의견을 들어야 한다. 인가받은 사항을 변경하려는 경우에도 또한 같다.

⑤ 사업시행자는 제1항부터 제3항까지의 규정에 따라 관리청에 귀속될 정비기반시설과 사업시행자에게 귀속 또는 양도될 재산의 종류와 세목을 정비사업의 준공 전에 관리청에 통지하여야 하며, 해당 정비기반시설은 그 정비사업이 준공인가되어 관리청에 준공인가통지를 한 때에 국가 또는 지방자치단체에 귀속되거나 사업시행자에게 귀속 또는 양도된 것으로 본다.

⑥ 제5항에 따른 정비기반시설에 대한 등기의 경우 정비사업의 시행인가서와 준공인가서(시장·군수등이 직접 정비사업을 시행하는 경우에는 제50조제9항에 따른 사업시행계획인가의 고시와 제83조제4항에 따른 공사완료의 고시를 말한다)는 「부동산등기법」에 따른 등기원인을 증명하는 서류를 갈음한다. 〈개정 2020. 6. 9., 2021. 3. 16.〉

⑦ 제1항 및 제2항에 따라 정비사업의 시행으로 용도가 폐지되는 국가 또는 지방자치단체 소유의 정비기반시설의 경우 정비사업의 시행 기간 동안 해당 시설의 대부료는 면제된다.

제98조(국유·공유재산의 처분 등) ① 시장·군수등은 제50조 및 제52조에 따라 인가하려는 사업시행계획 또는 직접 작성하는 사업시행계획서에 국유·공유재산의 처분에 관한 내용이 포함되어 있는 때에는 미리 관리청과 협의하여야 한다. 이 경우 관리청이 불분명한 재산 중 도로·구거(도랑) 등은 국토교통부장관을, 하천은 환경부장관을, 그 외의 재산은 기획재정부장관을 관리청으로 본다. 〈개정 2020. 12. 31., 2021. 1. 5.〉

② 제1항에 따라 협의를 받은 관리청은 20일 이내에 의견을 제시하여야 한다.

③ 정비구역의 국유·공유재산은 정비사업 외의 목적으로 매각되거나 양도될 수 없다.

④ 정비구역의 국유·공유재산은 「국유재산법」 제9조 또는 「공유재산 및 물품 관리법」 제10조에 따른 국유재산종합계획 또는 공유재산관리계획과 「국유재산법」 제43조 및 「공유재산 및 물품 관리법」 제29조에 따른 계약의 방법에도 불구하고 사업시행자 또는 점유자 및 사용자에게 다른 사람에 우선하여 수의계약으로 매각 또는 임대될 수 있다.

⑤ 제4항에 따라 다른 사람에 우선하여 매각 또는 임대될 수 있는 국유·공유재산은 「국유재산법」, 「공유재산 및 물품 관리법」 및 그 밖에 국·공유지의 관리와 처분에 관한 관계 법령에도 불구하고 사업시행계획인가의 고시가 있은 날부터 종전의 용도가 폐지된 것으로 본다.

⑥ 제4항에 따라 정비사업을 목적으로 우선하여 매각하는 국·공유지는 사업시행계획인가의 고시가 있은 날을 기준으로 평가하며, 주거환경개선사업의 경우 매각가격은 평가금액의 100분의 80으로 한다. 다만, 사업시행계획인가의 고시가 있은 날부터 3년 이내에 매매계약을 체결하지 아니한 국·공유지는 「국유재산법」 또는 「공유재산 및 물품 관리법」에서 정한다.

제99조(국유·공유재산의 임대) ① 지방자치단체 또는 토지주택공사등은 주거환경개선구역 및 재개발구역(재개발사업을 시행하는 정비구역을 말한다. 이하 같다)에서 임대주택을 건설하는 경우에는 「국유재산법」 제46조제1항 또는 「공유재산 및 물품 관리법」 제31조에도 불구하고 국·공유지 관리청과 협의하여 정한 기간 동안 국·공유지를 임대할 수 있다.

② 시장·군수등은 「국유재산법」 제18조제1항 또는 「공유재산 및 물품 관리법」 제13조에도 불구하고 제1항에 따라 임대하는 국·공유지 위에 공동주택, 그 밖의 영구시설물을 축조하게 할 수 있다. 이 경우 해당 시설물의 임대기간이 종료되는 때에는 임대한 국·공유지 관리청에 기부 또는 원상으로 회복하여 반환하거나 국·공유지 관리청으로부터 매입하여야 한다.

③ 제1항에 따라 임대하는 국·공유지의 임대료는 「국유재산법」 또는 「공유재산 및 물품 관리법」에서 정한다.

제100조(공동이용시설 사용료의 면제) ① 지방자치단체의 장은 마을공동체 활성화 등 공익 목적을 위하여 「공유재산 및 물품 관리법」

제20조에 따라 주거환경개선구역 내 공동이용시설에 대한 사용 허가를 하는 경우 같은 법 제22조에도 불구하고 사용료를 면제할 수 있다.

② 제1항에 따른 공익 목적의 기준, 사용료 면제 대상 및 그 밖에 필요한 사항은 시·도조례로 정한다.

제101조(국·공유지의 무상양여 등) ① 다음 각 호의 어느 하나에 해당하는 구역에서 국가 또는 지방자치단체가 소유하는 토지는 제50조제9항에 따른 사업시행계획인가의 고시가 있은 날부터 종전의 용도가 폐지된 것으로 보며, 「국유재산법」, 「공유재산 및 물품 관리법」 및 그 밖에 국·공유지의 관리 및 처분에 관하여 규정한 관계 법령에도 불구하고 해당 사업시행자에게 무상으로 양여된다. 다만, 「국유재산법」 제6조제2항에 따른 행정재산 또는 「공유재산 및 물품 관리법」 제5조제2항에 따른 행정재산과 국가 또는 지방자치단체가 양도계약을 체결하여 정비구역지정 고시일 현재 대금의 일부를 수령한 토지에 대하여는 그러하지 아니하다. 〈개정 2021. 3. 16.〉

1. 주거환경개선구역

2. 국가 또는 지방자치단체가 도시영세민을 이주시켜 형성된 낙후 지역으로서 대통령령으로 정하는 재개발구역(이 항 각 호 외의 부분 본문에도 불구하고 무상양여 대상에서 국유지는 제외하고, 공유지는 시장·군수등 또는 토지주택공사등이 단독으로 사업시행자가 되는 경우로 한정한다)

② 삭제 〈2021. 8. 10.〉

③ 제1항에 따라 무상양여된 토지의 사용수익 또는 처분으로 발생한 수입은 주거환경개선사업 또는 재개발사업 외의 용도로 사용할 수 없다.

④ 시장·군수등은 제1항에 따른 무상양여의 대상이 되는 국·공유지를 소유 또는 관리하고 있는 국가 또는 지방자치단체와 협의를 하여야 한다.

⑤ 사업시행자에게 양여된 토지의 관리처분에 필요한 사항은 국토교통부장관의 승인을 받아 해당 시·도조례 또는 토지주택공사등의 시행규정으로 정한다.

제5장 공공재개발사업 및 공공재건축사업 〈신설 2021. 4. 13.〉

제101조의2(공공재개발사업 예정구역의 지정·고시) ① 정비구역의 지정권자는 비경제적인 건축행위 및 투기 수요의 유입을 방지하고, 합리적인 사업계획을 수립하기 위하여 공공재개발사업을 추진하려는 구역을 공공재개발사업 예정구역으로 지정할 수 있다. 이 경우 공공재개발사업 예정구역의 지정·고시에 관한 절차는 제16조를 준용한다.

② 정비계획의 입안권자 또는 토지주택공사등은 정비구역의 지정권자에게 공공재개발사업 예정구역의 지정을 신청할 수 있다. 이 경우 토지주택공사등은 정비계획의 입안권자를 통하여 신청하여야 한다.

③ 공공재개발사업 예정구역에서 제19조제7항 각 호의 어느 하나에 해당하는 행위 또는 같은 조 제8항의 행위를 하려는 자는 시장·군수등의 허가를 받아야 한다. 허가받은 사항을 변경하려는 때에도 또한 같다.

④ 공공재개발사업 예정구역 내에 분양받을 건축물이 제77조제1항 각 호의 어느 하나에 해당하는 경우에는 제77조에도 불구하고 공공재개발사업 예정구역 지정·고시가 있은 날 또는 시·도지사가 투기를 억제하기 위하여 공공재개발사업 예정구역 지정·고시 전에 따로 정하는 날의 다음 날을 기준으로 건축물을 분양받을 권리를 산정한다. 이 경우 시·도지사가 건축물을 분양받을 권리일을 따로 정하는 경우에는 제77조제2항을 준용한다.

⑤ 정비구역의 지정권자는 공공재개발사업 예정구역이 지정·고시된 날부터 2년이 되는 날까지 공공재개발사업 예정구역이 공공재개발사업을 위한 정비구역으로 지정되지 아니하거나, 공공재개발사업 시행자가 지정되지 아니하면 그 2년이 되는 날의 다음 날에 공공재개발사업 예정구역 지정을 해제하여야 한다. 다만, 정비구역의 지정권자는 1회에 한하여 1년의 범위에서 공공재개발사업 예정구역의 지정을 연장할 수 있다.

⑥ 제1항에 따른 공공재개발사업 예정구역의 지정과 제2항에 따른 지정 신청에 필요한 사항 및 그 절차는 대통령령으로 정한다.

[본조신설 2021. 4. 13.]

제101조의3(공공재개발사업을 위한 정비구역 지정 등) ① 정비구역의 지정권자는 제8조제1항에도 불구하고 기본계획을 수립하거나 변경하지 아니하고 공공재개발사업을 위한 정비계획을 결정하여 정비구역을 지정할 수 있다.

② 정비계획의 입안권자는 공공재개발사업의 추진을 전제로 정비계획을 작성하여 정비구역의 지정권자에게 공공재개발사업을 위한 정비구역의 지정을 신청할 수 있다. 이 경우 공공재개발사업을 시행하려는 공공재개발사업 시행자는 정비계획의 입안권자에게 공공재개발사업을 위한 정비계획의 수립을 제안할 수 있다.

③ 정비계획의 지정권자는 공공재개발사업을 위한 정비구역을 지정·고시한 날부터 1년이 되는 날까지 공공재개발사업 시행자가 지정되지 아니하면 그 1년이 되는 날의 다음 날에 공공재개발사업을 위한 정비구역의 지정을 해제하여야 한다. 다만, 정비구역의 지정권자는 1회에 한하여 1년의 범위에서 공공재개발사업을 위한 정비구역의 지정을 연장할 수 있다.

[본조신설 2021. 4. 13.]

제101조의4(공공재개발사업 예정구역 및 공공재개발사업·공공재건축사업을 위한 정비구역 지정을 위한 특례) ① 지방도시계획위원회 또는 도시재정비위원회는 공공재개발사업 예정구역 또는 공공재개발사업·공공재건축사업을 위한 정비구역의 지정에 필요한 사항을 심의하기 위하여 분과위원회를 둘 수 있다. 이 경우 분과위원회의 심의는 지방도시계획위원회 또는 도시재정비위원회의 심의로 본다.

② 정비구역의 지정권자가 공공재개발사업 또는 공공재건축사업을 위한 정비구역의 지정·변경을 고시한 때에는 제7조에 따른 기본계획의 수립·변경, 「도시재정비 촉진을 위한 특별법」 제5조에 따른 재정비촉진지구의 지정·변경 및 같은 법 제12조에 따른 재정비촉진계획의 결정·변경이 고시된 것으로 본다.

[본조신설 2021. 4. 13.]

제101조의5(공공재개발사업에서의 용적률 완화 및 주택 건설비율 등) ① 공공재개발사업 시행자는 공공재개발사업(「도시재정비촉진을 위한 특별법」 제2조제1호에 따른 재정비촉진지구에서 시행되는 공공재개발사업을 포함한다)을 시행하는 경우 「국토의 계획 및 이용에 관한 법률」 제78조 및 조례에도 불구하고 지방도시계획위원회 및 도시재정비위원회의 심의를 거쳐 법적상한용적률의 100분의 120(이하 "법적상한초과용적률"이라 한다)까지 건축할 수 있다.

② 공공재개발사업 시행자는 제54조에도 불구하고 법적상한초과용적률에서 정비계획으로 정하여진 용적률을 뺀 용적률의 100분의

20 이상 100분의 70 이하로서 시·도조례로 정하는 비율에 해당하는 면적에 국민주택규모 주택을 건설하여 인수자에게 공급하여야 한다. 다만, 제24조제4항, 제26조제1항제1호 및 제27조제1항제1호에 따른 정비사업을 시행하는 경우에는 그러하지 아니한다. 〈개정 2023. 7. 18.〉

③ 제2항에 따른 국민주택규모 주택의 공급 및 인수방법에 관하여는 제55조를 준용한다.

④ 제3항에도 불구하고 인수자는 공공재개발사업 시행자로부터 공급받은 주택 중 대통령령으로 정하는 비율에 해당하는 주택에 대해서는 「공공주택 특별법」 제48조에 따라 분양할 수 있다. 이 경우 해당 주택의 공급가격과 부속 토지의 가격은 제66조제4항을 준용하여 정한다. 〈신설 2023. 7. 18.〉

[본조신설 2021. 4. 13.]

제101조의6(공공재건축사업에서의 용적률 완화 및 주택 건설비율 등) ① 공공재건축사업을 위한 정비구역에 대해서는 해당 정비구역의 지정·고시가 있은 날부터 「국토의 계획 및 이용에 관한 법률」 제36조제1항제1호가목 및 같은 조 제2항에 따라 주거지역을 세분하여 정하는 지역 중 대통령령으로 정하는 지역으로 결정·고시된 것으로 보아 해당 지역에 적용되는 용적률 상한까지 용적률을 정할 수 있다. 다만, 다음 각 호의 어느 하나에 해당하는 경우에는 그러하지 아니하다.

1. 해당 정비구역이 「개발제한구역의 지정 및 관리에 관한 특별조치법」 제3조제1항에 따라 결정된 개발제한구역인 경우

2. 시장·군수등이 공공재건축사업을 위하여 필요하다고 인정하여 해당 정비구역의 일부분을 종전 용도지역으로 그대로 유지하거나 동일면적의 범위에서 위치를 변경하는 내용으로 정비계획을 수립한 경우

3. 시장·군수등이 제9조제1항제10호다목의 사항을 포함하는 정비계획을 수립한 경우

② 공공재건축사업 시행자는 공공재건축사업(「도시재정비 촉진을 위한 특별법」 제2조제1호에 따른 재정비촉진지구에서 시행되는 공공재건축사업을 포함한다)을 시행하는 경우 제54조제4항에도 불구하고 제1항에 따라 완화된 용적률에서 정비계획으로 정하여진 용적

률을 뺀 용적률의 100분의 40 이상 100분의 70 이하로서 주택증가 규모, 공공재건축사업을 위한 정비구역의 재정적 여건 등을 고려하여 시·도조례로 정하는 비율에 해당하는 면적에 국민주택규모 주택을 건설하여 인수자에게 공급하여야 한다.

③ 제2항에 따른 주택의 공급가격은 「공공주택 특별법」 제50조의4에 따라 국토교통부장관이 고시하는 공공건설임대주택의 표준건축비로 하고, 제4항 단서에 따라 분양을 목적으로 인수한 주택의 공급가격은 「주택법」 제57조제4항에 따라 국토교통부장관이 고시하는 기본형건축비로 한다. 이 경우 부속 토지는 인수자에게 기부채납한 것으로 본다.

④ 제2항에 따른 국민주택규모 주택의 공급 및 인수방법에 관하여는 제55조를 준용한다. 다만, 인수자는 공공재건축사업 시행자로부터 공급받은 주택 중 대통령령으로 정하는 비율에 해당하는 주택에 대해서는 「공공주택 특별법」 제48조에 따라 분양할 수 있다.

⑤ 제3항 후단에도 불구하고 제4항 단서에 따른 분양주택의 인수자는 감정평가액의 100분의 50 이상의 범위에서 대통령령으로 정하는 가격으로 부속 토지를 인수하여야 한다.

[본조신설 2021. 4. 13.]

제101조의7 삭제 〈2023. 7. 18.〉

제5장의2 공공시행자 및 지정개발자 사업시행의 특례 〈신설 2023. 7. 18.〉

제101조의8(정비구역 지정의 특례) ① 토지주택공사등(제26조에 따라 사업시행자로 지정되려는 경우로 한정한다. 이하 이 장에서 같다) 또는 지정개발자(제27조제1항에 따른 신탁업자로 한정한다. 이하 이 장에서 같다)는 제8조에도 불구하고 대통령령으로 정하는 비율 이상의 토지등소유자의 동의를 받아 정비구역의 지정권자(특별자치시장·특별자치도지사·시장·군수인 경우로 한정한다. 이하 이 장에서 같다)에게 정비구역의 지정(변경지정을 포함한다. 이하 이 조에서 같다)을 제안할 수 있다. 이 경우 토지주택공사등 또는 지정개발자는 다음 각 호의 사항을 포함한 제안서를 정비구역의 지정권자에게 제출하여야 한다.

1. 정비사업의 명칭

2. 정비구역의 위치, 면적 등 개요
3. 토지이용, 주택건설 및 기반시설의 설치 등에 관한 기본방향
4. 그 밖에 지정제안을 위하여 필요한 사항으로서 대통령령으로 정하는 사항

② 제1항에 따라 토지주택공사등 또는 지정개발자가 정비구역의 지정을 제안한 경우 정비구역의 지정권자는 제8조 및 제16조에도 불구하고 정비계획을 수립하기 전에 정비구역을 지정할 수 있다.

③ 정비구역의 지정권자는 제2항에 따라 정비구역을 지정하려면 주민 및 지방의회의 의견을 들어야 하며, 지방도시계획위원회의 심의를 거쳐야 한다. 다만, 제15조제3항에 따른 경미한 사항을 변경하는 경우에는 그러하지 아니하다.

④ 정비구역 지정에 대한 고시에 대하여는 제16조제2항 및 제3항을 준용한다. 이 경우 "정비계획을 포함한 정비구역"은 "정비구역"으로 본다.

⑤ 제1항부터 제4항까지에서 규정한 사항 외에 정비구역의 지정제안 및 정비구역 지정을 위한 절차 등에 관하여 필요한 사항은 대통령령으로 정한다.

[본조신설 2023. 7. 18.]

제101조의9(사업시행자 지정의 특례) ① 정비구역의 지정권자는 제26조제1항제8호 및 제27조제1항제3호에도 불구하고 토지면적 2분의 1 이상의 토지소유자와 토지등소유자의 3분의 2 이상에 해당하는 자가 동의하는 경우에는 정비구역의 지정과 동시에 토지주택공사등 또는 지정개발자를 사업시행자로 지정할 수 있다. 이 경우 제101조의8제1항에 따라 정비구역 지정제안에 동의한 토지등소유자는 토지주택공사등 또는 지정개발자의 사업시행자 지정에 동의한 것으로 본다.

② 정비구역의 지정권자는 제1항에 따라 토지주택공사등 또는 지정개발자를 사업시행자로 지정하는 때에는 정비사업 시행구역 등 토지등소유자에게 알릴 필요가 있는 사항으로서 대통령령으로 정하는 사항을 해당 지방자치단체의 공보에 고시하여야 한다.

[본조신설 2023. 7. 18.]

제101조의10(정비계획과 사업시행계획의 통합 수립) ① 사업시행자는 제101조의8에 따라 정비구역이 지정된 경우에는 제9조에 따른

정비계획과 제52조에 따른 사업시행계획을 통합하여 다음 각 호의 사항이 포함된 계획(이하 "정비사업계획"이라 한다. 이하 같다)을 수립하여야 한다.

1. 제9조제1항에 따른 정비계획의 내용(제9호는 제외한다)
2. 제52조제1항에 따른 사업시행계획서의 내용

하려는 경우에는 제1항에 따른
국토교통부령으로 정하는 서류를
제출하고 정비사업계획인가를 받
거나 정비사업을 중지 또는 폐지
제15조제3항 및 제50조제1항 단
는 때에는 정비구역의 지정권자에

하려는 경우에는 정비사업계획인
를 신청하기 전에 제35조에 따
합설립을 위한 동의요건 이상의
1조의9에 따라 사업시행자 지정
것으로 본다.
에 따른 정비사업계획인가를 하
폐지하는 경우에는 국토교통부령
그 내용을 해당 지방자치단체의
2항 단서에 따른 경미한 사항을
하다.
가의 고시가 있는 경우 해당 정
용에 관한 법률」 제52조제1항 각
같은 법 제50조에 따라 지구단
정·고시된 것으로 본다.

⑥ 제4항에 따른 정비사업계획인가의 고시는 제16조제2항에 따른 정비계획 결정의 고시 및 제50조제9항에 따른 사업시행계획인가의 고시로 본다.

⑦ 정비사업계획에 관하여는 제10조부터 제13조까지, 제17조제3항부터 제5항까지, 제50조제2항부터 제8항까지(제7항은 제외한다), 제50조의2, 제51조 및 제53조부터 제59조까지를 준용한다. 이 경우 "시장·군수등"은 "정비구역의 지정권자"로, "정비계획" 및 "사업

시행계획"은 "정비사업계획"으로 본다.

⑧ 제1항부터 제7항까지에서 규정한 사항 외에 정비사업계획인가 및 고시 등을 위하여 필요한 사항은 대통령령으로 정한다.

[본조신설 2023. 7. 18.]

제6장 정비사업전문관리업 〈개정 2021. 4. 13.〉

제102조(정비사업전문관리업의 등록) ① 다음 각 호의 사항을 추진위원회 또는 사업시행자로부터 위탁받거나 이와 관련한 자문을 하려는 자는 대통령령으로 정하는 자본·기술인력 등의 기준을 갖춰 시·도지사에게 등록 또는 변경(대통령령으로 정하는 경미한 사항의 변경은 제외한다)등록하여야 한다. 다만, 주택의 건설 등 정비사업 관련 업무를 하는 공공기관 등으로 대통령령으로 정하는 기관의 경우에는 그러하지 아니하다.

1. 조합설립의 동의 및 정비사업의 동의에 관한 업무의 대행
2. 조합설립인가의 신청에 관한 업무의 대행
3. 사업성 검토 및 정비사업의 시행계획서의 작성
4. 설계자 및 시공자 선정에 관한 업무의 지원
5. 사업시행계획인가의 신청에 관한 업무의 대행
6. 관리처분계획의 수립에 관한 업무의 대행
7. 제118조제2항제2호에 따라 시장·군수등이 정비사업전문관리업자를 선정한 경우에는 추진위원회 설립에 필요한 다음 각 목의 업무

가. 동의서 제출의 접수

나. 운영규정 작성 지원

다. 그 밖에 시·도조례로 정하는 사항

② 제1항에 따른 등록의 절차 및 방법, 등록수수료 등에 필요한 사항은 대통령령으로 정한다.

③ 시·도지사는 제1항에 따라 정비사업전문관리업의 등록 또는 변경등록한 현황, 제106조제1항에 따라 정비사업전문관리업의 등록취소 또는 업무정지를 명한 현황을 국토교통부령으로 정하는 방법 및 절차에 따라 국토교통부장관에게 보고하여야 한다.

제103조(정비사업전문관리업자의 업무제한 등) 정비사업전문관리업자는 동일한 정비사업에 대하여 다음 각 호의 업무를 병행하여 수

행할 수 없다.

1. 건축물의 철거
2. 정비사업의 설계
3. 정비사업의 시공
4. 정비사업의 회계감사
5. 그 밖에 정비사업의 공정한 질서유지에 필요하다고 인정하여 대통령령으로 정하는 업무

제104조(정비사업전문관리업자와 위탁자와의 관계) 정비사업전문관리업자에게 업무를 위탁하거나 자문을 요청한 자와 정비사업전문관리업자의 관계에 관하여 이 법에 규정된 사항을 제외하고는 「민법」 중 위임에 관한 규정을 준용한다.

제105조(정비사업전문관리업자의 결격사유) ① 다음 각 호의 어느 하나에 해당하는 자는 정비사업전문관리업의 등록을 신청할 수 없으며, 정비사업전문관리업자의 업무를 대표 또는 보조하는 임직원이 될 수 없다. 〈개정 2020. 6. 9.〉

1. 미성년자(대표 또는 임원이 되는 경우로 한정한다)·피성년후견인 또는 피한정후견인
2. 파산선고를 받은 자로서 복권되지 아니한 자
3. 정비사업의 시행과 관련한 범죄행위로 인하여 금고 이상의 실형의 선고를 받고 그 집행이 종료(종료된 것으로 보는 경우를 포함한다)되거나 집행이 면제된 날부터 2년이 지나지 아니한 자
4. 정비사업의 시행과 관련한 범죄행위로 인하여 금고 이상의 형의 집행유예를 받고 그 유예기간 중에 있는 자
5. 이 법을 위반하여 벌금형 이상의 선고를 받고 2년이 지나지 아니한 자
6. 제106조에 따라 등록이 취소된 후 2년이 지나지 아니한 자(법인인 경우 그 대표자를 말한다)
7. 법인의 업무를 대표 또는 보조하는 임직원 중 제1호부터 제6호까지 중 어느 하나에 해당하는 자가 있는 법인

② 정비사업전문관리업자의 업무를 대표 또는 보조하는 임직원이 제1항 각 호의 어느 하나에 해당하게 되거나 선임 당시 그에 해당하였던 자로 밝혀진 때에는 당연 퇴직한다. 〈개정 2020. 6. 9.〉

③ 제2항에 따라 퇴직된 임직원이 퇴직 전에 관여한 행위는 효력

을 잃지 아니한다.

제106조(정비사업전문관리업의 등록취소 등) ① 시 · 도지사는 정비사업전문관리업자가 다음 각 호의 어느 하나에 해당하는 때에는 그 등록을 취소하거나 1년 이내의 기간을 정하여 업무의 전부 또는 일부의 정지를 명할 수 있다. 다만, 제1호 · 제4호 · 제8호 및 제9호에 해당하는 때에는 그 등록을 취소하여야 한다.

1. 거짓, 그 밖의 부정한 방법으로 등록을 한 때
2. 제102조제1항에 따른 등록기준에 미달하게 된 때
3. 추진위원회, 사업시행자 또는 시장 · 군수등의 위탁이나 자문에 관한 계약 없이 제102조제1항 각 호에 따른 업무를 수행한 때
4. 제102조제1항 각 호에 따른 업무를 직접 수행하지 아니한 때
5. 고의 또는 과실로 조합에게 계약금액(정비사업전문관리업자가 조합과 체결한 총계약금액을 말한다)의 3분의 1 이상의 재산상 손실을 끼친 때
6. 제107조에 따른 보고 · 자료제출을 하지 아니하거나 거짓으로 한 때 또는 조사 · 검사를 거부 · 방해 또는 기피한 때
7. 제111조에 따른 보고 · 자료제출을 하지 아니하거나 거짓으로 한 때 또는 조사를 거부 · 방해 또는 기피한 때
8. 최근 3년간 2회 이상의 업무정지처분을 받은 자로서 그 정지처분을 받은 기간이 합산하여 12개월을 초과한 때
9. 다른 사람에게 자기의 성명 또는 상호를 사용하여 이 법에서 정한 업무를 수행하게 하거나 등록증을 대여한 때
10. 이 법을 위반하여 벌금형 이상의 선고를 받은 경우(법인의 경우에는 그 소속 임직원을 포함한다)
11. 그 밖에 이 법 또는 이 법에 따른 명령이나 처분을 위반한 때

② 제1항에 따른 등록의 취소 및 업무의 정지처분에 관한 기준은 대통령령으로 정한다.

③ 제1항에 따라 등록취소처분 등을 받은 정비사업전문관리업자와 등록취소처분 등을 명한 시 · 도지사는 추진위원회 또는 사업시행자에게 해당 내용을 지체 없이 통지하여야 한다. 〈개정 2019. 8. 20.〉

④ 정비사업전문관리업자는 제1항에 따라 등록취소처분 등을 받

기 전에 계약을 체결한 업무는 계속하여 수행할 수 있다. 이 경우 정비사업전문관리업자는 해당 업무를 완료할 때까지는 정비사업전문관리업자로 본다.

⑤ 정비사업전문관리업자는 제4항 전단에도 불구하고 다음 각 호의 어느 하나에 해당하는 경우에는 업무를 계속하여 수행할 수 없다.

1. 사업시행자가 제3항에 따른 통지를 받거나 처분사실을 안 날부터 3개월 이내에 총회 또는 대의원회의 의결을 거쳐 해당 업무계약을 해지한 경우

2. 정비사업전문관리업자가 등록취소처분 등을 받은 날부터 3개월 이내에 사업시행자로부터 업무의 계속 수행에 대하여 동의를 받지 못한 경우. 이 경우 사업시행자가 동의를 하려는 때에는 총회 또는 대의원회의 의결을 거쳐야 한다.

3. 제1항 각 호 외의 부분 단서에 따라 등록이 취소된 경우

제107조(정비사업전문관리업자에 대한 조사 등) ① 국토교통부장관 또는 시·도지사는 다음 각 호의 어느 하나에 해당하는 경우 정비사업전문관리업자에 대하여 그 업무에 관한 사항을 보고하게 하거나 자료의 제출, 그 밖의 필요한 명령을 할 수 있으며, 소속 공무원에게 영업소 등에 출입하여 장부·서류 등을 조사 또는 검사하게 할 수 있다. 〈개정 2019. 8. 20.〉

1. 등록요건 또는 결격사유 등 이 법에서 정한 사항의 위반 여부를 확인할 필요가 있는 경우

2. 정비사업전문관리업자와 토지등소유자, 조합원, 그 밖에 정비사업과 관련한 이해관계인 사이에 분쟁이 발생한 경우

3. 그 밖에 시·도조례로 정하는 경우

② 제1항에 따라 출입·검사 등을 하는 공무원은 권한을 표시하는 증표를 지니고 관계인에게 내보여야 한다.

③ 국토교통부장관 또는 시·도지사가 정비사업전문관리업자에게 제1항에 따른 업무에 관한 사항의 보고, 자료의 제출을 하게 하거나, 소속 공무원에게 조사 또는 검사하게 하려는 경우에는 「행정조사기본법」 제17조에 따라 사전통지를 하여야 한다. 〈신설 2019. 8. 20.〉

④ 제1항에 따라 업무에 관한 사항의 보고 또는 자료의 제출 명령을 받은 정비사업전문관리업자는 그 명령을 받은 날부터 15일 이내에 이를 보고 또는 제출(전자문서를 이용한 보고 또는 제출을 포

함한다)하여야 한다. 〈신설 2019. 8. 20.〉

⑤ 국토교통부장관 또는 시·도지사는 제1항에 따른 업무에 관한 사항의 보고, 자료의 제출, 조사 또는 검사 등이 완료된 날부터 30일 이내에 그 결과를 통지하여야 한다. 〈신설 2019. 8. 20.〉

제108조(정비사업전문관리업 정보의 종합관리) ① 국토교통부장관은 정비사업전문관리업자의 자본금·사업실적·경영실태 등에 관한 정보를 종합적이고 체계적으로 관리하고 시·도지사, 시장, 군수, 구청장, 추진위원회 또는 사업시행자 등에게 제공하기 위하여 정비사업전문관리업 정보종합체계를 구축·운영할 수 있다. 〈개정 2021. 8. 10.〉

② 제1항에 따른 정비사업전문관리업 정보종합체계의 구축·운영에 필요한 사항은 국토교통부령으로 정한다.

제109조(협회의 설립 등) ① 정비사업전문관리업자는 정비사업전문관리업의 전문화와 정비사업의 건전한 발전을 도모하기 위하여 정비사업전문관리업자단체(이하 "협회"라 한다)를 설립할 수 있다.

② 협회는 법인으로 한다.

③ 협회는 주된 사무소의 소재지에서 설립등기를 하는 때에 성립한다.

④ 협회를 설립하려는 때에는 회원의 자격이 있는 50명 이상을 발기인으로 하여 정관을 작성한 후 창립총회의 의결을 거쳐 국토교통부장관의 인가를 받아야 한다. 협회가 정관을 변경하려는 때에도 또한 같다.

⑤ 이 법에 따라 시·도지사로부터 업무정지처분을 받은 회원의 권리·의무는 영업정지기간 중 정지되며, 정비사업전문관리업의 등록이 취소된 때에는 회원의 자격을 상실한다.

⑥ 협회의 정관, 설립인가의 취소, 그 밖에 필요한 사항은 대통령령으로 정한다.

⑦ 협회에 관하여 이 법에 규정된 사항을 제외하고는 「민법」 중 사단법인에 관한 규정을 준용한다.

제110조(협회의 업무 및 감독) ① 협회의 업무는 다음 각 호와 같다.

1. 정비사업전문관리업 및 정비사업의 건전한 발전을 위한 조사·연구

2. 회원의 상호 협력증진을 위한 업무

3. 정비사업전문관리 기술 인력과 정비사업전문관리업 종사자의

자질향상을 위한 교육 및 연수

4. 그 밖에 대통령령으로 정하는 업무

② 국토교통부장관은 협회의 업무 수행 현황 또는 이 법의 위반 여부를 확인할 필요가 있는 때에는 협회에게 업무에 관한 사항을 보고하게 하거나 자료의 제출, 그 밖에 필요한 명령을 할 수 있으며, 소속 공무원에게 그 사무소 등에 출입하여 장부·서류 등을 조사 또는 검사하게 할 수 있다. 〈개정 2019. 8. 20.〉

③ 제2항에 따른 업무에 관한 사항의 보고, 자료의 제출, 조사 또는 검사에 관하여는 제107조제2항부터 제5항까지의 규정을 준용한다. 〈신설 2019. 8. 20.〉

제7장 감독 등 〈개정 2021. 4. 13.〉

제111조(자료의 제출 등) ① 시·도지사는 국토교통부령으로 정하는 방법 및 절차에 따라 정비사업의 추진실적을 분기별로 국토교통부장관에게, 시장, 군수 또는 구청장은 시·도조례로 정하는 바에 따라 정비사업의 추진실적을 특별시장·광역시장 또는 도지사에게 보고하여야 한다.

② 국토교통부장관, 시·도지사, 시장, 군수 또는 구청장은 정비사업(제86조의2에 따라 해산한 조합의 청산 업무를 포함한다. 이하 이 항에서 같다)의 원활한 시행을 감독하기 위하여 필요한 경우로서 다음 각 호의 어느 하나에 해당하는 때에는 추진위원회·사업시행자(청산인을 포함한다)·정비사업전문관리업자·설계자 및 시공자 등 이 법에 따른 업무를 하는 자에게 그 업무에 관한 사항을 보고하게 하거나 자료의 제출, 그 밖의 필요한 명령을 할 수 있으며, 소속 공무원에게 영업소 등에 출입하여 장부·서류 등을 조사 또는 검사하게 할 수 있다. 〈개정 2019. 8. 20., 2020. 6. 9., 2023. 12. 26.〉

1. 이 법의 위반 여부를 확인할 필요가 있는 경우

2. 토지등소유자, 조합원, 그 밖에 정비사업과 관련한 이해관계인 사이에 분쟁이 발생된 경우

3. 제86조의2에 따라 해산한 조합의 잔여재산의 인도 등 청산인의 직무를 성실히 수행하고 있는지를 확인할 필요가 있는 경우

4. 그 밖에 시·도조례로 정하는 경우

③ 제2항에 따른 업무에 관한 사항의 보고, 자료의 제출, 조사 또

는 검사에 관하여는 제107조제2항부터 제5항까지의 규정을 준용한다. 〈개정 2019. 8. 20.〉

제111조의2(자금차입의 신고) 추진위원회 또는 사업시행자(시장·군수등과 토지주택공사등은 제외한다)는 자금을 차입한 때에는 대통령령으로 정하는 바에 따라 자금을 대여한 상대방, 차입액, 이자율 및 상환방법 등의 사항을 시장·군수등에게 신고하여야 한다.

[본조신설 2022. 6. 10.]

제112조(회계감사) ① 시장·군수등 또는 토지주택공사등이 아닌 사업시행자 또는 추진위원회는 다음 각 호의 어느 하나에 해당하는 경우에는 다음 각 호의 구분에 따른 기간 이내에 「주식회사 등의 외부감사에 관한 법률」 제2조제7호 및 제9조에 따른 감사인의 회계감사를 받기 위하여 시장·군수등에게 회계감사기관의 선정·계약을 요청하여야 하며, 그 감사결과를 회계감사가 종료된 날부터 15일 이내에 시장·군수등 및 해당 조합에 보고하고 조합원이 공람할 수 있도록 하여야 한다. 다만, 지정개발자가 사업시행자인 경우에는 제1호에 해당하는 경우는 제외한다. 〈개정 2017. 10. 31., 2021. 1. 5., 2021. 3. 16.〉

1. 제34조제4항에 따라 추진위원회에서 사업시행자로 인계되기 전까지 납부 또는 지출된 금액과 계약 등으로 지출될 것이 확정된 금액의 합이 대통령령으로 정한 금액 이상인 경우: 추진위원회에서 사업시행자로 인계되기 전 7일 이내

2. 제50조제9항에 따른 사업시행계획인가 고시일 전까지 납부 또는 지출된 금액이 대통령령으로 정하는 금액 이상인 경우: 사업시행계획인가의 고시일부터 20일 이내

3. 제83조제1항에 따른 준공인가 신청일까지 납부 또는 지출된 금액이 대통령령으로 정하는 금액 이상인 경우: 준공인가의 신청일부터 7일 이내

4. 토지등소유자 또는 조합원 5분의 1 이상이 사업시행자에게 회계감사를 요청하는 경우: 제4항에 따른 절차를 고려한 상당한 기간 이내

② 시장·군수등은 제1항에 따른 요청이 있는 경우 즉시 회계감사기관을 선정하여 회계감사가 이루어지도록 하여야 한다. 〈개정 2021. 1. 5.〉

③ 제2항에 따라 회계감사기관을 선정·계약한 경우 시장·군수등은 공정한 회계감사를 위하여 선정된 회계감사기관을 감독하여야 하며, 필요한 처분이나 조치를 명할 수 있다.

④ 사업시행자 또는 추진위원회는 제1항에 따라 회계감사기관의 선정·계약을 요청하려는 경우 시장·군수등에게 회계감사에 필요한 비용을 미리 예치하여야 한다. 시장·군수등은 회계감사가 끝난 경우 예치된 금액에서 회계감사비용을 직접 지급한 후 나머지 비용은 사업시행자와 정산하여야 한다. 〈개정 2021. 1. 5., 2021. 7. 27.〉

제113조(감독) ① 정비사업(제86조의2에 따라 해산한 조합의 청산 업무를 포함한다. 이하 이 조에서 같다)의 시행이 이 법 또는 이 법에 따른 명령·처분이나 사업시행계획서 또는 관리처분계획에 위반되었다고 인정되는 때에는 정비사업의 적정한 시행을 위하여 필요한 범위에서 국토교통부장관은 시·도지사, 시장, 군수, 구청장, 추진위원회, 주민대표회의, 사업시행자(청산인을 포함한다. 이하 이 항에서 같다) 또는 정비사업전문관리업자에게, 특별시장, 광역시장 또는 도지사는 시장, 군수, 구청장, 추진위원회, 주민대표회의, 사업시행자 또는 정비사업전문관리업자에게, 시장·군수등은 추진위원회, 주민대표회의, 사업시행자 또는 정비사업전문관리업자에게 처분의 취소·변경 또는 정지, 공사의 중지·변경, 임원의 개선 권고, 그 밖의 필요한 조치를 취할 수 있다. 〈개정 2022. 2. 3., 2023. 12. 26.〉

② 국토교통부장관, 시·도지사, 시장, 군수 또는 구청장은 이 법에 따른 정비사업의 원활한 시행을 위하여 관계 공무원 및 전문가로 구성된 점검반을 구성하여 정비사업 현장조사를 통하여 분쟁의 조정, 위법사항의 시정요구 또는 수사기관에 고발 등 필요한 조치를 할 수 있다. 이 경우 관할 지방자치단체의 장과 조합 등은 대통령령으로 정하는 자료의 제공 등 점검반의 활동에 적극 협조하여야 한다. 〈개정 2023. 12. 26.〉

③ 제2항에 따른 정비사업 현장조사에 관하여는 제107조제2항, 제3항 및 제5항을 준용한다. 〈개정 2019. 8. 20.〉

제113조의2(시공자 선정 취소 명령 또는 과징금) ① 시·도지사(해당 정비사업을 관할하는 시·도지사를 말한다. 이하 이 조 및 제113조의3에서 같다)는 건설업자 또는 등록사업자가 다음 각 호의 어느 하나에 해당하는 경우 사업시행자에게 건설업자 또는 등록사업

자의 해당 정비사업에 대한 시공자 선정을 취소할 것을 명하거나 그 건설업자 또는 등록사업자에게 사업시행자와 시공자 사이의 계약서상 공사비의 100분의 20 이하에 해당하는 금액의 범위에서 과징금을 부과할 수 있다. 이 경우 시공자 선정 취소의 명을 받은 사업시행자는 시공자 선정을 취소하여야 한다. 〈개정 2022. 6. 10.〉

1. 건설업자 또는 등록사업자가 제132조제1항 또는 제2항을 위반한 경우

2. 건설업자 또는 등록사업자가 제132조의2를 위반하여 관리·감독 등 필요한 조치를 하지 아니한 경우로서 용역업체의 임직원(건설업자 또는 등록사업자가 고용한 개인을 포함한다. 이하 같다)이 제132조제1항을 위반한 경우

② 제1항에 따라 과징금을 부과하는 위반행위의 종류와 위반 정도 등에 따른 과징금의 금액 등에 필요한 사항은 대통령령으로 정한다.

③ 시·도지사는 제1항에 따라 과징금의 부과처분을 받은 자가 납부기한까지 과징금을 내지 아니하면 「지방행정제재·부과금의 징수 등에 관한 법률」에 따라 징수한다. 〈개정 2020. 3. 24.〉

[본조신설 2018. 6. 12.]

제113조의3(건설업자 및 등록사업자의 입찰참가 제한) ① 시·도지사는 제113조의2제1항 각 호의 어느 하나에 해당하는 건설업자 또는 등록사업자에 대해서는 2년 이내의 범위에서 대통령령으로 정하는 기간 동안 정비사업의 입찰참가를 제한하여야 한다. 〈개정 2022. 6. 10., 2024. 1. 30.〉

② 시·도지사는 제1항에 따라 건설업자 또는 등록사업자에 대한 정비사업의 입찰참가를 제한하려는 경우에는 대통령령으로 정하는 바에 따라 대상, 기간, 사유, 그 밖의 입찰참가 제한과 관련된 내용을 공개하고, 관할 구역의 시장, 군수 또는 구청장 및 사업시행자에게 통보하여야 한다. 다만, 정비사업의 입찰참가를 제한하려는 해당 건설업자 또는 등록사업자가 입찰 참가자격을 제한받은 사실이 있는 경우에는 시·도지사가 입찰참가 제한과 관련된 내용을 전국의 시장, 군수 또는 구청장에게 통보하여야 하고, 통보를 받은 시장, 군수 또는 구청장은 관할 구역의 사업시행자에게 관련된 내용을 다시 통보하여야 한다. 〈개정 2022. 6. 10., 2024. 1. 30.〉

③ 제2항에 따라 입찰자격 제한과 관련된 내용을 통보받은 사업시행자는 해당 건설업자 또는 등록사업자의 입찰 참가자격을 제한하여야 한다. 이 경우 사업시행자는 전단에 따라 입찰참가를 제한받은 건설업자 또는 등록사업자와 계약(수의계약을 포함한다)을 체결하여서는 아니 된다. 〈개정 2024. 1. 30.〉

④ 시·도지사는 제1항에 따라 정비사업의 입찰참가를 제한하는 경우에는 대통령령으로 정하는 바에 따라 입찰참가 제한과 관련된 내용을 제119조제1항에 따른 정비사업관리시스템에 등록하여야 한다. 〈신설 2024. 1. 30.〉

⑤ 시·도지사는 대통령령으로 정하는 위반행위에 대하여는 제1항부터 제3항까지에도 불구하고 1회에 한하여 과징금으로 제1항의 입찰참가 제한을 갈음할 수 있다. 이 경우 과징금의 부과기준 및 절차는 제113조의2제1항 및 제3항을 준용하고, 과징금을 부과하는 위반행위의 종류와 위반 정도 등에 따른 과징금의 금액 등에 필요한 사항은 대통령령으로 정한다. 〈신설 2024. 1. 30.〉

[본조신설 2018. 6. 12.]

[제목개정 2022. 6. 10.]

제114조(정비사업 지원기구) 국토교통부장관 또는 시·도지사는 다음 각 호의 업무를 수행하기 위하여 정비사업 지원기구를 설치할 수 있다. 이 경우 국토교통부장관은 「한국부동산원법」에 따른 한국부동산원 또는 「한국토지주택공사법」에 따라 설립된 한국토지주택공사에, 시·도지사는 「지방공기업법」에 따라 주택사업을 수행하기 위하여 설립된 지방공사에 정비사업 지원기구의 업무를 대행하게 할 수 있다. 〈개정 2018. 1. 16., 2019. 4. 23., 2020. 6. 9., 2021. 4. 13.〉

1. 정비사업 상담지원업무
2. 정비사업전문관리제도의 지원
3. 전문조합관리인의 교육 및 운영지원
4. 소규모 영세사업장 등의 사업시행계획 및 관리처분계획 수립지원
5. 정비사업을 통한 공공지원민간임대주택 공급 업무 지원
6. 제29조의2에 따른 공사비 검증 업무
7. 공공재개발사업 및 공공재건축사업의 지원
8. 그 밖에 국토교통부장관이 정하는 업무

제115조(교육의 실시) 국토교통부장관, 시·도지사, 시장, 군수 또는

구청장은 추진위원장 및 감사, 조합임원, 전문조합관리인, 정비사업전문관리업자의 대표자 및 기술인력, 토지등소유자 등에 대하여 대통령령으로 정하는 바에 따라 교육을 실시할 수 있다.

제115조(교육의 실시) ① 국토교통부장관, 시·도지사, 시장, 군수 또는 구청장은 추진위원장 및 감사, 조합임원, 전문조합관리인(이하 "조합임원등"이라 한다), 정비사업전문관리업자의 대표자 및 기술인력, 토지등소유자 등에 대하여 대통령령으로 정하는 바에 따라 교육을 실시할 수 있다. 〈개정 2025. 5. 20.〉

② 국토교통부장관, 시·도지사, 시장, 군수 또는 구청장은 대통령령으로 정하는 바에 따라 조합임원등에게 추진위원회 또는 조합의 운영과 관련하여 필요한 교육 및 윤리교육을 실시하여야 한다. 이 경우 조합임원등은 제31조, 제41조 또는 제45조에 따라 그 직으로 선임(연임을 포함한다) 또는 선정된 날부터 6개월 이내에 그 교육을 이수하여야 한다. 〈신설 2025. 5. 20.〉

[시행일: 2025. 11. 21.] 제115조

제116조(도시분쟁조정위원회의 구성 등) ① 정비사업의 시행으로 발생한 분쟁을 조정하기 위하여 정비구역이 지정된 특별자치시, 특별자치도, 또는 시·군·구(자치구를 말한다. 이하 이 조에서 같다)에 도시분쟁조정위원회(이하 "조정위원회"라 한다)를 둔다. 다만, 시장·군수등을 당사자로 하여 발생한 정비사업의 시행과 관련된 분쟁 등의 조정을 위하여 필요한 경우에는 시·도에 조정위원회를 둘 수 있다.

② 조정위원회는 부시장·부지사·부구청장 또는 부군수를 위원장으로 한 10명 이내의 위원으로 구성한다.

③ 조정위원회 위원은 정비사업에 대한 학식과 경험이 풍부한 사람으로서 다음 각 호의 어느 하나에 해당하는 사람 중에서 시장·군수등이 임명 또는 위촉한다. 이 경우 제1호, 제3호 및 제4호에 해당하는 사람이 각 2명 이상 포함되어야 한다.

1. 해당 특별자치시, 특별자치도 또는 시·군·구에서 정비사업 관련 업무에 종사하는 5급 이상 공무원
2. 대학이나 연구기관에서 부교수 이상 또는 이에 상당하는 직에 재직하고 있는 사람
3. 판사, 검사 또는 변호사의 직에 5년 이상 재직한 사람
4. 건축사, 감정평가사, 공인회계사로서 5년 이상 종사한 사람

5. 그 밖에 정비사업에 전문적 지식을 갖춘 사람으로서 시·도조례로 정하는 자

④ 조정위원회에는 위원 3명으로 구성된 분과위원회(이하 "분과위원회"라 한다)를 두며, 분과위원회에는 제3항제1호 및 제3호에 해당하는 사람이 각 1명 이상 포함되어야 한다.

제117조(조정위원회의 조정 등) ① 조정위원회는 정비사업의 시행과 관련하여 다음 각 호의 어느 하나에 해당하는 분쟁 사항을 심사·조정한다. 다만, 「주택법」, 「공익사업을 위한 토지 등의 취득 및 보상에 관한 법률」, 그 밖의 관계 법률에 따라 설치된 위원회의 심사대상에 포함되는 사항은 제외할 수 있다.

1. 매도청구권 행사 시 감정가액에 대한 분쟁
2. 공동주택 평형 배정방법에 대한 분쟁
3. 그 밖에 대통령령으로 정하는 분쟁

② 시장·군수등은 다음 각 호의 어느 하나에 해당하는 경우 조정위원회를 개최할 수 있으며, 조정위원회는 조정신청을 받은 날(제2호의 경우 조정위원회를 처음 개최한 날을 말한다)부터 60일 이내에 조정절차를 마쳐야 한다. 다만, 조정기간 내에 조정절차를 마칠 수 없는 정당한 사유가 있다고 판단되는 경우에는 조정위원회의 의결로 그 기간을 한 차례만 연장할 수 있으며 그 기간은 30일 이내로 한다. 〈개정 2017. 8. 9.〉

1. 분쟁당사자가 정비사업의 시행으로 인하여 발생한 분쟁의 조정을 신청하는 경우
2. 시장·군수등이 조정위원회의 조정이 필요하다고 인정하는 경우

③ 조정위원회의 위원장은 조정위원회의 심사에 앞서 분과위원회에서 사전 심사를 담당하게 할 수 있다. 다만, 분과위원회의 위원 전원이 일치된 의견으로 조정위원회의 심사가 필요없다고 인정하는 경우에는 조정위원회에 회부하지 아니하고 분과위원회의 심사로 조정절차를 마칠 수 있다.

④ 조정위원회 또는 분과위원회는 제2항 또는 제3항에 따른 조정절차를 마친 경우 조정안을 작성하여 지체 없이 각 당사자에게 제시하여야 한다. 이 경우 조정안을 제시받은 각 당사자는 제시받은 날부터 15일 이내에 수락 여부를 조정위원회 또는 분과위원회에 통보하여야 한다.

⑤ 당사자가 조정안을 수락한 경우 조정위원회는 즉시 조정서를 작성한 후, 위원장 및 각 당사자는 조정서에 서명·날인하여야 한다.

⑥ 제5항에 따라 당사자가 강제집행을 승낙하는 취지의 내용이 기재된 조정서에 서명·날인한 경우 조정서의 정본은 「민사집행법」 제56조에도 불구하고 집행력 있는 집행권원과 같은 효력을 가진다. 다만, 청구에 관한 이의의 주장에 대하여는 「민사집행법」 제44조제2항을 적용하지 아니한다.

⑦ 그 밖에 조정위원회의 구성·운영 및 비용의 부담, 조정기간 연장 등에 필요한 사항은 시·도조례로 정한다. 〈개정 2017. 8. 9.〉

제117조의2(협의체의 운영 등) ① 시장·군수등은 정비사업과 관련하여 발생하는 문제를 협의하기 위하여 제117조제2항에 따라 조정위원회의 조정신청을 받기 전에 사업시행자, 관계 공무원 및 전문가, 그 밖에 이해관계가 있는 자 등으로 구성된 협의체를 구성·운영할 수 있다.

② 특별시장·광역시장 또는 도지사는 제1항에 따른 협의체의 구성·운영에 드는 비용의 전부 또는 일부를 보조할 수 있다.

③ 제1항에 따른 협의체의 구성·운영 시기, 협의 대상·방법 및 제2항에 따른 비용 보조 등에 관하여 필요한 사항은 시·도조례로 정한다.

[본조신설 2022. 6. 10.]

제118조(정비사업의 공공지원) ① 시장·군수등은 정비사업의 투명성 강화 및 효율성 제고를 위하여 시·도조례로 정하는 정비사업에 대하여 사업시행 과정을 지원(이하 “공공지원”이라 한다)하거나 토지주택공사등, 신탁업자, 「주택도시기금법」에 따른 주택도시보증공사 또는 이 법 제102조제1항 각 호 외의 부분 단서에 따라 대통령령으로 정하는 기관에 공공지원을 위탁할 수 있다.

② 제1항에 따라 정비사업을 공공지원하는 시장·군수등 및 공공지원을 위탁받은 자(이하 “위탁지원자”라 한다)는 다음 각 호의 업무를 수행한다.

1. 추진위원회 또는 주민대표회의 구성

2. 정비사업전문관리업자의 선정(위탁지원자는 선정을 위한 지원으로 한정한다)

3. 설계자 및 시공자 선정 방법 등

4. 제52조제1항제4호에 따른 세입자의 주거 및 이주 대책(이주 거부에 따른 협의 대책을 포함한다) 수립

5. 관리처분계획 수립

6. 그 밖에 시·도조례로 정하는 사항

③ 시장·군수등은 위탁지원자의 공정한 업무수행을 위하여 관련 자료의 제출 및 조사, 현장점검 등 필요한 조치를 할 수 있다. 이 경우 위탁지원자의 행위에 대한 대외적인 책임은 시장·군수등에게 있다.

④ 공공지원에 필요한 비용은 시장·군수등이 부담하되, 특별시장, 광역시장 또는 도지사는 관할 구역의 시장, 군수 또는 구청장에게 특별시·광역시 또는 도의 조례로 정하는 바에 따라 그 비용의 일부를 지원할 수 있다.

⑤ 추진위원회가 제2항제2호에 따라 시장·군수등이 선정한 정비사업전문관리업자를 선정하는 경우에는 제32조제2항을 적용하지 아니한다.

⑥ 공공지원의 시행을 위한 방법과 절차, 기준 및 제126조에 따른 도시·주거환경정비기금의 지원, 시공자 선정 시기 등에 필요한 사항은 시·도조례로 정한다.

⑦ 제6항에도 불구하고 다음 각 호의 어느 하나에 해당하는 경우에는 토지등소유자(제35조에 따라 조합을 설립한 경우에는 조합원을 말한다)의 과반수 동의를 받아 제29조제4항에 따라 시공자를 선정할 수 있다. 다만, 제1호의 경우에는 해당 건설업자를 시공자로 본다. 〈개정 2017. 8. 9.〉

1. 조합이 제25조에 따라 건설업자와 공동으로 정비사업을 시행하는 경우로서 조합과 건설업자 사이에 협약을 체결하는 경우

2. 제28조제1항 및 제2항에 따라 사업대행자가 정비사업을 시행하는 경우

⑧ 제7항제1호의 협약사항에 관한 구체적인 내용은 시·도조례로 정할 수 있다.

제119조(정비사업관리시스템의 구축) ① 국토교통부장관 또는 시·도지사는 정비사업의 효율적이고 투명한 관리를 위하여 정비사업관리시스템을 구축하여 운영할 수 있다. 〈개정 2021. 8. 10.〉

② 국토교통부장관은 시·도지사에게 제1항에 따른 정비사업관리

시스템의 구축 등에 필요한 자료의 제출 등 협조를 요청할 수 있다. 이 경우 자료의 제출 등 협조를 요청받은 시·도지사는 정당한 사유가 없으면 이에 따라야 한다. 〈신설 2021. 8. 10.〉

③ 제1항에 따른 정비사업관리시스템의 운영방법 등에 필요한 사항은 국토교통부령 또는 시·도조례로 정한다. 〈개정 2021. 8. 10.〉

제120조(정비사업의 정보공개) 시장·군수등은 정비사업의 투명성 강화를 위하여 조합이 시행하는 정비사업에 관한 다음 각 호의 사항을 매년 1회 이상 인터넷과 그 밖의 방법을 병행하여 공개하여야 한다. 이 경우 공개의 방법 및 시기 등 필요한 사항은 시·도조례로 정한다. 〈개정 2017. 8. 9.〉

1. 제74조제1항에 따라 관리처분계획의 인가(변경인가를 포함한다. 이하 이 조에서 같다)를 받은 사항 중 제29조에 따른 계약금액
2. 제74조제1항에 따라 관리처분계획의 인가를 받은 사항 중 정비사업에서 발생한 이자
3. 그 밖에 시·도조례로 정하는 사항

제121조(청문) 국토교통부장관, 시·도지사, 시장, 군수 또는 구청장은 다음 각 호의 어느 하나에 해당하는 처분을 하려는 경우에는 청문을 하여야 한다. 〈개정 2018. 6. 12., 2022. 6. 10.〉

1. 제86조의2제3항에 따른 조합설립인가의 취소
2. 제106조제1항에 따른 정비사업전문관리업의 등록취소
3. 제113조제1항부터 제3항까지의 규정에 따른 추진위원회 승인의 취소, 조합설립인가의 취소, 사업시행계획인가의 취소 또는 관리처분계획인가의 취소
4. 제113조의2제1항에 따른 시공자 선정 취소 또는 과징금 부과
5. 제113조의3제1항에 따른 입찰참가 제한

제8장 보칙 〈개정 2021. 4. 13.〉

제122조(토지등소유자의 설명의무) ① 토지등소유자는 자신이 소유하는 정비구역 내 토지 또는 건축물에 대하여 매매·전세·임대차 또는 지상권 설정 등 부동산 거래를 위한 계약을 체결하는 경우 다음 각 호의 사항을 거래 상대방에게 설명·고지하고, 거래 계약서에 기재 후 서명·날인하여야 한다.

1. 해당 정비사업의 추진단계
2. 퇴거예정시기(건축물의 경우 철거예정시기를 포함한다)
3. 제19조에 따른 행위제한
4. 제39조에 따른 조합원의 자격
5. 제70조제5항에 따른 계약기간
6. 제77조에 따른 주택 등 건축물을 분양받을 권리의 산정 기준일
7. 그 밖에 거래 상대방의 권리·의무에 중대한 영향을 미치는 사항으로서 대통령령으로 정하는 사항

② 제1항 각 호의 사항은 「공인중개사법」 제25조제1항제2호의 "법령의 규정에 의한 거래 또는 이용제한사항"으로 본다.

제123조(재개발사업 등의 시행방식의 전환) ① 시장·군수등은 제28조제1항에 따라 사업대행자를 지정하거나 토지등소유자의 5분의 4 이상의 요구가 있어 제23조제2항에 따른 재개발사업의 시행방식의 전환이 필요하다고 인정하는 경우에는 정비사업이 완료되기 전이라도 대통령령으로 정하는 범위에서 정비구역의 전부 또는 일부에 대하여 시행방식의 전환을 승인할 수 있다.

② 사업시행자는 제1항에 따라 시행방식을 전환하기 위하여 관리처분계획을 변경하려는 경우 토지면적의 3분의 2 이상의 토지소유자의 동의와 토지등소유자의 5분의 4 이상의 동의를 받아야 하며, 변경절차에 관하여는 제74조제1항의 관리처분계획 변경에 관한 규정을 준용한다.

③ 사업시행자는 제1항에 따라 정비구역의 일부에 대하여 시행방식을 전환하려는 경우에 재개발사업이 완료된 부분은 제83조에 따라 준공인가를 거쳐 해당 지방자치단체의 공보에 공사완료의 고시를 하여야 하며, 전환하려는 부분은 이 법에서 정하고 있는 절차에 따라 시행방식을 전환하여야 한다.

④ 제3항에 따라 공사완료의 고시를 한 때에는 「공간정보의 구축 및 관리 등에 관한 법률」 제86조제3항에도 불구하고 관리처분계획의 내용에 따라 제86조에 따른 이전이 된 것으로 본다.

⑤ 사업시행자는 정비계획이 수립된 주거환경개선사업을 제23조제1항제4호의 시행방법으로 변경하려는 경우에는 토지등소유자의 3분의 2 이상의 동의를 받아야 한다.

제124조(관련 자료의 공개 등) ① 추진위원장 또는 사업시행자(조합

의 경우 청산인을 포함한 조합임원, 토지등소유자가 단독으로 시행하는 재개발사업의 경우에는 그 대표자를 말한다)는 정비사업의 시행에 관한 다음 각 호의 서류 및 관련 자료가 작성되거나 변경된 후 15일 이내에 이를 조합원, 토지등소유자 또는 세입자가 알 수 있도록 인터넷과 그 밖의 방법을 병행하여 공개하여야 한다. 〈개정 2022. 6. 10.〉

1. 제34조제1항에 따른 추진위원회 운영규정 및 정관등
2. 설계자·시공자·철거업자 및 정비사업전문관리업자 등 용역업체의 선정계약서
3. 추진위원회·주민총회·조합총회 및 조합의 이사회·대의원회의 의사록
4. 사업시행계획서
5. 관리처분계획서
6. 해당 정비사업의 시행에 관한 공문서
7. 회계감사보고서
8. 월별 자금의 입금·출금 세부내역

8의2. 제111조의2에 따라 신고한 자금차입에 관한 사항

9. 결산보고서
10. 청산인의 업무 처리 현황
11. 그 밖에 정비사업 시행에 관하여 대통령령으로 정하는 서류 및 관련 자료

② 제1항에 따라 공개의 대상이 되는 서류 및 관련 자료의 경우 분기별로 공개대상의 목록, 개략적인 내용, 공개장소, 열람·복사 방법 등을 대통령령으로 정하는 방법과 절차에 따라 조합원 또는 토지등소유자에게 서면으로 통지하여야 한다.

③ 추진위원장 또는 사업시행자는 제1항 및 제4항에 따라 공개 및 열람·복사 등을 하는 경우에는 주민등록번호를 제외하고 국토교통부령으로 정하는 방법 및 절차에 따라 공개하여야 한다.

④ 조합원, 토지등소유자가 제1항에 따른 서류 및 다음 각 호를 포함하여 정비사업 시행에 관한 서류와 관련 자료에 대하여 열람·복사 요청을 한 경우 추진위원장이나 사업시행자는 15일 이내에 그 요청에 따라야 한다.

1. 토지등소유자 명부

2. 조합원 명부

3. 그 밖에 대통령령으로 정하는 서류 및 관련 자료

⑤ 제4항의 복사에 필요한 비용은 실비의 범위에서 청구인이 부담한다. 이 경우 비용납부의 방법, 시기 및 금액 등에 필요한 사항은 시·도조례로 정한다.

⑥ 제4항에 따라 열람·복사를 요청한 사람은 제공받은 서류와 자료를 사용목적 외의 용도로 이용·활용하여서는 아니 된다.

제125조(관련 자료의 보관 및 인계) ① 추진위원장·정비사업전문관리업자 또는 사업시행자(조합의 경우 청산인을 포함한 조합임원, 토지등소유자가 단독으로 시행하는 재개발사업의 경우에는 그 대표자를 말한다)는 제124조제1항에 따른 서류 및 관련 자료와 총회 또는 중요한 회의(조합원 또는 토지등소유자의 비용부담을 수반하거나 권리·의무의 변동을 발생시키는 경우로서 대통령령으로 정하는 회의를 말한다)가 있은 때에는 속기록·녹음 또는 영상자료를 만들어 청산 시까지 보관하여야 한다.

② 시장·군수등 또는 토지주택공사등이 아닌 사업시행자는 정비사업을 완료하거나 폐지한 때에는 시·도조례로 정하는 바에 따라 관계 서류를 시장·군수등에게 인계하여야 한다.

③ 시장·군수등 또는 토지주택공사등인 사업시행자와 제2항에 따라 관계 서류를 인계받은 시장·군수등은 해당 정비사업의 관계 서류를 5년간 보관하여야 한다.

제126조(도시·주거환경정비기금의 설치 등) ① 제4조 및 제7조에 따라 기본계획을 수립하거나 승인하는 특별시장·광역시장·특별자치시장·도지사·특별자치도지사 또는 시장은 정비사업의 원활한 수행을 위하여 도시·주거환경정비기금(이하 "정비기금"이라 한다)을 설치하여야 한다. 다만, 기본계획을 수립하지 아니하는 시장 및 군수도 필요한 경우에는 정비기금을 설치할 수 있다.

② 정비기금은 다음 각 호의 어느 하나에 해당하는 금액을 재원으로 조성한다. 〈개정 2018. 6. 12., 2021. 4. 13.〉

1. 제17조제4항에 따라 사업시행자가 현금으로 납부한 금액

2. 제55조제1항, 제101조의5제2항 및 제101조의6제2항에 따라 시·도지사, 시장, 군수 또는 구청장에게 공급된 주택의 임대보증금 및 임대료

3. 제94조에 따른 부담금 및 정비사업으로 발생한 「개발이익 환수에 관한 법률」에 따른 개발부담금 중 지방자치단체 귀속분의 일부

4. 제98조에 따른 정비구역(재건축구역은 제외한다) 안의 국·공유지 매각대금 중 대통령령으로 정하는 일정 비율 이상의 금액

4의2. 제113조의2에 따른 과징금

5. 「재건축초과이익 환수에 관한 법률」에 따른 재건축부담금 중 같은 법 제4조제3항 및 제4항에 따른 지방자치단체 귀속분

6. 「지방세법」 제69조에 따라 부과·징수되는 지방소비세 또는 같은 법 제112조(같은 조 제1항제1호는 제외한다)에 따라 부과·징수되는 재산세 중 대통령령으로 정하는 일정 비율 이상의 금액

7. 그 밖에 시·도조례로 정하는 재원

③ 정비기금은 다음 각 호의 어느 하나의 용도 이외의 목적으로 사용하여서는 아니 된다. 〈개정 2017. 8. 9., 2024. 12. 3.〉

1. 이 법에 따른 정비사업으로서 다음 각 목의 어느 하나에 해당하는 사항

가. 기본계획의 수립

나. 재건축진단 및 정비계획의 수립

다. 추진위원회의 운영자금 대여

라. 그 밖에 이 법과 시·도조례로 정하는 사항

2. 임대주택의 건설·관리

3. 임차인의 주거안정 지원

4. 「재건축초과이익 환수에 관한 법률」에 따른 재건축부담금의 부과·징수

5. 주택개량의 지원

6. 정비구역등이 해제된 지역에서의 정비기반시설의 설치 지원

7. 「빈집 및 소규모주택 정비에 관한 특례법」 제44조에 따른 빈집정비사업 및 소규모주택정비사업에 대한 지원

8. 「주택법」 제68조에 따른 증축형 리모델링의 안전진단 지원

9. 제142조에 따른 신고포상금의 지급

④ 정비기금의 관리·운용과 개발부담금의 지방자치단체의 귀속분 중 정비기금으로 적립되는 비율 등에 필요한 사항은 시·도조례로 정한다.

제127조(노후·불량주거지 개선계획의 수립) 국토교통부장관은 주택

또는 기반시설이 열악한 주거지의 주거환경개선을 위하여 5년마다 개선대상지역을 조사하고 연차별 재정지원계획 등을 포함한 노후·불량주거지 개선계획을 수립하여야 한다.

제128조(권한의 위임 등) ① 국토교통부장관은 이 법에 따른 권한의 일부를 대통령령으로 정하는 바에 따라 시·도지사, 시장, 군수 또는 구청장에게 위임할 수 있다.

② 국토교통부장관, 시·도지사, 시장, 군수 또는 구청장은 이 법의 효율적인 집행을 위하여 필요한 경우에는 대통령령으로 정하는 바에 따라 다음 각 호의 어느 하나에 해당하는 사무를 정비사업지원기구, 협회 등 대통령령으로 정하는 기관 또는 단체에 위탁할 수 있다. 〈개정 2021. 8. 10.〉

1. 제108조에 따른 정비사업전문관리업 정보종합체계의 구축·운영

2. 제115조에 따른 교육의 실시

2의2. 제119조에 따른 정비사업관리시스템의 구축·운영

3. 그 밖에 대통령령으로 정하는 사무

제129조(사업시행자 등의 권리·의무의 승계) 사업시행자와 정비사업과 관련하여 권리를 갖는 자(이하 "권리자"라 한다)의 변동이 있은 때에는 종전의 사업시행자와 권리자의 권리·의무는 새로 사업시행자와 권리자로 된 자가 승계한다.

제130조(정비구역의 범죄 등의 예방) ① 시장·군수등은 제50조제1항에 따른 사업시행계획인가를 한 경우 그 사실을 관할 경찰서장 및 관할 소방서장에게 통보하여야 한다. 〈개정 2021. 8. 10.〉

② 시장·군수등은 사업시행계획인가를 한 경우 정비구역 내 주민 안전 등을 위하여 다음 각 호의 사항을 관할 시·도경찰청장 또는 경찰서장에게 요청할 수 있다. 〈개정 2020. 12. 22.〉

1. 순찰 강화

2. 순찰초소의 설치 등 범죄 예방을 위하여 필요한 시설의 설치 및 관리

3. 그 밖에 주민의 안전을 위하여 필요하다고 인정하는 사항

③ 시장·군수등은 사업시행계획인가를 한 경우 정비구역 내 주민 안전 등을 위하여 관할 시·도 소방본부장 또는 소방서장에게 화재예방 순찰을 강화하도록 요청할 수 있다. 〈신설 2021. 8. 10.〉

[제목개정 2021. 8. 10.]

제131조 삭제 〈2024. 12. 3.〉

제132조(조합임원 등의 선임·선정 및 계약 체결 시 행위제한 등) ① 누구든지 추진위원, 조합임원의 선임 또는 제29조에 따른 계약 체결과 관련하여 다음 각 호의 행위를 하여서는 아니 된다. 〈개정 2017. 8. 9., 2022. 6. 10.〉

1. 금품, 향응 또는 그 밖의 재산상 이익을 제공하거나 제공의사를 표시하거나 제공을 약속하는 행위
2. 금품, 향응 또는 그 밖의 재산상 이익을 제공받거나 제공의사 표시를 승낙하는 행위
3. 제3자를 통하여 제1호 또는 제2호에 해당하는 행위를 하는 행위

② 건설업자와 등록사업자는 제29조에 따른 계약의 체결과 관련하여 시공과 관련 없는 사항으로서 다음 각 호의 어느 하나에 해당하는 사항을 제안하여서는 아니 된다. 〈신설 2022. 6. 10.〉

1. 이사비, 이주비, 이주촉진비, 그 밖에 시공과 관련 없는 사항에 대한 금전이나 재산상 이익을 제공하는 것으로서 대통령령으로 정하는 사항
2. 「재건축초과이익 환수에 관한 법률」에 따른 재건축부담금의 대납 등 이 법 또는 다른 법률을 위반하는 방법으로 정비사업을 수행하는 것으로서 대통령령으로 정하는 사항

③ 시·도지사, 시장, 군수 또는 구청장은 제1항 각 호 또는 제2항 각 호의 행위에 대한 신고의 접수·처리 등의 업무를 수행하기 위하여 신고센터를 설치·운영할 수 있다. 〈신설 2023. 12. 26.〉

④ 제3항에 따른 신고센터의 설치 및 운영에 필요한 사항은 국토교통부령으로 정한다. 〈신설 2023. 12. 26.〉

[제목개정 2022. 6. 10., 2023. 12. 26.]

제132조의2(건설업자와 등록사업자의 관리·감독 의무) 건설업자와 등록사업자는 시공자 선정과 관련하여 홍보 등을 위하여 계약한 용역업체의 임직원이 제132조제1항을 위반하지 아니하도록 교육, 용역비 집행 점검, 용역업체 관리·감독 등 필요한 조치를 하여야 한다. 〈개정 2022. 6. 10.〉

[본조신설 2018. 6. 12.]

[제목개정 2022. 6. 10.]

제132조의3(허위·과장된 정보제공 등의 금지) ① 건설업자, 등록사업자 및 정비사업전문관리업자는 토지등소유자에게 정비사업에 관한 정보를 제공함에 있어 다음 각 호의 행위를 하여서는 아니 된다.

1. 사실과 다르게 정보를 제공하거나 사실을 부풀려 정보를 제공하는 행위
2. 사실을 숨기거나 축소하는 방법으로 정보를 제공하는 행위

② 제1항 각 호의 행위의 구체적인 내용은 대통령령으로 정한다.

③ 건설업자, 등록사업자 및 정비사업전문관리업자는 제1항을 위반함으로써 피해를 입은 자가 있는 경우에는 그 피해자에 대하여 손해배상의 책임을 진다.

④ 제3항에 따른 손해가 발생된 사실은 인정되나 그 손해액을 증명하는 것이 사안의 성질상 곤란한 경우 법원은 변론 전체의 취지와 증거조사의 결과에 기초하여 상당한 손해액을 인정할 수 있다.

[본조신설 2022. 6. 10.]

제133조(조합설립인가 등의 취소에 따른 채권의 손해액 산입) 시공자·설계자 또는 정비사업전문관리업자 등(이하 이 조에서 "시공자등"이라 한다)은 해당 추진위원회 또는 조합(연대보증인을 포함하며, 이하 이 조에서 "조합등"이라 한다)에 대한 채권(조합등이 시공자등과 합의하여 이미 상환하였거나 상환할 예정인 채권은 제외한다. 이하 이 조에서 같다)의 전부 또는 일부를 포기하고 이를 「조세특례제한법」 제104조의26에 따라 손금에 산입하려면 해당 조합등과 합의하여 다음 각 호의 사항을 포함한 채권확인서를 시장·군수등에게 제출하여야 한다.

1. 채권의 금액 및 그 증빙 자료
2. 채권의 포기에 관한 합의서 및 이후의 처리 계획
3. 그 밖에 채권의 포기 등에 관하여 시·도조례로 정하는 사항

제134조(벌칙 적용에서 공무원 의제) 추진위원장·조합임원·청산인·전문조합관리인 및 정비사업전문관리업자의 대표자(법인인 경우에는 임원을 말한다)·직원 및 위탁지원자는 「형법」 제129조부터 제132조까지의 규정을 적용할 때에는 공무원으로 본다.

제9장 벌칙 〈개정 2021. 4. 13.〉

제135조(벌칙) 다음 각 호의 어느 하나에 해당하는 자는 5년 이하

의 징역 또는 5천만원 이하의 벌금에 처한다. 〈개정 2022. 6. 10.〉
1. 제36조에 따른 토지등소유자의 서면동의서를 위조한 자
2. 제132조제1항 각 호의 어느 하나를 위반하여 금품, 향응 또는 그 밖의 재산상 이익을 제공하거나 제공의사를 표시하거나 제공을 약속하는 행위를 하거나 제공을 받거나 제공의사 표시를 승낙한 자

제135조(벌칙) 다음 각 호의 어느 하나에 해당하는 자는 5년 이하의 징역 또는 5천만원 이하의 벌금에 처한다. 〈개정 2022. 6. 10., 2024. 12. 3.〉
1. 제36조에 따른 토지등소유자의 서면동의서 또는 전자서명동의서를 위조한 자
2. 제132조제1항 각 호의 어느 하나를 위반하여 금품, 향응 또는 그 밖의 재산상 이익을 제공하거나 제공의사를 표시하거나 제공을 약속하는 행위를 하거나 제공을 받거나 제공의사 표시를 승낙한 자
[시행일: 2025. 12. 4.] 제135조

제136조(벌칙) 다음 각 호의 어느 하나에 해당하는 자는 3년 이하의 징역 또는 3천만원 이하의 벌금에 처한다. 〈개정 2017. 8. 9., 2019. 4. 23., 2022. 2. 3., 2023. 12. 26.〉
1. 제29조제1항에 따른 계약의 방법을 위반하여 계약을 체결한 추진위원장, 전문조합관리인 또는 조합임원(조합의 청산인 및 토지등소유자가 시행하는 재개발사업의 경우에는 그 대표자, 지정개발자가 사업시행자인 경우 그 대표자를 말한다)
2. 제29조제4항부터 제7항까지 및 제10항을 위반하여 시공자를 선정한 자 및 시공자로 선정된 자
2의2. 제29조제11항을 위반하여 시공자와 공사에 관한 계약을 체결한 자
3. 제31조제1항에 따른 시장·군수등의 추진위원회 승인을 받지 아니하고 정비사업전문관리업자를 선정한 자
4. 제32조제2항에 따른 계약의 방법을 위반하여 정비사업전문관리업자를 선정한 추진위원장(전문조합관리인을 포함한다)
5. 제36조에 따른 토지등소유자의 서면동의서를 매도하거나 매수한 자
6. 거짓 또는 부정한 방법으로 제39조제2항을 위반하여 조합원 자격을 취득한 자와 조합원 자격을 취득하게 하여준 토지등소유자

및 조합의 임직원(전문조합관리인을 포함한다)

7. 제39조제2항을 회피하여 제72조에 따른 분양주택을 이전 또는 공급받을 목적으로 건축물 또는 토지의 양도·양수 사실을 은폐한 자

8. 제76조제1항제7호라목 단서를 위반하여 주택을 전매하거나 전매를 알선한 자

제136조(벌칙) 다음 각 호의 어느 하나에 해당하는 자는 3년 이하의 징역 또는 3천만원 이하의 벌금에 처한다. 〈개정 2017. 8. 9., 2019. 4. 23., 2022. 2. 3., 2023. 12. 26., 2024. 12. 3.〉

1. 제29조제1항에 따른 계약의 방법을 위반하여 계약을 체결한 추진위원장, 전문조합관리인 또는 조합임원(조합의 청산인 및 토지등소유자가 시행하는 재개발사업의 경우에는 그 대표자, 지정개발자가 사업시행자인 경우 그 대표자를 말한다)

2. 제29조제4항부터 제7항까지 및 제10항을 위반하여 시공자를 선정한 자 및 시공자로 선정된 자

2의2. 제29조제11항을 위반하여 시공자와 공사에 관한 계약을 체결한 자

3. 제31조제1항에 따른 시장·군수등의 추진위원회 승인을 받지 아니하고 정비사업전문관리업자를 선정한 자

4. 제32조제2항에 따른 계약의 방법을 위반하여 정비사업전문관리업자를 선정한 추진위원장(전문조합관리인을 포함한다)

5. 제36조에 따른 토지등소유자의 서면동의서 또는 전자서명동의서를 매도하거나 매수한 자

6. 거짓 또는 부정한 방법으로 제39조제2항을 위반하여 조합원 자격을 취득한 자와 조합원 자격을 취득하게 하여준 토지등소유자 및 조합의 임직원(전문조합관리인을 포함한다)

7. 제39조제2항을 회피하여 제72조에 따른 분양주택을 이전 또는 공급받을 목적으로 건축물 또는 토지의 양도·양수 사실을 은폐한 자

8. 제76조제1항제7호라목 단서를 위반하여 주택을 전매하거나 전매를 알선한 자

[시행일: 2025. 12. 4.] 제136조

제137조(벌칙) 다음 각 호의 어느 하나에 해당하는 자는 2년 이하

의 징역 또는 2천만원 이하의 벌금에 처한다. 〈개정 2020. 6. 9., 2024. 12. 3.〉

1. 제12조제5항에 따른 재건축진단 결과보고서를 거짓으로 작성한 자

2. 제19조제1항을 위반하여 허가 또는 변경허가를 받지 아니하거나 거짓, 그 밖의 부정한 방법으로 허가 또는 변경허가를 받아 행위를 한 자

3. 제31조제1항 또는 제47조제3항을 위반하여 추진위원회 또는 주민대표회의의 승인을 받지 아니하고 제32조제1항 각 호의 업무를 수행하거나 주민대표회의를 구성·운영한 자

4. 제31조제1항 또는 제47조제3항에 따라 승인받은 추진위원회 또는 주민대표회의가 구성되어 있음에도 불구하고 임의로 추진위원회 또는 주민대표회의를 구성하여 이 법에 따른 정비사업을 추진한 자

5. 제35조에 따라 조합이 설립되었는데도 불구하고 추진위원회를 계속 운영한 자

6. 제45조에 따른 총회의 의결을 거치지 아니하고 같은 조 제1항 각 호의 사업(같은 항 제13호 중 정관으로 정하는 사항은 제외한다)을 임의로 추진한 조합임원(전문조합관리인을 포함한다)

7. 제50조에 따른 사업시행계획인가를 받지 아니하고 정비사업을 시행한 자와 같은 사업시행계획서를 위반하여 건축물을 건축한 자

8. 제74조에 따른 관리처분계획인가를 받지 아니하고 제86조에 따른 이전을 한 자

9. 제102조제1항을 위반하여 등록을 하지 아니하고 이 법에 따른 정비사업을 위탁받은 자 또는 거짓, 그 밖의 부정한 방법으로 등록을 한 정비사업전문관리업자

10. 제106조제1항 각 호 외의 부분 단서에 따라 등록이 취소되었음에도 불구하고 영업을 하는 자

11. 제113조제1항부터 제3항까지의 규정에 따른 처분의 취소·변경 또는 정지, 그 공사의 중지 및 변경에 관한 명령을 받고도 이를 따르지 아니한 추진위원회, 사업시행자, 주민대표회의 및 정비사업전문관리업자

12. 제124조제1항에 따른 서류 및 관련 자료를 거짓으로 공개한 추진위원장 또는 조합임원(토지등소유자가 시행하는 재개발사업의

경우 그 대표자)

13. 제124조제4항에 따른 열람·복사 요청에 허위의 사실이 포함된 자료를 열람·복사해 준 추진위원장 또는 조합임원(토지등소유자가 시행하는 재개발사업의 경우 그 대표자)

제138조(벌칙) ① 다음 각 호의 어느 하나에 해당하는 자는 1년 이하의 징역 또는 1천만원 이하의 벌금에 처한다. 〈개정 2018. 6. 12., 2020. 6. 9., 2021. 1. 5.〉

1. 제19조제8항을 위반하여 「주택법」 제2조제11호가목에 따른 지역주택조합의 조합원을 모집한 자

2. 제34조제4항을 위반하여 추진위원회의 회계장부 및 관계 서류를 조합에 인계하지 아니한 추진위원장(전문조합관리인을 포함한다)

3. 제83조제1항에 따른 준공인가를 받지 아니하고 건축물 등을 사용한 자와 같은 조 제5항 본문에 따라 시장·군수등의 사용허가를 받지 아니하고 건축물을 사용한 자

4. 다른 사람에게 자기의 성명 또는 상호를 사용하여 이 법에서 정한 업무를 수행하게 하거나 등록증을 대여한 정비사업전문관리업자

5. 제102조제1항 각 호에 따른 업무를 다른 용역업체 및 그 직원에게 수행하도록 한 정비사업전문관리업자

6. 제112조제1항에 따른 회계감사를 요청하지 아니한 추진위원장, 전문조합관리인 또는 조합임원(토지등소유자가 시행하는 재개발사업 또는 제27조에 따라 지정개발자가 시행하는 정비사업의 경우에는 그 대표자를 말한다)

7. 제124조제1항을 위반하여 정비사업시행과 관련한 서류 및 자료를 인터넷과 그 밖의 방법을 병행하여 공개하지 아니하거나 같은 조 제4항을 위반하여 조합원 또는 토지등소유자의 열람·복사 요청을 따르지 아니하는 추진위원장, 전문조합관리인 또는 조합임원(조합의 청산인 및 토지등소유자가 시행하는 재개발사업의 경우에는 그 대표자, 제27조에 따른 지정개발자가 사업시행자인 경우 그 대표자를 말한다)

8. 제125조제1항을 위반하여 속기록 등을 만들지 아니하거나 관련 자료를 청산 시까지 보관하지 아니한 추진위원장, 전문조합관리인 또는 조합임원(조합의 청산인 및 토지등소유자가 시행하는 재개발사업의 경우에는 그 대표자, 제27조에 따른 지정개발자가 사업시

행자인 경우 그 대표자를 말한다)

② 건설업자 또는 등록사업자가 제132조의2에 따른 조치를 소홀히 하여 용역업체의 임직원이 제132조제1항 각 호의 어느 하나를 위반한 경우 그 건설업자 또는 등록사업자는 5천만원 이하의 벌금에 처한다. 〈신설 2018. 6. 12., 2022. 6. 10.〉

제139조(양벌규정) 법인의 대표자나 법인 또는 개인의 대리인, 사용인, 그 밖의 종업원이 그 법인 또는 개인의 업무에 관하여 제135조부터 제138조까지의 어느 하나에 해당하는 위반행위를 하면 그 행위자를 벌하는 외에 그 법인 또는 개인에게도 해당 조문의 벌금에 처한다. 다만, 법인 또는 개인이 그 위반행위를 방지하기 위하여 해당 업무에 관하여 상당한 주의와 감독을 게을리하지 아니한 경우에는 그러하지 아니하다.

제140조(과태료) ① 다음 각 호의 어느 하나에 해당하는 자에게는 1천만원 이하의 과태료를 부과한다. 〈개정 2022. 6. 10.〉

1. 제113조제2항에 따른 점검반의 현장조사를 거부·기피 또는 방해한 자

2. 제132조제2항을 위반하여 제29조에 따른 계약의 체결과 관련하여 시공과 관련 없는 사항을 제안한 자

3. 제132조의3제1항을 위반하여 사실과 다른 정보 또는 부풀려진 정보를 제공하거나, 사실을 숨기거나 축소하여 정보를 제공한 자

② 다음 각 호의 어느 하나에 해당하는 자에게는 500만원 이하의 과태료를 부과한다. 〈개정 2017. 8. 9., 2020. 6. 9., 2022. 6. 10.〉

1. 제29조제2항을 위반하여 전자조달시스템을 이용하지 아니하고 계약을 체결한 자

2. 제78조제5항 또는 제86조제1항에 따른 통지를 게을리한 자

3. 제107조제1항 및 제111조제2항에 따른 보고 또는 자료의 제출을 게을리한 자

3의2. 제111조의2를 위반하여 자금차입에 관한 사항을 신고하지 아니하거나 거짓으로 신고한 자

4. 제125조제2항에 따른 관계 서류의 인계를 게을리한 자

③ 제1항 및 제2항에 따른 과태료는 대통령령으로 정하는 방법 및 절차에 따라 국토교통부장관, 시·도지사, 시장, 군수 또는 구청장이 부과·징수한다.

제140조(과태료) ① 다음 각 호의 어느 하나에 해당하는 자에게는 1천만원 이하의 과태료를 부과한다. 〈개정 2022. 6. 10.〉

1. 제113조제2항에 따른 점검반의 현장조사를 거부·기피 또는 방해한 자

2. 제132조제2항을 위반하여 제29조에 따른 계약의 체결과 관련하여 시공과 관련 없는 사항을 제안한 자

3. 제132조의3제1항을 위반하여 사실과 다른 정보 또는 부풀려진 정보를 제공하거나, 사실을 숨기거나 축소하여 정보를 제공한 자

② 다음 각 호의 어느 하나에 해당하는 자에게는 500만원 이하의 과태료를 부과한다. 〈개정 2017. 8. 9., 2020. 6. 9., 2022. 6. 10., 2025. 5. 20.〉

1. 제29조제2항을 위반하여 전자조달시스템을 이용하지 아니하고 계약을 체결한 자

2. 제78조제5항 또는 제86조제1항에 따른 통지를 게을리한 자

3. 제107조제1항 및 제111조제2항에 따른 보고 또는 자료의 제출을 게을리한 자

3의2. 제111조의2를 위반하여 자금차입에 관한 사항을 신고하지 아니하거나 거짓으로 신고한 자

3의3. 제115조제2항에 따른 교육을 기간 내에 이수하지 아니한 자

4. 제125조제2항에 따른 관계 서류의 인계를 게을리한 자

③ 제1항 및 제2항에 따른 과태료는 대통령령으로 정하는 방법 및 절차에 따라 국토교통부장관, 시·도지사, 시장, 군수 또는 구청장이 부과·징수한다.

[시행일: 2025. 11. 21.] 제140조

제141조(자수자에 대한 특례) 제132조제1항 각 호의 어느 하나를 위반하여 금품, 향응 또는 그 밖의 재산상 이익을 제공하거나 제공의사를 표시하거나 제공을 약속하는 행위를 하거나 제공을 받거나 제공의사 표시를 승낙한 자가 자수하였을 때에는 그 형벌을 감경 또는 면제한다. 〈개정 2022. 6. 10.〉

[본조신설 2017. 8. 9.]

제142조(금품·향응 수수행위 등에 대한 신고포상금) 시·도지사 또는 대도시의 시장은 제132조제1항 각 호의 행위사실을 신고한 자에게 시·도조례로 정하는 바에 따라 포상금을 지급할 수 있다. 〈개정

2022. 6. 10.〉
[본조신설 2017. 8. 9.]

부칙 〈제14567호, 2017. 2. 8.〉

제1조(시행일) 이 법은 공포 후 1년이 경과한 날부터 시행한다.

제2조(유효기간) 제39조제1항 각 호 외의 부분 단서 및 제76조제1항제7호나목4)의 개정규정은 법률 제13912호 도시 및 주거환경정비법 일부개정법률의 시행일인 2016년 1월 27일부터 2년까지 효력을 가진다.

제3조(기본계획 및 정비계획 수립 시 용적률 완화에 관한 적용례) 제11조의 개정규정은 법률 제12249호 도시 및 주거환경정비법 일부개정법률의 시행일인 2014년 1월 14일 이후 최초로 사업시행계획인가를 신청하는 경우부터 적용한다.

제4조(도시환경정비사업의 정비구역등 해제 요청 기산일에 관한 적용례) 이 법 시행 전의 도시환경정비사업의 정비구역 등 해제 요청을 위한 기산일의 산정에 관하여는 제20조제1항제2호다목 및 라목의 개정규정에도 불구하고 법률 제13508호 도시 및 주거환경정비법 일부개정법률의 시행일인 2016년 3월 2일 이후 최초로 정비계획(변경수립은 제외한다)을 수립한 경우부터 적용한다.

제5조(정비구역등 해제 신청 기산일에 관한 적용례) ① 법률 제11293호 도시 및 주거환경정비법 일부개정법률 시행 당시 정비구역이 지정된 경우에는 제20조제1항제3호의 개정규정에 따른 “정비구역으로 지정 · 고시된 날”을 “2012년 2월 1일”로 본다.

② 제20조제1항제2호다목 및 라목의 개정규정은 2012년 2월 1일 이후 최초로 정비계획을 수립(변경수립은 제외한다)하는 경우부터 적용한다.

③ 제1항에도 불구하고 제20조제1항제2호다목의 개정규정은 2012년 1월 31일 이전에 정비계획이 수립된 정비구역에서 승인된 추진위원회에도 적용한다. 이 경우 같은 목의 개정규정에 따른 “추진위원회 승인일부터 2년”은 “법률 제13508호 도시 및 주거환경정비법 일부개정법률의 시행일인 2016년 3월 2일부터 4년”으로 본다.

제6조(재개발사업의 시행방법에 관한 적용례) 제23조제2항의 개정규정은 이 법 시행 후 최초로 관리처분계획인가를 신청하는 경우부터

적용한다.

제7조(토지등소유자가 시행하는 재개발사업에 관한 적용례) 제25조제1항제2호의 개정규정은 이 법 시행 후 최초로 정비계획의 입안을 위한 공람을 실시하는 경우부터 적용한다.

제8조(서면동의서 검인에 관한 적용례) ① 제36조제3항의 개정규정은 법률 제13912호 도시 및 주거환경정비법 일부개정법률의 시행일인 2016년 7월 28일 후 최초로 정비계획을 수립하는 경우부터 적용한다.

② 제1항에도 불구하고 제35조제2항부터 제5항까지의 개정규정에 해당하는 때에는 법률 제13912호 도시 및 주거환경정비법 일부개정법률의 시행일인 2016년 7월 28일 후 제31조제1항의 개정규정에 따라 최초로 추진위원회 승인을 받은 경우부터 적용한다. 이 경우 종전의 규정에 따른 추진위원회 동의자의 서면동의서는 제31조제2항의 개정규정에 따라 유효한 것으로 본다.

제9조(분양신청을 하지 아니한 자 등에 대한 현금 청산 지연에 따른 이자 지급에 관한 적용례) 제40조제1항 및 제73조제3항의 개정규정은 법률 제11293호 도시 및 주거환경정비법 일부개정법률의 시행일인 2012년 8월 2일 이후 최초로 조합 설립인가(같은 개정법률 제8조제3항의 개정규정에 따라 도시환경정비사업을 토지등소유자가 시행하는 경우나 같은 개정법률 제7조 또는 제8조제4항의 개정규정에 따라 시장·군수가 직접 정비사업을 시행하거나 주택공사등을 사업시행자로 지정한 경우에는 사업시행계획인가를 말한다)를 신청한 정비사업부터 적용한다.

제10조(사업시행계획인가에 관한 적용례) ① 제50조제2항의 개정규정은 이 법 시행 후 사업시행계획인가(변경인가를 포함한다)를 신청하는 경우부터 적용한다.

② 제50조제4항의 개정규정은 이 법 시행 후 최초로 사업시행계획인가를 신청하는 경우부터 적용한다.

제11조(기반시설의 기부채납에 관한 적용례) 제51조의 개정규정은 이 법 시행 후 사업시행계획인가(변경인가를 포함한다)를 신청하는 경우부터 적용한다.

제12조(「공공주택 특별법」 준용규정에 관한 적용례) 제52조제2항의 개정규정은 이 법 시행 후 사업시행계획인가(변경인가를 포함한다)

를 신청하는 경우부터 적용한다.
제13조(다른 법률의 인·허가등 의제처리에 관한 적용례) 제57조제1항제2호의 개정규정은 이 법 시행 후 사업시행계획인가(변경인가를 포함한다)를 신청하는 경우부터 적용한다.
제14조(사업시행계획인가의 특례에 관한 적용례) 제58조제3항의 개정규정은 이 법 시행 후 최초로 사업시행계획인가를 신청하는 경우부터 적용한다.
제15조(이주대책의 수립에 관한 적용례) 제59조제1항의 개정규정은 법률 제12640호 도시 및 주거환경정비법 일부개정법률의 시행일인 2014년 5월 21일 이후 최초로 제50조의 개정규정에 따라 사업시행계획인가를 신청하는 경우부터 적용한다.
제16조(매도청구에 관한 적용례) 제64조의 개정규정은 이 법 시행 후 최초로 조합설립인가를 신청하거나 사업시행자를 지정하는 경우부터 적용한다.
제17조(분양공고에 관한 적용례) 제72조제1항의 개정규정은 이 법 시행 후 최초로 사업시행계획인가를 신청하는 경우부터 적용한다.
제18조(분양신청을 하지 아니한 자 등에 대한 조치에 관한 적용례) 제73조의 개정규정은 이 법 시행 후 최초로 관리처분계획인가를 신청하는 경우부터 적용한다. 다만, 토지등소유자가 「공익사업을 위한 토지 등의 취득 및 보상에 관한 법률」 제30조제1항의 재결 신청을 청구한 경우에는 제73조의 개정규정에도 불구하고 종전의 규정을 적용한다.
제19조(손실보상 시기에 관한 적용례) 제73조의 개정규정은 법률 제12116호 도시 및 주거환경정비법 일부개정법률의 시행일인 2013년 12월 24일 이후 최초로 조합설립인가를 신청하는 경우부터 적용한다.
제20조(주택의 공급에 관한 적용례) 제76조제1항제7호라목의 개정규정은 법률 제12957호 도시 및 주거환경정비법 일부개정법률의 시행일인 2014년 12월 31일 이후 최초로 관리처분계획의 인가를 신청하는 경우부터 적용한다.
제21조(정비기반시설 등의 귀속에 관한 적용례) 제97조제3항제4호의 개정규정은 이 법 시행 이후 최초로 사업시행계획인가를 신청하는 경우부터 적용한다.

제22조(분쟁조정의 효력에 관한 적용례) 제117조제6항의 개정규정은 이 법 시행 후 분쟁조정을 신청한 경우부터 적용한다.
제23조(공공지원과 정보공개에 관한 적용례) 제118조 및 제120조의 개정규정은 법률 제13508호 도시 및 주거환경정비법 일부개정법률 시행일인 2016년 3월 2일 당시 제45조의 개정규정에 따른 총회에서 시공자를 선정하지 아니한 정비사업부터 적용한다. 다만, 시장·군수는 정비사업의 투명성 강화를 위하여 필요한 경우에는 법률 제13508호 도시 및 주거환경정비법 일부개정법률 시행 전에 관리처분계획의 인가를 받은 사항에 대하여도 제120조의 개정규정을 적용하여 공개할 수 있다.
제24조(도시·주거환경정비기금의 사용에 관한 적용례) 제126조제3항제8호의 개정규정은 이 법 시행 후 증축형 리모델링의 안전진단을 요청하는 경우부터 적용한다.
제25조(일반적 경과조치) 이 법 시행 당시 종전의 「도시 및 주거환경정비법」에 따른 결정·처분·절차, 그 밖의 행위는 이 법의 규정에 따라 행하여진 것으로 본다.
제26조(주거환경관리사업의 시행을 위한 정비구역 등에 관한 경과조치) ① 이 법 시행 당시 종전의 「도시 및 주거환경정비법」에 따라 주거환경관리사업을 시행하기 위하여 지정·고시된 정비구역은 이 법에 따라 지정·고시된 주거환경개선구역으로 본다.
② 이 법 시행 당시 종전의 「도시 및 주거환경정비법」에 따라 주택재개발사업 및 도시환경정비사업을 시행하기 위하여 지정·고시된 정비구역은 이 법에 따라 지정·고시된 재개발구역으로 본다.
③ 이 법 시행 당시 종전의 「도시 및 주거환경정비법」에 따라 주택재건축사업을 시행하기 위하여 지정·고시된 정비구역은 이 법에 따라 지정·고시된 재건축구역으로 본다.
제27조(주거환경관리사업 등에 관한 경과조치) 이 법 시행 당시 종전의 「도시 및 주거환경정비법」에 따라 사업시행인가를 받아 시행 중인 주거환경관리사업, 주택재개발사업·도시환경정비사업 및 주택재건축사업은 각각 이 법에 따른 주거환경개선사업, 재개발사업 및 재건축사업으로 본다.
제28조(공공시설 등의 설치·제공을 대체하는 현금납부에 관한 경과조치) 법률 제13912호 도시 및 주거환경정비법 일부개정법률의 시

행일인 2016년 7월 28일 전에 관리처분계획인가(변경인가를 포함한다)를 받았거나 신청한 정비사업의 경우에는 같은 개정법률 제4조제10항의 개정규정에도 불구하고 종전의 규정에 따른다.

제29조(준공인가 등에 따른 정비구역의 해제에 관한 경과조치) 이 법 시행 당시 이미 준공인가의 고시(관리처분계획을 수립하는 정비사업의 경우에는 이전고시를 말한다)가 있은 때에는 해당 정비구역은 이 법 시행일에 해제된 것으로 본다.

제30조(정비사업의 시행방법에 관한 경과조치) 법률 제13912호 도시 및 주거환경정비법 일부개정법률 제6조제2항 및 제3항의 개정규정의 시행일인 2016년 1월 27일 전에 관리처분계획인가(변경인가를 포함한다)를 받았거나 신청한 재개발사업 및 재건축사업의 경우에는 같은 개정법률 제6조제2항 및 제3항의 개정규정에도 불구하고 종전의 규정에 따른다.

제31조(조합원 자격에 관한 경과조치) 제39조제1항제3호의 개정규정에도 불구하고 제35조의 개정규정에 따라 조합설립인가를 받은 정비구역에서 다음 각 호의 어느 하나에 해당하는 경우에는 조합원 자격의 적용에 있어서는 종전의 「도시 및 주거환경정비법」(법률 제9444호 도시 및 주거환경정비법 일부개정법률로 개정되기 전의 법률을 말한다)에 따른다.

1. 다음 각 목의 합이 2 이상을 가진 토지등소유자로부터 2011년 1월 1일 전에 토지 또는 건축물을 양수한 경우
   가. 토지의 소유권
   나. 건축물의 소유권
   다. 토지의 지상권
2. 2011년 1월 1일 전에 다음 각 목의 합이 2 이상을 가진 토지등소유자가 2012년 12월 31일까지 다음 각 목의 합이 2(조합설립인가 전에 종전의 「임대주택법」 제6조에 따라 임대사업자로 등록한 토지등소유자의 경우에는 3을 말하며, 이 경우 임대주택에 한정한다) 이하를 양도하는 경우
   가. 토지의 소유권
   나. 건축물의 소유권
   다. 토지의 지상권

제32조(투기과열지구에서의 재건축사업의 조합원 자격취득에 관한

경과조치) 법률 제7056호 도시및주거환경정비법중개정법률의 시행일인 2003년 12월 31일 전에 주택재건축정비사업조합의 설립인가를 받은 정비사업의 토지등소유자(2003년 12월 31일 전에 건축물 또는 토지를 취득한 자로 한정한다)로부터 건축물 또는 토지를 양수한 자는 같은 개정법률 제19조제2항의 개정규정에도 불구하고 종전의 규정에 따른다.

제33조(조합임원의 임기에 관한 경과조치) 법률 제13792호 도시 및 주거환경정비법 일부개정법률의 시행일인 2016년 1월 19일 전에 조합임원을 선출(연임을 포함한다)한 경우에는 같은 개정법률 제21조제5항의 개정규정에도 불구하고 종전의 규정에 따른다.

제34조(조합임원·정비사업전문관리업자의 결격사유에 관한 경과조치) 제43조제1항제1호 및 제105조제1항제1호의 개정규정에 따른 피성년후견인 또는 피한정후견인에는 법률 제10429호 민법 일부개정법률 부칙 제2조에 따라 금치산 또는 한정치산 선고의 효력이 유지되는 사람이 포함되는 것으로 본다.

제35조(감정평가업자의 선정 등에 관한 경과조치) 법률 제12640호 도시 및 주거환경정비법 일부개정법률 제24조제3항제6호 및 제48조 개정규정의 시행일인 2014년 11월 22일 전에 감정평가업자를 선정하여 계약을 체결한 경우에는 같은 개정법률 제24조제3항제6호 및 제48조의 개정규정에도 불구하고 종전의 규정에 따른다.

제36조(인수된 소형주택의 활용 및 인수가격에 관한 경과조치) 법률 제13912호 도시 및 주거환경정비법 일부개정법률 시행일인 2016년 7월 28일 전에 관리처분계획인가(변경인가를 포함한다)를 받았거나 신청한 정비사업의 경우에는 같은 개정법률 제30조의3제6항의 개정규정에도 불구하고 종전의 규정에 따른다.

제37조(국·공유지 무상양여에 관한 경과조치) 법률 제13912호 도시 및 주거환경정비법 일부개정법률 시행일인 2016년 7월 28일 전에 관리처분계획인가(변경인가를 포함한다)를 받았거나 신청한 재개발사업의 경우에는 같은 개정법률 제68조의 개정규정에도 불구하고 종전의 규정에 따른다.

제37조의2(투기과열지구 내 분양신청 제한에 관한 경과조치) 법률 제14943호 도시 및 주거환경정비법 일부개정법률 시행 전에 투기과열지구의 토지등소유자는 제72조제6항의 개정규정에도 불구하고 같

은 개정법률 시행 전 종전의 규정을 적용한다. 다만, 다음 각 호의 어느 하나에 해당하는 경우에는 그러하지 아니하다.

1. 토지등소유자와 그 세대에 속하는 자가 법률 제14943호 도시 및 주거환경정비법 일부개정법률 시행 후 투기과열지구의 정비사업구역에 소재한 토지 또는 건축물을 취득하여 해당 정비사업의 관리처분계획에 따라 같은 개정법률 제48조제1항제3호가목의 분양대상자로 선정된 경우

2. 토지등소유자와 그 세대에 속하는 자가 법률 제14943호 도시 및 주거환경정비법 일부개정법률 시행 후 투기과열지구의 정비사업의 관리처분계획에 따라 같은 개정법률 제48조제1항제3호나목의 분양대상자로 선정된 경우

[본조신설 2017. 10. 24.]

제38조(사업시행방식의 전환에 관한 경과조치) 이 법 시행 전에 주거환경개선사업의 사업시행인가를 신청한 경우에는 제123조제5항의 개정규정에도 불구하고 종전의 규정에 따른다.

제39조(다른 법률의 개정) ① 2018 평창 동계올림픽대회 및 동계패럴림픽대회 지원 등에 관한 특별법 일부를 다음과 같이 개정한다.

제33조제1항제14호 중 "「도시 및 주거환경정비법」 제4조"를 "「도시 및 주거환경정비법」 제8조"로 한다.

② 건축법 일부를 다음과 같이 개정한다. 〈개정 2017. 4. 18.〉

제61조제3항제6호 중 "「도시 및 주거환경정비법」 제4조"를 "「도시 및 주거환경정비법」 제8조"로 한다.

제77조의4제1항제2호 중 "「도시 및 주거환경정비법」 제2조제2호가목 및 마목에 따른 주거환경개선사업 또는 주거환경관리사업"을 "「도시 및 주거환경정비법」 제2조제2호가목에 따른 주거환경개선사업"으로, "같은 법 제4조"를 "같은 법 제8조"로 한다.

제77조의15제1항제3호 중 "주거환경관리사업"을 "주거환경개선사업"으로 한다.

③ 공공주택 특별법 일부를 다음과 같이 개정한다.

제45조제1항 전단 중 "「도시 및 주거환경정비법」 제30조의3제3항 또는 제50조제3항"을 "「도시 및 주거환경정비법」 제55조제1항 및 제2항 또는 제79조제5항"으로 한다.

④ 공유토지분할에 관한 특례법 일부를 다음과 같이 개정한다.

제6조제2항 중 “「도시 및 주거환경정비법」 제5조제1항”을 “「도시 및 주거환경정비법」 제19조제1항”으로 한다.

⑤ 국토의 계획 및 이용에 관한 법률 일부를 다음과 같이 개정한다.

제51조제1항제3호 중 “「도시 및 주거환경정비법」 제4조”를 “「도시 및 주거환경정비법」 제8조”로 한다.

⑥ 농어촌마을 주거환경 개선 및 리모델링 촉진을 위한 특별법 일부를 다음과 같이 개정한다. 〈개정 2017. 8. 9.〉

제28조 전단 중 “「도시 및 주거환경정비법」 제46조부터 제48조까지, 제48조의2, 제49조, 제50조, 제50조의2, 제50조의3, 제51조 및 제54조부터 제59조까지”를 “「도시 및 주거환경정비법」 제24조, 제72조부터 제74조까지, 제76조부터 제82조까지 및 제86조부터 제91조까지”로 하고, 같은 조 후단 중 “「도시 및 주거환경정비법」 제46조제1항”을 “「도시 및 주거환경정비법」 제72조제1항제1호”로, “사업시행인가”를 “사업시행계획인가”로 한다.

제44조제2항제4호 중 “「도시 및 주거환경정비법」 제48조”를 “「도시 및 주거환경정비법」 제74조”로, “같은 법 제54조”를 “같은 법 제86조”로 한다.

제46조제2항 중 “「도시 및 주거환경정비법」 제49조제4항 또는 제54조제1항”을 “「도시 및 주거환경정비법」 제78조제5항 또는 제86조제1항”으로 한다.

⑦ 대도시권 광역교통 관리에 관한 특별법 일부를 다음과 같이 개정한다.

제11조제1항제5호 본문 중 “주택재개발사업, 주택재건축사업 및 도시환경정비사업”을 “재개발사업 및 재건축사업”으로 하고, 같은 호 단서 중 “도시환경정비사업”을 “재개발사업”으로 한다.

제11조의2제2항제2호 중 “주택재개발사업”을 “재개발사업”으로 하고, 같은 항 제3호 중 “주택재건축사업”을 “재건축사업”으로 한다.

⑧ 도시개발법 일부를 다음과 같이 개정한다.

제21조의4제1항 단서 중 “「도시 및 주거환경정비법」 제77조의2”를 “「도시 및 주거환경정비법」 제116조”로 하고, 같은 조 제2항 전단 중 “「도시 및 주거환경정비법」 제77조의2 및 제77조의3”을 “「도시 및 주거환경정비법」 제116조 및 제117조”로 한다.

⑨ 도시공원 및 녹지 등에 관한 법률 일부를 다음과 같이 개정한다.

제14조제2항제3호 중 “「도시 및 주거환경정비법」 제4조”를 “「도시 및 주거환경정비법」 제9조”로 한다.

⑩ 도시재정비 촉진을 위한 특별법 일부를 다음과 같이 개정한다.

제6조제1항 중 “「도시 및 주거환경정비법」 제3조”를 “「도시 및 주거환경정비법」 제4조”로 한다.

법률 제14540호 도시재정비 촉진을 위한 특별법 일부개정법률 제7조제6항 전단 중 “제13조의 추진위원회”를 “제31조의 추진위원회”로, “제13조의 조합”을 “제35조의 조합”으로 한다.

제13조제1항제1호 중 “「도시 및 주거환경정비법」 제3조”를 “「도시 및 주거환경정비법」 제4조”로, “같은 법 제4조”를 “같은 법 제8조”로 한다.

⑪ 사회기반시설에 대한 민간투자법 일부를 다음과 같이 개정한다.

제21조제1항제5호 중 “도시환경정비사업”을 “재개발사업”으로 하고, 같은 조 제8항제5호 중 “「도시 및 주거환경정비법」 제9조제1항”을 “「도시 및 주거환경정비법」 제27조제1항”으로 한다.

⑫ 석면안전관리법 일부를 다음과 같이 개정한다.

제28조제4항 중 “주택재개발사업, 주택재건축사업”을 “재개발사업, 재건축사업”으로 한다.

⑬ 수도권정비계획법 일부를 다음과 같이 개정한다.

제13조제2호 중 “도시환경정비사업”을 “재개발사업”으로 한다.

⑭ 어촌특화발전 지원 특별법 일부를 다음과 같이 개정한다.

제11조제1항 중 “「도시 및 주거환경정비법」 제4조”를 “「도시 및 주거환경정비법」 제8조 및 제9조”로 하고, 같은 조 제2항 중 “「도시 및 주거환경정비법」 제7조 및 제8조”를 “「도시 및 주거환경정비법」 제24조부터 제27조까지”로, “제3장제1절(제6조부터 제12조까지)”을 “제12조 및 제23조부터 제30조까지”로 하며, 같은 조 제3항 중 “「도시 및 주거환경정비법」 제9조”를 “「도시 및 주거환경정비법」 제28조”로 하고, 같은 조 제4항 중 “같은 법 제3장제2절(제13조부터 제16조까지, 제16조의2 및 제17조부터 제27조까지)”을 “같은 법 제3장제2절(제31조부터 제49조까지)”로 한다.

⑮ 유아교육법 일부를 다음과 같이 개정한다.

제9조의2제1항제2호 중 “「도시 및 주거환경정비법」 제4조”를 “「도시 및 주거환경정비법」 제8조”로 한다.

⑯ 재건축초과이익 환수에 관한 법률 일부를 다음과 같이 개정한다.

제4조제3항 중 “「도시 및 주거환경정비법」 제82조”를 “「도시 및 주거환경정비법」 제126조”로 한다.

⑰ 전통시장 및 상점가 육성을 위한 특별법 일부를 다음과 같이 개정한다.

제2조제9호 중 “「도시 및 주거환경정비법」 제16조”를 “「도시 및 주거환경정비법」 제35조”로 한다.

제4조제1항 중 “도시환경정비사업”을 “재개발사업”으로 한다.

제32조제1항 중 “「도시 및 주거환경정비법」 제13조”를 “「도시 및 주거환경정비법」 제31조”로 하고, 같은 조 제3항제2호 중 “「도시 및 주거환경정비법」 제69조에 따른 정비사업전문관리업자의 선정”을 “「도시 및 주거환경정비법」 제102조에 따른 정비사업전문관리업의 등록”으로 하며, 같은 조 제4항 중 “「도시 및 주거환경정비법」 제13조부터 제15조까지”를 “「도시 및 주거환경정비법」 제31조부터 제34조까지”로 한다.

제39조제1항 중 “「도시 및 주거환경정비법」 제30조(같은 조 제3호부터 제5호까지의 규정은 제외한다)”를 “「도시 및 주거환경정비법」 제52조(같은 조 제3호부터 제6호까지의 규정은 제외한다)”로 한다.

제43조 중 “「도시 및 주거환경정비법」 제48조제3항”을 “「도시 및 주거환경정비법」 제79조제4항”으로 한다.

제44조 전단 중 “「도시 및 주거환경정비법」 제52조”를 “「도시 및 주거환경정비법」 제83조”로 한다.

제46조제3항 중 “「도시 및 주거환경정비법」 제66조”를 “「도시 및 주거환경정비법」 제98조”로 한다.

⑱ 제주특별자치도 설치 및 국제자유도시 조성을 위한 특별법 일부를 다음과 같이 개정한다. 〈개정 2017. 8. 9., 2017. 10. 24.〉

제417조제1항 중 “「도시 및 주거환경정비법」 제4조의2제1항, 제5조제7항, 제11조제1항, 제14조제2항, 제15조제2항, 제66조제1항 후단, 제68조제5항(승인대상이 도조례인 경우는 제외한다) 및 제75조제1항”을 “「도시 및 주거환경정비법」 제10조, 제19조제7항, 제29조제4항, 제32조제2항, 제34조제1항, 제98조제1항 후단, 제101조제5항(승인대상이 도조례인 경우는 제외한다) 및 제111조제1항”으로 한다.

제417조제2항을 다음과 같이 한다.

②「도시 및 주거환경정비법」 제2조제3호나목, 같은 호 다목1) 및 2) 외의 부분, 같은 호 라목, 같은 조 제4호·제5호, 제3조제5호, 제5조제1항제13호, 제6조제3항, 제7조제1항 단서, 같은 조 제4항, 제8조제1항, 제9조제1항제10호 각 목 외의 부분 단서, 같은 호 라목, 같은 항 제12호, 제10조제1항제1호·제2호, 제12조제3항 단서, 같은 조 제4항·제5항·제7항, 제13조제5항, 제14조제2항, 제15조제3항, 제16조제1항 본문, 같은 조 제3항, 제17조제4항·제5항, 제19조제1항제7호, 같은 조 제2항제2호, 같은 조 제3항, 같은 조 제7항 각 호 외의 부분, 제21조제3항, 제24조제3항 단서, 제25조제1항제1호·제2호, 제26조제2항 본문, 제27조제1항 각 호 외의 부분, 같은 조 제2항 본문, 같은 조 제4항 각 호 외의 부분 전단, 제28조제3항, 제29조제4항 단서, 같은 조 제7항, 제31조제1항 각 호 외의 부분, 같은 조 제3항 전단, 같은 조 제4항 후단, 제32조제1항제5호, 같은 조 제3항·제4항, 제34조제1항제7호, 같은 조 제5항, 제35조제2항제2호, 같은 조 제5항 단서, 같은 조 제7항·제8항, 제36조제3항·제4항, 제37조제2항제2호나목, 같은 조 제3항, 제38조제2항, 제39조제2항제5호, 제40조제1항제18호, 같은 조 제4항, 제41조제2항, 같은 조 제5항 단서, 같은 조 제6항, 제45조제1항제13호, 같은 조 제6항, 제46조제4항·제5항, 제47조제3항, 같은 조 제5항제6호, 같은 조 제6항, 제50조제1항 본문·단서, 같은 조 제7항 본문, 제52조제1항제13호, 제55조제4항 본문·단서, 같은 조 제5항, 제56조제1항 본문, 제58조제2항 각 호 외의 부분, 제59조제2항, 같은 조 제3항 전단, 제61조제3항 전단, 제65조제1항 단서, 제66조 각 호 외의 부분, 같은 조 제1호, 제67조제4항제3호, 제68조제2항, 같은 조 제4항 각 호 외의 부분, 같은 항 제6호, 제69조제1항 각 호 외의 부분 본문, 제72조제1항 각 호 외의 부분 본문 및 같은 항 제4호, 같은 조 제3항, 제73조제3항 후단, 제74조제1항 각 호 외의 부분 단서, 같은 항 제9호, 같은 조 제4항, 제76조제2항, 제78조제1항 단서, 같은 조 제2항 단서, 같은 조 제5항, 제79조제3항, 같은 조 제4항 후단, 같은 조 제5항 후단, 같은 조 제6항 본문·단서, 제80조제1항 후단, 같은 조 제2항, 제82조제1항, 제83조제1항, 같은 조 제5항 본문, 같은 조 제6항, 제89조제4항, 제92

조제2항제1호, 제94조제1항·제3항, 제95조제1항 각 호 외의 부분 전단, 같은 항 제2호, 제101조제1항제2호, 제102조제1항 각 호 외의 부분 본문·단서, 같은 조 제2항·제3항, 제103조제5호, 제106조제2항, 제108조제2항, 제109조제6항, 제110조제1항제4호, 같은 조 제2항, 제111조제1항부터 제3항까지, 제112조제1항 각 호 외의 부분 본문, 제113조제2항 후단, 제115조, 제117조제1항제3호, 제118조제1항, 제122조제1항제7호, 제123조제1항, 제124조제1항제11호, 같은 조 제2항·제3항, 같은 조 제4항제3호, 제125조제1항, 제126조제2항제4호·제6호, 제128조제1항, 같은 조 제2항 각 호 외의 부분, 같은 항 제3호, 제140조제3항에서 대통령령 또는 국토교통부령으로 정하도록 한 사항은 도조례로 정할 수 있다.

제417조제3항 중 "「도시 및 주거환경정비법」 제3조제1항"을 "「도시 및 주거환경정비법」 제4조제1항"으로 한다.

⑲ 조세특례제한법 일부를 다음과 같이 개정한다.

제77조제3항제2호 중 "사업시행인가"를 "사업시행계획인가"로 한다.

제104조의7제1항 본문 중 "「도시 및 주거환경정비법」 제18조"를 "「도시 및 주거환경정비법」 제38조"로 하고, 같은 조 제2항 전단 중 "제18조"를 "제35조"로 한다.

제104조의26제1항 각 호 외의 부분 중 "「도시 및 주거환경정비법」 제16조의2"를 "「도시 및 주거환경정비법」 제113조"로 하고, 같은 항 제1호 중 "「도시 및 주거환경정비법」 제16조의2제7항"을 "「도시 및 주거환경정비법」 제133조"로 한다.

⑳ 주택도시기금법 일부를 다음과 같이 개정한다.

제9조제2항제3호가목 중 "「도시 및 주거환경정비법」 제82조"를 "「도시 및 주거환경정비법」 제126조"로 한다.

㉑ 법률 제14344호 주택법 일부개정법률 일부를 다음과 같이 개정한다.

제11조의2제1항제3호 중 "「도시 및 주거환경정비법」 제69조"를 "「도시 및 주거환경정비법」 제102조"로 한다.

㉒ 지방세법 일부를 다음과 같이 개정한다.

제107조제2항제6호 중 "주택재개발사업 및 도시환경정비사업"을 "재개발사업"으로 한다.

㉓ 지방세특례제한법 일부를 다음과 같이 개정한다.

제74조제1항 각 호 외의 부분 본문 중 "주택재개발사업 및 도시환경정비사업"을 "재개발사업"으로 하고, 같은 조 제3항 각 호 외의 부분 본문 중 "주택재개발사업"을 "재개발사업"으로 하며, 같은 항 제1호 중 "「도시 및 주거환경정비법」 제8조에 따른 주택재개발사업"을 "「도시 및 주거환경정비법」 제25조에 따른 재개발사업"으로, "주택재개발사업"을 "재개발사업"으로 하고, 같은 항 제2호 중 "「도시 및 주거환경정비법」 제8조에 따른 주택재개발사업"을 "「도시 및 주거환경정비법」 제25조에 따른 재개발사업"으로, "같은 법 제48조"를 "같은 법 제74조"로 하며, 같은 항 제3호 중 "「도시 및 주거환경정비법」 제7조"를 "「도시 및 주거환경정비법」 제24조"로 하고, 같은 항 제4호 중 "주택재개발사업"을 각각 "재개발사업"으로 하며, 같은 항 제5호 중 "같은 법 제6조제1항제1호"를 "같은 법 제23조제1항제1호"로 한다.

제132조제3항제2호 중 "사업시행인가"를 "사업시행계획인가"로 한다.

㉔ 학교용지 확보 등에 관한 특례법 일부를 다음과 같이 개정한다.

제10조 중 "「도시 및 주거환경정비법」 제77조"를 "「도시 및 주거환경정비법」 제113조"로 한다.

제40조(다른 법령과의 관계) 이 법 시행 당시 다른 법령에서 종전 「도시 및 주거환경정비법」 또는 그 규정을 인용하고 있는 경우 이 법에 그에 해당하는 규정이 있으면 이 법 또는 이 법의 해당 규정을 인용한 것으로 본다.

부칙 〈제14792호, 2017. 4. 18.〉 (건축법)

제1조(시행일) 이 법은 공포 후 6개월이 경과한 날부터 시행한다. 다만, · · · 〈생략〉 · · · , 부칙 제4조의 개정규정은 2018년 2월 9일부터 시행한다.

제2조 및 제3조 생략

제4조(다른 법률의 개정) 법률 제14567호 도시 및 주거환경정비법 일부개정법률 일부를 다음과 같이 개정한다.

부칙 제39조제2항 중 "제77조의14"를 "제77조의15"로 한다.

부칙 〈제14857호, 2017. 8. 9.〉

제1조(시행일) 이 법은 2018년 2월 9일부터 시행한다.

제2조(시공자 등 계약의 방법 등에 관한 적용례) 제29조 및 제32조의 개정규정은 이 법 시행 후 최초로 계약을 체결하는 경우부터 적용한다. 다만, 시공자나 정비사업전문관리업자의 경우에는 이 법 시행 후 최초로 시공자나 정비사업전문관리업자를 선정하는 경우부터 적용한다.

제3조(관리처분계획의 타당성 검증에 관한 적용례) 제78조의 개정규정은 이 법 시행 후 최초로 관리처분계획인가를 신청하는 경우부터 적용한다.

제4조(자수자의 특례에 관한 적용례) 제141조의 개정규정은 이 법 시행 전의 자수자에 대하여도 적용한다.

제5조(벌칙에 관한 경과조치) 이 법 시행 전의 행위에 대한 벌칙을 적용할 때에는 종전의 규정에 따른다.

부칙 〈제14943호, 2017. 10. 24.〉

제1조(시행일) 이 법은 공포한 날부터 시행한다. 다만, 제48조제2항제7호의 개정규정은 2017년 11월 10일부터 시행하고, 제19조제2항의 개정규정은 공포 후 3개월이 경과한 날부터 시행하며, 법률 제14567호 도시 및 주거환경정비법 전부개정법률 제39조제2항, 제72조제6항, 제73조제1항 및 제76조제1항의 개정규정은 2018년 2월 9일부터 시행한다.

제2조(주택재개발사업·도시환경정비사업의 조합원 자격 취득 제한에 관한 적용례) 제19조제2항 본문의 개정규정은 같은 개정규정 시행 후 최초로 사업시행인가를 신청하는 경우부터 적용한다.

제3조(주택재건축사업의 주택공급수 제한에 관한 적용례) ① 제48조제2항제7호나목1)의 개정규정은 같은 개정규정 시행 후 최초로 사업시행인가를 신청하는 경우부터 적용한다.

② 제48조제2항제7호나목1)의 개정규정 시행 전에 「주택법」 제63조의2제1항제1호에 따라 지정된 조정대상지역 및 과밀억제권역 외의 투기과열지구에서 1명의 토지등소유자로부터 토지 또는 건축물의 소유권을 양수하여 여러 명이 소유하게 된 경우에는 같은 개정규정에도 불구하고 양도인과 양수인에게 각각 1주택을 공급할 수

있다.
제4조(투기과열지구 내 분양신청 제한에 관한 경과조치) 이 법 시행 전에 투기과열지구의 토지등소유자는 제46조제3항의 개정규정에도 불구하고 종전의 규정을 적용한다. 다만, 다음 각 호의 어느 하나에 해당하는 경우에는 그러하지 아니하다.

1. 토지등소유자와 그 세대에 속하는 자가 이 법 시행 후 투기과열지구의 정비사업구역에 소재한 토지 또는 건축물을 취득하여 해당 정비사업의 관리처분계획에 따라 제48조제1항제3호가목의 분양대상자로 선정된 경우
2. 토지등소유자와 그 세대에 속하는 자가 이 법 시행 후 투기과열지구의 정비사업의 관리처분계획에 따라 제48조제1항제3호나목의 분양대상자로 선정된 경우

제5조(다른 법률의 개정) 제주특별자치도 설치 및 국제자유도시 조성을 위한 특별법 일부를 다음과 같이 개정한다.
제417조제2항 중 "제19조제2항제4호"를 "제19조제2항제5호"로 한다.

부칙 〈제15022호, 2017. 10. 31.〉 (주식회사 등의 외부감사에 관한 법률)
제1조(시행일) 이 법은 공포 후 1년이 경과한 날부터 시행한다.
제2조 부터 제13조까지 생략
제14조(다른 법률의 개정) ①부터 ⑨까지 생략
⑩ 법률 제14567호 도시 및 주거환경정비법 전부개정법률 일부를 다음과 같이 개정한다.
제112조제1항 각 호 외의 부분 본문 중 "「주식회사의 외부감사에 관한 법률」 제3조"를 "「주식회사 등의 외부감사에 관한 법률」 제2조제7호 및 제9조"로 한다.
⑪부터 ㊲까지 생략
제15조 생략

부칙 〈제15356호, 2018. 1. 16.〉 (민간임대주택에 관한 특별법)
제1조(시행일) 이 법은 공포 후 6개월이 경과한 날부터 시행한다.

제2조 부터 제11조까지 생략
제12조(다른 법률의 개정) ① 법률 제14567호 도시 및 주거환경정비법 일부를 다음과 같이 개정한다.

제9조제1항제10호 각 목 외의 부분 본문 및 단서 중 “기업형임대주택”을 각각 “공공지원민간임대주택”으로 하고, 같은 호 가목 중 “기업형임대주택”을 “공공지원민간임대주택”으로 하며, 같은 호 라목 중 “기업형임대주택”을 “공공지원민간임대주택”으로 한다.

제14조제1항제4호 중 “기업형임대주택”을 “공공지원민간임대주택”으로 한다.

제30조의 제목 “(기업형임대사업자의 선정)”을 “(임대사업자의 선정)”으로 하고, 같은 조 제1항 중 “기업형임대주택”을 “공공지원민간임대주택”으로, “「민간임대주택에 관한 특별법」 제2조제8호에 따른 기업형임대사업자(이하 "기업형임대사업자"라 한다)”를 “「민간임대주택에 관한 특별법」 제2조제7호에 따른 임대사업자(이하 "임대사업자"라 한다)”로 하며, 같은 조 제2항 중 “기업형임대사업자”를 “임대사업자”로 한다.

제52조제1항제8호 중 “기업형임대주택”을 “공공지원민간임대주택”으로 한다.

제74조제1항제4호 각 목 외의 부분 단서 중 “기업형임대사업자”를 “임대사업자”로 하고, 같은 호 나목을 다음과 같이 한다.

나. 공공지원민간임대주택

제114조제5호 중 “기업형임대주택”을 “공공지원민간임대주택”으로 한다.

②부터 ⑥까지 생략

제13조(다른 법률의 개정에 따른 경과조치) 부칙 제12조제1항에 따라 개정되는 「도시 및 주거환경정비법」 및 이 법의 개정규정에도 불구하고 이 법 시행 당시 종전의 「도시 및 주거환경정비법」 제9조제1항제10호에 따른 기업형임대주택 또는 임대관리 위탁주택의 건설에 관한 사항이 정비계획에 포함되어 같은 법 제16조제2항에 따라 정비구역 변경지정에 관한 고시가 된 경우 종전의 규정에 따른다.

부칙 〈제15489호, 2018. 3. 20.〉 (국가균형발전 특별법)

제1조(시행일) 이 법은 공포한 날부터 시행한다. 〈단서 생략〉

제2조 부터 제5조까지 생략
제6조(다른 법률의 개정) ①부터 ⑦까지 생략
⑧ 도시 및 주거환경정비법 일부를 다음과 같이 개정한다.
제39조제1항 각 호 외의 부분 단서 중 "「국가균형발전 특별법」 제18조에 따른 공공기관지방이전시책"을 "「국가균형발전 특별법」 제18조에 따른 공공기관지방이전 및 혁신도시 활성화를 위한 시책"으로 한다.
제76조제1항제7호나목4) 중 "「국가균형발전 특별법」 제18조에 따른 공공기관지방이전시책"을 "「국가균형발전 특별법」 제18조에 따른 공공기관지방이전 및 혁신도시 활성화를 위한 시책"으로 한다.
⑨부터 ⑳까지 생략
제7조 생략

부칙 〈제15676호, 2018. 6. 12.〉
이 법은 공포 후 4개월이 경과한 날부터 시행한다.

부칙 〈제16383호, 2019. 4. 23.〉
제1조(시행일) 이 법은 공포 후 6개월이 경과한 날부터 시행한다. 다만, 제19조제2항, 제35조제4항 및 제69조의 개정규정은 공포한 날부터 시행한다.
제2조(공사비 검증에 대한 적용례) 제29조의2의 개정규정은 이 법 시행 후 공사비를 증액하거나 토지등소유자 또는 조합원의 검증 의뢰에 따라 사업시행자가 공사비 검증을 요청하는 경우부터 적용한다.
제3조(조합임원의 자격 및 결격사유 등에 대한 적용례) 제41조 및 제43조의 개정규정은 이 법 시행 후 조합임원을 선임(연임을 포함한다)하거나 전문조합관리인을 선정하는 경우부터 적용한다.

부칙 〈제16493호, 2019. 8. 20.〉
제1조(시행일) 이 법은 공포 후 3개월이 경과한 날부터 시행한다.
제2조(정비사업전문관리업의 등록취소 등에 관한 적용례) 제106조제3항의 개정규정은 이 법 시행 후 최초로 등록취소처분 등을 하는 경우부터 적용한다.

제3조(조사·감독 등에 관한 적용례) 제107조제1항, 같은 조 제3항부터 제5항까지, 제110조제2항·제3항, 제111조제2항·제3항 및 제113조제3항의 개정규정은 이 법 시행 후 최초로 조사, 감독 또는 자료의 제출 요구 등을 하는 경우부터 적용한다.

부칙 〈제17091호, 2020. 3. 24.〉 (지방행정제재·부과금의 징수 등에 관한 법률)

제1조(시행일) 이 법은 공포한 날부터 시행한다. 〈단서 생략〉

제2조 및 제3조 생략

제4조(다른 법률의 개정) ①부터 ㉙까지 생략

㉚ 도시 및 주거환경정비법 일부를 다음과 같이 개정한다.

제113조의2제3항 중 "「지방세외수입금의 징수 등에 관한 법률」"을 "「지방행정제재·부과금의 징수 등에 관한 법률」"로 한다.

㉛부터 〈102〉까지 생략

제5조 생략

부칙 〈제17171호, 2020. 3. 31.〉 (전기안전관리법)

제1조(시행일) 이 법은 공포 후 1년이 경과한 날부터 시행한다. 〈단서 생략〉

제2조 부터 제5조까지 생략

제6조(다른 법률의 개정) ①부터 ⑮까지 생략

⑯ 도시 및 주거환경정비법 일부를 다음과 같이 개정한다.

제57조제1항제17호 중 "「전기사업법」 제62조"를 "「전기안전관리법」 제8조"로 한다.

⑰부터 〈60〉까지 생략

제7조 생략

부칙 〈제17219호, 2020. 4. 7.〉 (감정평가 및 감정평가사에 관한 법률)

제1조(시행일) 이 법은 공포 후 3개월이 경과한 날부터 시행한다.

제2조(다른 법률의 개정) ①부터 ⑨까지 생략

⑩ 도시 및 주거환경정비법 일부를 다음과 같이 개정한다.

제45조제1항제5호 본문 중 "설계자 또는 감정평가업자"를 "설계

자 및 감정평가법인등"으로, "감정평가업자는"을 "감정평가법인등은"으로 하고, 같은 호 단서 중 "감정평가업자"를 "감정평가법인등"으로 한다.

제74조제2항제1호 각 목 외의 부분 본문 중 "감정평가업자 중"을 "감정평가법인등 중"으로, "감정평가업자가"를 "감정평가법인등이"로 하고, 같은 호 가목 중 "감정평가업자"를 "감정평가법인등"으로 하며, 같은 호 나목 중 "감정평가업자와"를 "감정평가법인등과"로, "이상의 감정평가업자"를 "이상의 감정평가법인등"으로 하고, 같은 항 제2호 전단 중 "감정평가업자를"을 "감정평가법인등을"로, "감정평가업자의"를 "감정평가법인등의"로 하며, 같은 호 후단 중 "감정평가업자"를 "감정평가법인등"으로 하고, 같은 항 제3호 전단 중 "감정평가업자"를 "감정평가법인등"으로 한다.

⑪부터 ㉕까지 생략

제3조 생략

부칙 〈제17447호, 2020. 6. 9.〉 (국토안전관리원법)

제1조(시행일) 이 법은 공포 후 6개월이 경과한 날부터 시행한다.

제2조 부터 제5조까지 생략

제6조(다른 법률의 개정) ①부터 ③까지 생략

④ 도시 및 주거환경정비법 일부를 다음과 같이 개정한다.

제13조제2항 중 "「시설물의 안전 및 유지관리에 관한 특별법」에 따른 한국시설안전공단"을 "「국토안전관리원법」에 따른 국토안전관리원"으로 한다.

⑤부터 ⑧까지 생략

제7조 생략

부칙 〈제17453호, 2020. 6. 9.〉 (법률용어 정비를 위한 국토교통위원회 소관 78개 법률 일부개정을 위한 법률)

이 법은 공포한 날부터 시행한다. 〈단서 생략〉

부칙 〈제17459호, 2020. 6. 9.〉 (한국부동산원법)

제1조(시행일) 이 법은 공포 후 6개월이 경과한 날부터 시행한다.

제2조 및 제3조 생략

제4조(다른 법률의 개정) ① 및 ② 생략
③ 도시 및 주거환경정비법 일부를 다음과 같이 개정한다.
제114조 각 호 외의 부분 후단 중 "「한국감정원법」에 따라 설립된 한국감정원"을 "「한국부동산원법」에 따른 한국부동산원"으로 한다.
④ 생략
제5조 생략

부칙 〈제17689호, 2020. 12. 22.〉 (국가경찰과 자치경찰의 조직 및 운영에 관한 법률)
제1조(시행일) 이 법은 2021년 1월 1일부터 시행한다.
제2조 부터 제6조까지 생략
제7조(다른 법률의 개정) ①부터 ⑳까지 생략
㉑ 도시 및 주거환경정비법 일부를 다음과 같이 개정한다.
제130조제2항 각 호 외의 부분 중 "관할 지방경찰청장"을 "관할 시·도경찰청장"으로 한다.
㉒부터 〈53〉까지 생략
제8조 생략

부칙 〈제17814호, 2020. 12. 31.〉 (정부조직법)
제1조(시행일) 이 법은 공포 후 1년이 경과한 날부터 시행한다. 다만, 부칙 제4조에 따라 개정되는 법률 중 이 법 시행 전에 공포되었으나 시행일이 도래하지 아니한 법률을 개정한 부분은 각각 해당 법률의 시행일부터 시행한다.
제2조 및 제3조 생략
제4조(다른 법률의 개정) ①부터 ㉒까지 생략
㉓ 도시 및 주거환경정비법 일부를 다음과 같이 개정한다.
제98조제1항을 다음과 같이 한다.
① 시장·군수등은 제50조 및 제52조에 따라 인가하려는 사업시행계획 또는 직접 작성하는 사업시행계획서에 국유·공유재산의 처분에 관한 내용이 포함되어 있는 때에는 미리 관리청과 협의하여야 한다. 이 경우 관리청이 불분명한 재산 중 도로·구거 등은 국토교통부장관을, 하천은 환경부장관을, 그 외의 재산은 기획재정부장관을 관리청으로 본다.

㉔ 및 ㉕ 생략
제5조 생략

부칙 〈제17872호, 2021. 1. 5.〉
이 법은 공포한 날부터 시행한다. 다만, 제112조 및 제138조제1항 제6호의 개정규정은 공포 후 6개월이 경과한 날부터 시행한다.

부칙 〈제17893호, 2021. 1. 12.〉 (지방자치법)
제1조(시행일) 이 법은 공포 후 1년이 경과한 날부터 시행한다.
제2조 부터 제21조까지 생략
제22조(다른 법률의 개정) ①부터 ⑲까지 생략
⑳ 도시 및 주거환경정비법 일부를 다음과 같이 개정한다.
제2조제3호다목1)·2) 외의 부분 중 "「지방자치법」 제175조"를 "「지방자치법」 제198조"로 한다.
㉑부터 〈69〉까지 생략
제23조 생략

부칙 〈제17943호, 2021. 3. 16.〉
제1조(시행일) 이 법은 공포한 날부터 시행한다.
제2조(인·허가등의 의제를 위한 협의에 관한 적용례) 제85조제4항 및 제5항의 개정규정은 이 법 시행 이후 협의를 요청하는 경우부터 적용한다.
제3조(다른 법률의 개정) 제주특별자치도 설치 및 국제자유도시 조성을 위한 특별법 일부를 다음과 같이 개정한다.
제417조제2항 중 "같은 조 제7항·제8항"을 "같은 조 제9항·제10항"으로, "같은 조 제7항 본문"을 "같은 조 제9항 본문"으로 한다.

부칙 〈제18046호, 2021. 4. 13.〉
이 법은 공포 후 3개월이 경과한 날부터 시행한다.

부칙 〈제18310호, 2021. 7. 20.〉 (공간정보의 구축 및 관리 등에 관한 법률)
제1조(시행일) 이 법은 공포 후 1년이 경과한 날부터 시행한다.

제2조(다른 법률의 개정) ①부터 ⑩까지 생략

⑪ 도시 및 주거환경정비법 일부를 다음과 같이 개정한다.

제57조제1항제11호 중 “제15조제3항”을 “제15조제4항”으로 한다.

⑫부터 ㉛까지 생략

부칙 〈제18345호, 2021. 7. 27.〉

이 법은 공포한 날부터 시행한다.

부칙 〈제18388호, 2021. 8. 10.〉

제1조(시행일) 이 법은 공포 후 3개월이 경과한 날부터 시행한다.

제2조(벌금형의 분리 선고에 관한 적용례) 제43조의2의 개정규정은 이 법 시행 이후 발생한 범죄행위로 형벌을 받는 사람부터 적용한다.

제3조(총회의 의결 등에 관한 적용례) 제44조제4항 및 제45조의 개정규정은 이 법 시행 이후 총회를 소집하는 경우부터 적용한다.

부칙 〈제18522호, 2021. 11. 30.〉 (소방시설 설치 및 관리에 관한 법률)

제1조(시행일) 이 법은 공포 후 1년이 경과한 날부터 시행한다. 〈단서 생략〉

제2조 부터 제13조까지 생략

제14조(다른 법률의 개정) ①부터 ⑯까지 생략

⑰ 도시 및 주거환경정비법 일부를 다음과 같이 개정한다.

제57조제1항제18호 중 “「화재예방, 소방시설 설치ㆍ유지 및 안전관리에 관한 법률」 제7조”를 “「소방시설 설치 및 관리에 관한 법률」 제6조”로 한다.

⑱부터 〈54〉까지 생략

제15조 생략

부칙 〈제18830호, 2022. 2. 3.〉

제1조(시행일) 이 법은 공포한 날부터 시행한다.

제2조(관리처분계획인가에 관한 적용례) 제76조제1항제7호다목의 개정규정은 이 법 시행 이후 최초로 관리처분계획인가(변경인가는 제외한다)를 신청하는 경우부터 적용한다.

부칙 〈제18941호, 2022. 6. 10.〉

제1조(시행일) 이 법은 공포 후 6개월이 경과한 날부터 시행한다.

제2조(정비계획의 내용에 관한 적용례) 제9조제1항제2호의2의 개정규정은 이 법 시행 이후 정비계획을 결정하는 경우부터 적용한다.

제3조(토지등소유자가 시행하는 재개발사업에서의 토지등소유자의 동의자 수 산정 특례에 관한 적용례) 제36조의2의 개정규정은 이 법 시행 이후 최초로 정비계획의 변경을 제안하거나 사업시행계획인가를 신청하는 경우부터 적용한다.

제4조(자금차입의 신고에 관한 적용례) 제111조의2의 개정규정은 이 법 시행 이후 자금을 차입하는 경우부터 적용한다.

제5조(조합 해산을 위한 총회에 관한 특례) ① 이 법 시행 당시 제86조제2항에 따라 대지 및 건축물의 소유권 이전에 관한 사항을 고시한 조합의 조합장은 제86조의2제1항의 개정규정에도 불구하고 이 법 시행일부터 1년 이내에 같은 개정규정에 따른 조합 해산을 위한 총회를 소집하여야 한다.

② 조합장이 제1항에 따른 기간 내에 총회를 소집하지 아니한 경우 제86조의2제2항의 개정규정에 따라 조합원 5분의 1 이상의 요구로 소집된 총회에서 조합의 해산을 의결할 수 있다.

부칙 〈제19117호, 2022. 12. 27.〉 (산림자원의 조성 및 관리에 관한 법률)

제1조(시행일) 이 법은 공포 후 6개월이 경과한 날부터 시행한다.

제2조 생략

제3조(다른 법률의 개정) ①부터 ㉟까지 생략

㊱ 도시 및 주거환경정비법 일부를 다음과 같이 개정한다.

제57조제1항제7호 본문 중 "「산림자원의 조성 및 관리에 관한 법률」 제36조제1항ㆍ제4항"을 "「산림자원의 조성 및 관리에 관한 법률」 제36조제1항ㆍ제5항"으로 한다.

㊲부터 〈98〉까지 생략

부칙 〈제19225호, 2023. 2. 14.〉 (기상법)

제1조(시행일) 이 법은 공포 후 1년이 경과한 날부터 시행한다.

제2조 부터 제5조까지 생략

제6조(다른 법률의 개정) ① 생략

② 도시 및 주거환경정비법 일부를 다음과 같이 개정한다.

제81조제4항제2호 중 "「기상법」 제13조"를 "「기상법」 제13조의 2"로 한다.

③부터 ⑥까지 생략

부칙 〈제19251호, 2023. 3. 21.〉 (자연유산의 보존 및 활용에 관한 법률)

제1조(시행일) 이 법은 2024년 5월 17일부터 시행한다.

[전문개정 2024. 2. 6.]

[시행일: 2024. 3. 22.] 제1조

제2조 부터 제7조까지 생략

제8조(다른 법률의 개정) ①부터 ⑨까지 생략

⑩ 도시 및 주거환경정비법 일부를 다음과 같이 개정한다.

제54조제3항에 제6호의2를 다음과 같이 신설한다.

6의2. 「자연유산의 보존 및 활용에 관한 법률」 제9조에 따른 건설공사 시 천연기념물등의 보호를 위한 건축제한

⑪부터 ㊲까지 생략

제9조 생략

부칙 〈제19430호, 2023. 6. 9.〉 (지방자치분권 및 지역균형발전에 관한 특별법)

제1조(시행일) 이 법은 공포 후 1개월이 경과한 날부터 시행한다. 〈단서 생략〉

제2조 부터 제20조까지 생략

제21조(다른 법률의 개정) ①부터 ㉓까지 생략

㉔ 도시 및 주거환경정비법 일부를 다음과 같이 개정한다.

제39조제1항 각 호 외의 부분 단서 및 제76조제1항제7호나목4) 중 "「국가균형발전 특별법」 제18조"를 각각 "「지방자치분권 및 지역균형발전에 관한 특별법」 제25조"로 한다.

㉕부터 〈54〉까지 생략

제22조 생략

부칙 〈제19560호, 2023. 7. 18.〉

제1조(시행일) 이 법은 공포 후 6개월이 경과한 날부터 시행한다. 다만, 제41조제1항의 개정규정은 공포한 날부터 시행한다.

제2조(조합임원의 자격에 관한 적용례) 제41조제1항의 개정규정은 같은 개정규정 시행 이후 조합임원을 선임(연임을 포함한다)하는 경우부터 적용한다.

제3조(총회 의결에 관한 적용례) 제44조제2항 및 제45조제7항의 개정규정은 이 법 시행 이후 총회를 소집하는 경우부터 적용한다.

제4조(통합심의에 관한 적용례) 제50조의2의 개정규정은 이 법 시행 후 사업시행자가 통합심의를 신청하는 정비구역부터 적용한다.

제5조(조합임원 등의 신분보장에 관한 경과조치) 이 법 시행 전에 조합임원 또는 전문조합관리인이 된 자는 제43조제1항의 개정규정에도 불구하고 해당 임기가 만료될 때까지 조합임원 또는 전문조합관리인의 지위를 유지한다.

부칙 〈제19590호, 2023. 8. 8.〉 (문화유산의 보존 및 활용에 관한 법률)

제1조(시행일) 이 법은 2024년 5월 17일부터 시행한다.

제2조 부터 제8조까지 생략

제9조(다른 법률의 개정) ①부터 ⑬까지 생략

⑭ 도시 및 주거환경정비법 일부개정법률 일부를 다음과 같이 개정한다.

제54조제3항제6호 중 "「문화재보호법」 제12조에 따른 건설공사 시 문화재 보호"를 "「문화유산의 보존 및 활용에 관한 법률」 제12조에 따른 건설공사 시 문화유산 보호"로 한다.

⑮부터 〈53〉까지 생략

제10조 생략

부칙 〈제19848호, 2023. 12. 26.〉

제1조(시행일) 이 법은 공포 후 6개월이 경과한 날부터 시행한다.

제2조(정관의 기재사항에 관한 적용례) 제40조제1항의 개정규정은 이 법 시행 이후 설립하는 조합부터 적용한다.

부칙 <제20174호, 2024. 1. 30.>

제1조(시행일) 이 법은 공포한 날부터 시행한다. 다만, 제113조의3의 개정규정은 공포 후 6개월이 경과한 날부터 시행한다.

제2조(조합설립인가 등의 특례에 관한 적용례) 제67조제4항제1호의 개정규정은 이 법 시행 이후 제67조제3항에 따라 토지분할을 청구하는 경우부터 적용한다.

제3조(관리처분계획의 수립기준 및 권리산정 기준일에 관한 적용례) ① 제76조제1항제3호의 개정규정은 이 법 시행 이후 관리처분계획 인가(변경인가는 제외한다)를 신청하는 경우부터 적용한다.

② 제77조제1항 각 호 외의 부분의 개정규정은 이 법 시행 이후 제6조제1항에 따른 기본계획 수립을 위한 주민공람의 공고를 하는 경우부터 적용한다.

③ 제77조제1항제2호의 개정규정은 이 법 시행 이후 집합건물이 아닌 건축물이 집합건물로 전환되는 경우부터 적용한다.

④ 제77조제1항제5호의 개정규정은 이 법 시행 이후 「집합건물의 소유 및 관리에 관한 법률」 제2조제3호에 따른 전유부분의 분할로 토지등소유자의 수가 증가하는 경우부터 적용한다.

부칙 <제20549호, 2024. 12. 3.>

제1조(시행일) 이 법은 공포 후 6개월이 경과한 날부터 시행한다. 다만, 제36조, 제44조의2, 제48조제3항(온라인총회에 관한 부분에 한정한다), 제135조 및 제136조의 개정규정은 공포 후 1년이 경과한 날부터 시행한다.

제2조(협약등의 체결에 관한 적용례) ① 제26조제4항 및 제5항의 개정규정은 이 법 시행 이후 토지주택공사등과 협약등을 체결하는 경우부터 적용한다.

② 제27조제7항 및 제8항의 개정규정은 이 법 시행 이후 신탁업자를 공개모집하는 경우부터 적용한다.

제3조(전자서명 등을 통한 동의방법에 관한 적용례) 제36조의 개정규정은 같은 개정규정 시행 이후 제36조제1항 각 호의 어느 하나에 해당하여 서면동의서 또는 전자서명동의서를 제출하는 경우부터 적용한다.

제4조(총회의 의결 등에 관한 적용례) 제44조제4항 및 제45조의 개

정규정은 이 법 시행 이후 총회를 소집하는 경우부터 적용한다.
제5조(토지등소유자 전체회의 의결 등에 관한 적용례) 제48조의 개정규정은 이 법 시행 이후 토지등소유자 전체회의를 소집하는 경우부터 적용한다. 다만, 제44조의2의 개정규정에 따른 온라인총회에 관한 부분은 같은 개정규정 시행 이후 토지등소유자 전체회의를 소집하는 경우부터 적용한다.
제6조(다른 법률의 개정) ① 건축물관리법 일부를 다음과 같이 개정한다.

제13조제2항 단서 중 "「도시 및 주거환경정비법」"을 "「도시 및 주거환경정비법」에 따른 재건축진단"으로 한다.

② 노후계획도시 정비 및 지원에 관한 특별법 일부를 다음과 같이 개정한다.

제26조제2항 및 제3항 중 "안전진단"을 각각 "재건축진단"으로 한다.

③ 도시 공업지역의 관리 및 활성화에 관한 특별법 일부를 다음과 같이 개정한다.

제36조제3항 중 "제31조부터 제49조까지의 규정을"을 "제31조부터 제36조까지, 제36조의2, 제36조의3, 제37조부터 제43조까지, 제43조의2, 제44조, 제44조의2 및 제45조부터 제49조까지를"로 한다.

④ 빈집 및 소규모주택 정비에 관한 특례법 일부를 다음과 같이 개정한다.

제56조제1항 전단 중 "같은 법 제38조 및 제40조부터 제46조까지"를 "같은 법 제38조, 제40조부터 제43조까지, 제43조의2, 제44조, 제44조의2, 제45조 및 제46조"로 한다.

⑤ 재해위험 개선사업 및 이주대책에 관한 특별법 일부를 다음과 같이 개정한다.

제21조제2항 중 "안전진단"을 "재건축진단"으로 한다.

⑥ 제주특별자치도 설치 및 국제자유도시 조성을 위한 특별법 일부를 다음과 같이 개정한다.

제417조제2항 중 "같은 조 제3항 전단, 같은 조 제4항 후단"을 "같은 조 제6항 전단, 같은 조 제7항 후단"으로, "제45조제1항제13호, 같은 조 제6항"을 "제45조제1항제13호, 같은 조 제10항"으로 한다.

부칙 〈제20759호, 2025. 1. 31.〉

제1조(시행일) 이 법은 공포 후 3개월이 경과한 날부터 시행한다.

제2조(통합심의에 관한 적용례) 제50조의2의 개정규정은 이 법 시행 이후 사업시행자가 통합심의를 신청하는 정비구역부터 적용한다.

제3조(분양공고 통지기한 단축에 관한 적용례) 제72조의 개정규정은 이 법 시행 이후 사업시행계획인가의 고시가 있은 경우부터 적용한다.

부칙 〈제20955호, 2025. 5. 20.〉

제1조(시행일) 이 법은 공포한 날부터 시행한다. 다만, 법률 제20549호 도시 및 주거환경정비법 일부개정법률 제45조의 개정규정은 2025년 6월 4일부터 시행하고, 제115조 및 제140조의 개정규정은 공포 후 6개월이 경과한 날부터 시행한다.

제2조(조합원의 자격 등에 관한 적용례) 제39조제1항의 개정규정은 이 법 시행 이후 토지주택공사등이 사업시행자로 지정된 경우부터 적용한다.

제3조(조합임원등의 교육 이수에 관한 적용례) 제115조제2항의 개정규정은 같은 개정규정 시행 이후 조합임원등이 선임(연임된 경우를 포함한다) 또는 선정된 경우부터 적용한다.

도시 및 주거환경정비법 시행령
(약칭 : 도시정비법 시행령)

[시행 2025. 7. 29.] [대통령령 제35683호, 2025. 7. 29., 일부개정]

**개정 예정 법률 밑줄 별도 표시.

도시 및 주거환경정비법 시행령 (약칭 : 도시정비법 시행령)

[시행 2025. 7. 29.] [대통령령 제35683호, 2025. 7. 29., 일부개정]

제1장 총칙

제1조(목적) 이 영은 「도시 및 주거환경정비법」에서 위임된 사항과 그 시행에 필요한 사항을 규정함을 목적으로 한다.

제1조의2(공공재개발사업의 공공임대주택 건설비율) ① 「도시 및 주거환경정비법」(이하 "법"이라 한다) 제2조제2호나목2) 전단에 따른 "대통령령으로 정하는 기준"이란 다음 각 호의 구분에 따른 기준을 말한다. 〈신설 2023. 12. 5.〉

1. 「수도권정비계획법」 제6조제1항제1호에 따른 과밀억제권역(이하 "과밀억제권역"이라 한다)에서 시행하는 경우: 100분의 30 이상 100분의 40 이하

2. 과밀억제권역 외의 지역에서 시행하는 경우: 100분의 20 이상 100분의 30 이하

② 법 제2조제2호나목2)에 따라 건설·공급해야 하는 공공임대주택(「공공주택 특별법」에 따른 공공임대주택을 말한다. 이하 같다) 건설비율은 건설·공급되는 주택의 전체 세대수의 100분의 20 이하에서 국토교통부장관이 정하여 고시하는 비율 이상으로 한다. 〈개정 2023. 12. 5.〉

③ 특별시장·광역시장·특별자치시장·특별자치도지사·시장 또는 군수(광역시의 군수는 제외하며, 이하 "정비구역지정권자"라 한다)는 제2항에도 불구하고 다음 각 호의 어느 하나에 해당하는 경우에는 「국토의 계획 및 이용에 관한 법률」 제113조에 따라 해당 지방자치단체에 설치된 지방도시계획위원회[이하 "지방도시계획위원회"

라 하며, 정비구역이 「도시재정비 촉진을 위한 특별법」 제5조에 따른 재정비촉진지구 내에 있는 경우로서 같은 법 제34조에 따른 도시재정비위원회(이하 "도시재정비위원회"라 한다)가 설치된 지역의 경우 도시재정비위원회를 말한다. 이하 같다]의 심의를 거쳐 공공임대주택 건설비율을 제2항의 비율보다 완화할 수 있다. 〈개정 2023. 12. 5.〉

1. 건설하는 주택의 전체 세대수가 200세대 미만인 경우

2. 정비구역의 입지, 정비사업의 규모, 토지등소유자의 수 등을 고려할 때 토지등소유자의 부담이 지나치게 높아 제2항에 따른 공공임대주택 건설비율을 확보하기 어렵다고 인정하는 경우

[본조신설 2021. 7. 13.]

제1조의3(공공재건축사업의 세대수 기준) ① 법 제2조제2호다목2) 본문에서 "대통령령으로 정하는 세대수"란 공공재건축사업을 추진하는 단지의 종전 세대수의 100분의 160에 해당하는 세대를 말한다.

② 법 제2조제2호다목2) 단서에서 "「국토의 계획 및 이용에 관한 법률」 제18조에 따른 도시·군기본계획, 토지이용 현황 등 대통령령으로 정하는 불가피한 사유"란 다음 각 호의 어느 하나에 해당하는 사유를 말한다. 이 경우 정비구역지정권자는 각 호의 사유로 제1항에 따른 세대수를 충족할 수 없는지를 판단할 때에는 지방도시계획위원회의 심의를 거쳐야 한다.

1. 제1항에 따른 세대수를 건설·공급하는 경우 「국토의 계획 및 이용에 관한 법률」 제18조에 따른 도시·군기본계획에 부합하지 않게 되는 경우

2. 해당 토지 및 인근 토지의 이용 현황을 고려할 때 제1항에 따른 세대수를 건설·공급하기 어려운 부득이한 사정이 있는 경우

[본조신설 2021. 7. 13.]

제2조(노후·불량건축물의 범위) ① 법 제2조제3호나목에서 "대통령령으로 정하는 건축물"이란 건축물을 건축하거나 대수선할 당시 건축법령에 따른 지진에 대한 안전 여부 확인 대상이 아닌 건축물로서 다음 각 호의 어느 하나에 해당하는 건축물을 말한다. 〈개정 2021. 7. 13., 2025. 5. 27.〉

1. 급수·배수·오수 설비 등의 설비 또는 지붕·외벽 등 마감의 노후화나 손상으로 그 기능을 유지하기 곤란할 것으로 우려되는 건

축물

2. 법 제12조제4항에 따른 재건축진단기관이 실시한 재건축진단 결과 건축물의 내구성 · 내하력(耐荷力) 등이 같은 조 제5항에 따라 국토교통부장관이 정하여 고시하는 기준에 미치지 못할 것으로 예상되어 구조 안전의 확보가 곤란할 것으로 우려되는 건축물

② 법 제2조제3호다목에 따라 특별시 · 광역시 · 특별자치시 · 도 · 특별자치도 또는 「지방자치법」 제198조제1항에 따른 서울특별시 · 광역시 및 특별자치시를 제외한 인구 50만 이상 대도시의 조례(이하 "시 · 도조례"라 한다)로 정할 수 있는 건축물은 다음 각 호의 어느 하나에 해당하는 건축물을 말한다. 〈개정 2021. 12. 16.〉

1. 「건축법」 제57조제1항에 따라 해당 지방자치단체의 조례로 정하는 면적에 미치지 못하거나 「국토의 계획 및 이용에 관한 법률」 제2조제7호에 따른 도시 · 군계획시설(이하 "도시 · 군계획시설"이라 한다) 등의 설치로 인하여 효용을 다할 수 없게 된 대지에 있는 건축물

2. 공장의 매연 · 소음 등으로 인하여 위해를 초래할 우려가 있는 지역에 있는 건축물

3. 해당 건축물을 준공일 기준으로 40년까지 사용하기 위하여 보수 · 보강하는 데 드는 비용이 철거 후 새로운 건축물을 건설하는 데 드는 비용보다 클 것으로 예상되는 건축물

③ 법 제2조제3호라목에 따라 시 · 도조례로 정할 수 있는 건축물은 다음 각 호의 어느 하나에 해당하는 건축물을 말한다.

1. 준공된 후 20년 이상 30년 이하의 범위에서 시 · 도조례로 정하는 기간이 지난 건축물

2. 「국토의 계획 및 이용에 관한 법률」 제19조제1항제8호에 따른 도시 · 군기본계획의 경관에 관한 사항에 어긋나는 건축물

제3조(정비기반시설) 법 제2조제4호에서 "대통령령으로 정하는 시설"이란 다음 각 호의 시설을 말한다.

1. 녹지
2. 하천
3. 공공공지
4. 광장
5. 소방용수시설

6. 비상대피시설
7. 가스공급시설
8. 지역난방시설
9. 주거환경개선사업을 위하여 지정·고시된 정비구역에 설치하는 공동이용시설로서 법 제52조에 따른 사업시행계획서(이하 "사업시행계획서"라 한다)에 해당 특별자치시장·특별자치도지사·시장·군수 또는 자치구의 구청장(이하 "시장·군수등"이라 한다)이 관리하는 것으로 포함된 시설

제4조(공동이용시설) 법 제2조제5호에서 "대통령령으로 정하는 시설"이란 다음 각 호의 시설을 말한다.
1. 공동으로 사용하는 구판장·세탁장·화장실 및 수도
2. 탁아소·어린이집·경로당 등 노유자시설
3. 그 밖에 제1호 및 제2호의 시설과 유사한 용도의 시설로서 시·도조례로 정하는 시설

제2장 기본계획의 수립 및 정비구역의 지정

제5조(기본계획의 내용) 법 제5조제1항제13호에서 "대통령령으로 정하는 사항"이란 다음 각 호의 사항을 말한다.
1. 도시관리·주택·교통정책 등 「국토의 계획 및 이용에 관한 법률」 제2조제2호의 도시·군계획과 연계된 도시·주거환경정비의 기본방향
2. 도시·주거환경정비의 목표
3. 도심기능의 활성화 및 도심공동화 방지 방안
4. 역사적 유물 및 전통건축물의 보존계획
5. 정비사업의 유형별 공공 및 민간부문의 역할
6. 정비사업의 시행을 위하여 필요한 재원조달에 관한 사항

제6조(기본계획의 수립을 위한 공람 등) ① 특별시장·광역시장·특별자치시장·특별자치도지사 또는 시장은 법 제6조제1항에 따라 도시·주거환경정비기본계획(이하 "기본계획"이라 한다)을 주민에게 공람하려는 때에는 미리 공람의 요지 및 장소를 해당 지방자치단체의 공보 및 인터넷(이하 "공보등"이라 한다)에 공고하고, 공람장소에 관계 서류를 갖추어 두어야 한다.

② 주민은 법 제6조제1항에 따른 공람기간 이내에 특별시장·광

역시장 · 특별자치시장 · 특별자치도지사 또는 시장에게 서면(전자문서를 포함한다)으로 의견을 제출할 수 있다. 〈개정 2020. 6. 23.〉

③ 특별시장 · 광역시장 · 특별자치시장 · 특별자치도지사 또는 시장은 제2항에 따라 제출된 의견을 심사하여 법 제6조제1항에 따라 채택할 필요가 있다고 인정하는 때에는 이를 채택하고, 채택하지 아니한 경우에는 의견을 제출한 주민에게 그 사유를 알려주어야 한다.

④ 법 제6조제3항 및 제7조제1항 단서에서 "대통령령으로 정하는 경미한 사항을 변경하는 경우"란 각각 다음 각 호의 경우를 말한다.

1. 정비기반시설(제3조제9호에 해당하는 시설은 제외한다. 이하 제8조제3항 · 제13조제4항 · 제38조 및 제76조제3항에서 같다)의 규모를 확대하거나 그 면적을 10퍼센트 미만의 범위에서 축소하는 경우
2. 정비사업의 계획기간을 단축하는 경우
3. 공동이용시설에 대한 설치계획을 변경하는 경우
4. 사회복지시설 및 주민문화시설 등에 대한 설치계획을 변경하는 경우
5. 구체적으로 면적이 명시된 법 제5조제1항제9호에 따른 정비예정구역(이하 "정비예정구역"이라 한다)의 면적을 20퍼센트 미만의 범위에서 변경하는 경우
6. 법 제5조제1항제10호에 따른 단계별 정비사업 추진계획(이하 "단계별 정비사업 추진계획"이라 한다)을 변경하는 경우
7. 건폐율(「건축법」 제55조에 따른 건폐율을 말한다. 이하 같다) 및 용적률(「건축법」 제56조에 따른 용적률을 말한다. 이하 같다)을 각 20퍼센트 미만의 범위에서 변경하는 경우
8. 정비사업의 시행을 위하여 필요한 재원조달에 관한 사항을 변경하는 경우
9. 「국토의 계획 및 이용에 관한 법률」 제2조제3호에 따른 도시 · 군기본계획의 변경에 따라 기본계획을 변경하는 경우

제7조(정비계획의 입안대상지역) ① 특별시장 · 광역시장 · 특별자치시장 · 특별자치도지사 · 시장 · 군수 또는 자치구의 구청장은 법 제8조제4항 및 제5항에 따라 별표 1의 요건에 해당하는 지역에 대하여 법 제8조제1항 및 제5항에 따른 정비계획(이하 "정비계획"이라 한다)을 입안할 수 있다.

② 특별시장 · 광역시장 · 특별자치시장 · 특별자치도지사 · 시장 · 군

수 또는 자치구의 구청장은 제1항에 따라 정비계획을 입안하는 경우에는 다음 각 호의 사항을 조사하여 별표 1의 요건에 적합한지 여부를 확인하여야 하며, 정비계획의 입안 내용을 변경하려는 경우에는 변경내용에 해당하는 사항을 조사·확인하여야 한다.

1. 주민 또는 산업의 현황
2. 토지 및 건축물의 이용과 소유현황
3. 도시·군계획시설 및 정비기반시설의 설치현황
4. 정비구역 및 주변지역의 교통상황
5. 토지 및 건축물의 가격과 임대차 현황
6. 정비사업의 시행계획 및 시행방법 등에 대한 주민의 의견
7. 그 밖에 시·도조례로 정하는 사항

③ 특별시장·광역시장·특별자치시장·특별자치도지사·시장·군수 또는 자치구의 구청장은 사업시행자(사업시행자가 둘 이상인 경우에는 그 대표자를 말한다. 이하 같다)에게 제2항에 따른 조사를 하게 할 수 있다.

제8조(정비계획의 내용) ① 법 제9조제1항제10호 각 목 외의 부분 단서에서 "대통령령으로 정하는 요건에 해당하는 경우"란 건설하는 주택 전체 세대수에서 다음 각 호의 주택으로서 임대기간이 8년 이상인 주택이 차지하는 비율의 합계가 100분의 20 이상인 경우를 말한다. 〈개정 2018. 7. 16.〉

1. 「민간임대주택에 관한 특별법」 제2조제4호에 따른 공공지원민간임대주택(이하 "공공지원민간임대주택"이라 한다)
2. 「민간임대주택에 관한 특별법」 제2조제11호에 따른 주택임대관리업자에게 관리를 위탁하려는 주택(이하 "임대관리 위탁주택"이라 한다)

② 법 제9조제1항제10호라목에서 "공공지원민간임대주택 또는 임대관리 위탁주택의 원활한 공급 등을 위하여 대통령령으로 정하는 사항"이란 다음 각 호의 사항을 말한다. 다만, 제2호 및 제3호의 사항은 정비계획에 필요한 경우로 한정한다. 〈개정 2018. 7. 16.〉

1. 건설하는 주택 전체 세대수에서 공공지원민간임대주택 또는 임대관리 위탁주택이 차지하는 비율
2. 공공지원민간임대주택 및 임대관리 위탁주택의 건축물 배치 계획
3. 주변지역의 여건 등을 고려한 입주예상 가구 특성 및 임대사

업 운영방향

③ 법 제9조제1항제12호에서 “대통령령으로 정하는 사항”이란 다음 각 호의 사항을 말한다.

1. 법 제17조제4항에 따른 현금납부에 관한 사항

2. 법 제18조에 따라 정비구역을 분할, 통합 또는 결합하여 지정하려는 경우 그 계획

3. 법 제23조제1항제2호에 따른 방법으로 시행하는 주거환경개선사업의 경우 법 제24조에 따른 사업시행자로 예정된 자

4. 정비사업의 시행방법

5. 기존 건축물의 정비ㆍ개량에 관한 계획

6. 정비기반시설의 설치계획

7. 건축물의 건축선에 관한 계획

8. 홍수 등 재해에 대한 취약요인에 관한 검토 결과

9. 정비구역 및 주변지역의 주택수급에 관한 사항

10. 안전 및 범죄예방에 관한 사항

11. 그 밖에 정비사업의 원활한 추진을 위하여 시ㆍ도조례로 정하는 사항

제9조(주택의 규모 및 건설비율) ① 법 제10조제1항제1호 및 제2호에서 “대통령령으로 정하는 범위”란 각각 다음 각 호의 범위를 말한다. 〈개정 2020. 6. 23., 2021. 7. 13., 2022. 12. 9., 2023. 12. 5.〉

1. 주거환경개선사업의 경우 다음 각 목의 범위

가. 「주택법」 제2조제6호에 따른 국민주택규모(이하 “국민주택규모”라 한다)의 주택: 건설하는 주택 전체 세대수의 100분의 90 이하

나. 공공임대주택: 건설하는 주택 전체 세대수의 100분의 30 이하로 하며, 주거전용면적이 40제곱미터 이하인 공공임대주택이 전체 공공임대주택 세대수의 100분의 50 이하

2. 재개발사업의 경우 다음 각 목의 범위

가. 국민주택규모의 주택: 건설하는 주택 전체 세대수의 100분의 80 이하

나. 임대주택(「민간임대주택에 관한 특별법」에 따른 민간임대주택과 공공임대주택을 말한다. 이하 같다): 건설하는 주택 전체 세대수 또는 전체 연면적(법 제54조제1항, 법 제66조제2항 또는 법 제

101조의5제1항에 따라 정비계획으로 정한 용적률을 초과하여 건축함으로써 증가된 세대수 또는 면적은 제외한다. 이하 이 목에서 같다)의 100분의 20 이하[법 제55조제1항, 법 제66조제3항 또는 법 제101조의5제2항 본문에 따라 공급되는 임대주택은 제외하며, 해당 임대주택 중 주거전용면적이 40제곱미터 이하인 임대주택이 전체 임대주택 세대수(법 제55조제1항, 법 제66조제3항 또는 법 제101조의5제2항 본문에 따라 공급되는 임대주택은 제외한다. 이하 이 목에서 같다)의 100분의 40 이하여야 한다]. 다만, 특별시장·광역시장·특별자치시장·특별자치도지사·시장·군수 또는 자치구의 구청장이 정비계획을 입안할 때 관할 구역에서 시행된 재개발사업에서 건설하는 주택 전체 세대수에서 별표 3 제2호가목1)에 해당하는 세입자가 입주하는 임대주택 세대수가 차지하는 비율이 특별시장·광역시장·특별자치시장·도지사·특별자치도지사(이하 "시·도지사"라 한다)가 정하여 고시하는 임대주택 비율보다 높은 경우 등 관할 구역의 특성상 주택수급안정이 필요한 경우에는 다음 계산식에 따라 산정한 임대주택 비율 이하의 범위에서 임대주택 비율을 높일 수 있다.

$$\text{해당 시·도지사가 고시한 임대주택 비율} + \left(\text{건설하는 주택 전체 세대수} \times \frac{10}{100}\right)$$

3. 재건축사업의 경우 국민주택규모의 주택이 건설하는 주택 전체 세대수의 100분의 60 이하

② 제1항제3호에도 불구하고 과밀억제권역에서 다음 각 호의 요건을 모두 갖춘 경우에는 국민주택규모의 주택 건설 비율을 적용하지 아니한다. 〈개정 2023. 12. 5.〉

1. 재건축사업의 조합원에게 분양하는 주택은 기존 주택(재건축하기 전의 주택을 말한다)의 주거전용면적을 축소하거나 30퍼센트의 범위에서 그 규모를 확대할 것

2. 조합원 이외의 자에게 분양하는 주택은 모두 85제곱미터 이하 규모로 건설할 것

제10조(재건축사업의 재건축진단대상 등) ① 시장·군수등은 법 제12조제2항 각 호에 따른 재건축진단의 요청이 있는 경우에는 재건축진단의 실시 시기 등을 포함한 재건축진단 실시계획을 수립하여

요청일부터 30일 이내에 요청인에게 통보해야 한다. 이 경우 시장·군수등은 단계별 정비사업 추진계획 등의 사유로 재건축사업의 시기를 조정할 필요가 있다고 인정하는 경우에는 재건축진단의 실시 시기를 조정할 수 있다. 〈개정 2025. 5. 27.〉

② 제1항 후단에 따른 재건축진단의 실시 시기 조정은 법 제16조에 따른 정비구역의 지정·고시일 전에만 할 수 있다. 〈개정 2025. 5. 27.〉

③ 법 제12조제3항 단서에서 "대통령령으로 정하는 주택단지의 건축물"이란 다음 각 호의 어느 하나를 말한다. 〈개정 2018. 5. 8., 2025. 5. 27.〉

1. 시장·군수등이 천재지변 등으로 주택이 붕괴되어 신속히 재건축을 추진할 필요가 있다고 인정하는 것

2. 주택의 구조안전상 사용금지가 필요하다고 시장·군수등이 인정하는 것

3. 별표 1 제3호라목에 따른 노후·불량건축물 수에 관한 기준을 충족한 경우 잔여 건축물

4. 시장·군수등이 진입도로 등 기반시설 설치를 위하여 불가피하게 정비구역에 포함된 것으로 인정하는 건축물

5. 「시설물의 안전 및 유지관리에 관한 특별법」 제2조제1호의 시설물로서 같은 법 제16조에 따라 지정받은 안전등급이 D (미흡) 또는 E (불량)인 건축물

④ 법 제12조제4항에서 "대통령령으로 정하는 재건축진단기관"이란 다음 각 호의 기관을 말한다. 〈개정 2020. 12. 1., 2025. 5. 27.〉

1. 「과학기술분야 정부출연연구기관 등의 설립·운영 및 육성에 관한 법률」 제8조에 따른 한국건설기술연구원

2. 「시설물의 안전 및 유지관리에 관한 특별법」 제28조에 따른 안전진단전문기관

3. 「국토안전관리원법」에 따른 국토안전관리원

⑤ 삭제 〈2025. 5. 27.〉

⑥ 법 제12조제5항에 따른 재건축사업의 재건축진단은 다음 각 호의 구분에 따른다. 〈개정 2018. 5. 8., 2025. 5. 27.〉

1. 구조안전성 평가: 제2조제1항 각 호에 따른 노후·불량건축물을 대상으로 구조적 또는 기능적 결함 등을 평가하는 재건축진단

2. 구조안전성 및 주거환경 중심 평가: 제1호 외의 노후·불량건축물을 대상으로 구조적·기능적 결함 등 구조안전성과 주거생활의 편리성 및 거주의 쾌적성 등 주거환경을 종합적으로 평가하는 재건축진단

⑦ 시장·군수등은 법 제12조제5항에 따라 재건축진단 결과보고서를 제출받은 경우에는 다음 각 호의 구분에 따른 기간 이내에 국토교통부장관이 정하여 고시하는 기준에 따른 재건축진단 판정 결과를 제1항에 따른 요청인에게 통보해야 한다. 〈신설 2025. 5. 27.〉

1. 법 제13조제2항 및 제3항에 따라 재건축진단 결과에 대한 적정성 검토를 하지 않는 경우: 재건축진단 결과보고서를 제출받은 날부터 30일

2. 법 제13조제2항 및 제3항에 따라 재건축진단 결과에 대한 적정성 검토를 하는 경우: 다음 각 목의 구분에 따른 날부터 30일

가. 법 제13조제4항에 따른 조치의 요청이 있는 경우: 해당 조치를 마친 날

나. 가목 외의 경우: 제11조제4항에 따라 재건축진단에 대한 적정성 검토의 결과를 통보받은 날

⑧ 시장·군수등은 제7항에 따라 재건축 대상이 아닌 것으로 재건축진단 판정 결과를 통보한 이후 재건축진단을 다시 실시하는 경우에는 국토교통부장관이 정하여 고시하는 바에 따라 종전의 재건축진단 결과보고서를 활용할 수 있다. 〈신설 2025. 5. 27.〉

⑨ 제1항부터 제4항까지 및 제6항부터 제8항까지에서 규정한 사항 외에 법 제12조제2항에 따른 재건축진단의 요청 절차 및 그 처리에 관하여 필요한 세부사항은 시·도조례로 정할 수 있다. 〈개정 2018. 5. 8., 2025. 5. 27.〉

[제목개정 2025. 5. 27.]

제11조(재건축진단 결과의 적정성 검토) ① 시·도지사는 법 제13조제1항에 따라 제10조제4항제2호에 따른 재건축진단전문기관이 제출한 재건축진단 결과보고서를 받은 경우에는 법 제13조제2항에 따라 제10조제4항제1호 또는 제3호에 따른 재건축진단기관에 재건축진단 결과보고서의 적정성 여부에 대한 검토를 의뢰할 수 있다. 〈개정 2025. 5. 27.〉

② 법 제13조제2항 및 제3항에 따른 재건축진단 결과의 적정성

여부에 따른 검토 비용은 적정성 여부에 대한 검토를 의뢰 또는 요청한 국토교통부장관 또는 시ㆍ도지사가 부담한다. 〈개정 2025. 5. 27.〉

③ 법 제13조제2항 및 제3항에 따라 재건축진단 결과의 적정성 여부에 따른 검토를 의뢰받은 기관은 적정성 여부에 따른 검토를 의뢰받은 날부터 60일 이내에 그 결과를 시ㆍ도지사에게 제출하여야 한다. 다만, 부득이한 경우에는 30일의 범위에서 한 차례만 연장할 수 있다. 〈개정 2025. 5. 27.〉

④ 시ㆍ도지사는 제3항에 따라 재건축진단 결과의 적정성 검토에 대한 결과를 제출받은 경우에는 지체 없이 그 결과를 시장ㆍ군수등에게 통보해야 한다. 〈신설 2025. 5. 27.〉

⑤ 법 제13조제4항에서 "재건축진단에 대한 시정요구 등 대통령령으로 정하는 조치"란 다음 각 호의 조치를 말한다. 〈신설 2025. 5. 27.〉

1. 재건축진단의 전부 또는 일부에 대한 시정요구(재건축진단의 재실시를 포함한다)

2. 재건축진단 결과보고서 내용에 대한 재검토

[제목개정 2025. 5. 27.]

제11조의2(정비구역의 지정을 위한 정비계획의 입안 요청 등) ① 법 제13조의2제1항제1호에서 "대통령령으로 정하는 경우"란 별표 1의 요건에 해당하는 경우를 말한다. 〈신설 2025. 5. 27.〉

② 법 제13조의2제1항제4호에서 "천재지변 등 대통령령으로 정하는 불가피한 사유"란 다음 각 호의 어느 하나에 해당하는 경우를 말한다. 〈개정 2025. 5. 27.〉

1. 천재지변

2. 「재난 및 안전관리 기본법」 제27조제1항에 따른 특정관리대상지역으로 지정된 경우

3. 「시설물의 안전 및 유지관리에 관한 특별법」 제23조제1항에 따른 안전조치를 해야 하는 경우

③ 토지등소유자 또는 법 제31조에 따른 조합설립추진위원회(이하 "추진위원회"라 한다)는 법 제13조의2제1항에 따라 정비계획의 입안권자(법 제9조제3항에 따른 정비계획의 입안권자를 말한다. 이하 같다)에게 정비구역의 지정을 위한 정비계획의 입안을 요청하려는

경우에는 토지등소유자의 2분의 1 이하의 범위에서 시·도조례로 정하는 비율 이상의 동의를 받은 후 시·도조례로 정하는 요청서 서식에 정비계획의 입안을 요청하는 구역의 범위 및 해당 구역에 위치한 건축물 현황에 관한 서류를 첨부하여 정비계획의 입안권자에게 제출해야 한다. 〈개정 2025. 5. 27.〉

④ 법 제13조의2제3항제3호에서 "대통령령으로 정하는 경우"란 정비계획의 입안권자가 토지등소유자의 2분의 1 이하의 범위에서 시·도조례로 정하는 비율 이상의 동의를 받아 정비구역지정권자에게 요청하는 경우를 말한다. 〈개정 2025. 5. 27.〉

⑤ 법 제13조의2제3항제4호에서 "대통령령으로 정하는 경우"란 법 제54조, 법 제66조제2항부터 제5항까지, 법 제101조의5 또는 법 제101조의6에 따른 용적률 완화를 위하여 정비계획을 변경하는 경우로서 정비계획의 입안권자가 토지등소유자의 2분의 1 이하의 범위에서 시·도조례로 정하는 비율 이상의 동의를 받아 정비구역지정권자에게 요청하는 경우를 말한다. 〈개정 2025. 5. 27.〉

⑥ 제3항부터 제5항까지의 규정에 따른 토지등소유자의 동의자 수 산정 방법에 관하여는 제33조를 준용한다. 〈개정 2025. 5. 27.〉

⑦ 법 제13조의2제3항에 따른 토지이용, 주택건설 및 기반시설의 설치 등에 관한 기본방향(이하 "정비계획의 기본방향"이라 한다)에는 다음 각 호의 사항이 포함되어야 한다. 〈개정 2025. 5. 27.〉

1. 용적률, 건폐율, 높이 및 용도지역 등 개발밀도에 관한 사항

2. 지형, 지역적 특성, 경관, 보행자의 보행 편의 등을 고려한 건축 기준에 관한 사항

3. 정비기반시설, 공동이용시설, 「국토의 계획 및 이용에 관한 법률」 제2조제6호에 따른 기반시설 및 같은 법 제52조의2제1항제3호에 따른 시설의 설치가 필요한 경우 그 설치에 관한 사항

4. 법 제13조의2제3항제4호에 따라 정비계획을 변경하는 경우로서 법 제50조의3제1항에 따라 정비계획의 변경을 위한 지방도시계획위원회 심의를 사업시행계획인가와 관련된 심의와 함께 통합하여 검토 및 심의하려는 경우에는 법 제9조제1항제4호·제5호·제7호 및 이 영 제8조제3항제6호에 관한 사항

⑧ 정비계획의 입안권자는 정비구역지정권자가 법 제13조의2제3항제1호에 따라 제시한 정비계획의 기본방향을 해당 정비계획의 입

안을 요청한 토지등소유자에게 통지해야 한다. 〈개정 2025. 5. 27.〉

⑨ 제1항부터 제8항까지에서 규정한 사항 외에 정비계획의 입안 요청, 회신 및 정비계획의 기본방향 작성에 필요한 세부사항은 시·도조례로 정한다. 〈개정 2025. 5. 27.〉

[본조신설 2023. 12. 5.]

제12조(정비계획의 입안 제안) ① 토지등소유자 또는 추진위원회는 법 제14조제1항에 따라 정비계획의 입안권자에게 정비계획의 입안을 제안하려는 경우 토지등소유자의 3분의 2 이하 및 토지면적 3분의 2 이하의 범위에서 시·도조례로 정하는 비율 이상의 동의를 받은 후 시·도조례로 정하는 제안서 서식에 정비계획도서, 계획설명서, 그 밖의 필요한 서류를 첨부하여 정비계획의 입안권자에게 제출하여야 한다. 〈개정 2025. 5. 27.〉

② 정비계획의 입안권자는 제1항의 제안이 있는 경우에는 제안일부터 60일 이내에 정비계획에의 반영여부를 제안자에게 통보하여야 한다. 다만, 부득이한 사정이 있는 경우에는 한 차례만 30일을 연장할 수 있다.

③ 정비계획의 입안권자는 제1항에 따른 제안을 정비계획에 반영하는 경우에는 제안서에 첨부된 정비계획도서와 계획설명서를 정비계획의 입안에 활용할 수 있다.

④ 제1항부터 제3항까지에서 규정된 사항 외에 정비계획 입안의 제안을 위하여 필요한 세부사항은 시·도조례로 정할 수 있다.

제13조(정비구역의 지정을 위한 주민공람 등) ① 정비계획의 입안권자는 법 제15조제1항에 따라 정비계획을 주민에게 공람하려는 때에는 미리 공람의 요지 및 장소를 해당 지방자치단체의 공보등에 공고하고, 공람장소에 관계 서류를 갖추어 두어야 한다.

② 주민은 법 제15조제1항에 따른 공람기간 이내에 정비계획의 입안권자에게 서면(전자문서를 포함한다)으로 의견을 제출할 수 있다. 〈개정 2020. 6. 23.〉

③ 정비계획의 입안권자는 제2항에 따라 제출된 의견을 심사하여 법 제15조제1항에 따라 채택할 필요가 있다고 인정하는 때에는 이를 채택하고, 채택하지 아니한 경우에는 의견을 제출한 주민에게 그 사유를 알려주어야 한다.

④ 법 제15조제3항에서 "대통령령으로 정하는 경미한 사항을 변경하는 경우"란 다음 각 호의 어느 하나에 해당하는 경우를 말한다. 〈개정 2022. 12. 9., 2023. 12. 5., 2024. 12. 17., 2025. 4. 29.〉

1. 정비구역의 면적을 10퍼센트 미만의 범위에서 변경하는 경우(법 제18조에 따라 정비구역을 분할, 통합 또는 결합하는 경우를 제외한다)

1의2. 토지등소유자 유형별 분담금 추산액 및 산출근거를 변경하는 경우

2. 정비기반시설의 위치를 변경하는 경우와 정비기반시설 규모를 10퍼센트 미만의 범위에서 변경하는 경우

3. 공동이용시설 설치계획을 변경하는 경우

4. 재난방지에 관한 계획을 변경하는 경우

5. 정비사업시행 예정시기를 3년의 범위에서 조정하는 경우

6. 「건축법 시행령」 별표 1 각 호의 용도범위에서 건축물의 주용도(해당 건축물의 가장 넓은 바닥면적을 차지하는 용도를 말한다. 이하 같다)를 변경하는 경우

7. 건축물의 건폐율 또는 용적률을 축소하거나 10퍼센트 미만의 범위에서 확대하는 경우

8. 건축물의 최고 높이를 변경하는 경우

9. 법 제66조제1항에 따라 용적률을 완화하여 변경하는 경우

10. 「국토의 계획 및 이용에 관한 법률」 제2조제3호에 따른 도시·군기본계획, 같은 조 제4호에 따른 도시·군관리계획 또는 기본계획의 변경에 따라 정비계획을 변경하는 경우

11. 「도시교통정비 촉진법」에 따른 교통영향평가 등 관계법령에 의한 심의결과에 따른 변경인 경우

11의2. 「공공주택 특별법」에 따른 공공주택의 세부 유형을 변경하는 경우

11의3. 법 제23조제1항제2호에 따른 방법으로 시행하는 주거환경개선사업의 경우로서 법 제24조에 따른 사업시행자로 예정된 자를 변경하는 경우

11의4. 제1호, 제2호부터 제8호까지, 제10호, 제11호, 제11호의2 및 제11호의3과 유사한 사항으로서 정비계획에서 경미한 사항으로 결정한 사항을 변경하는 경우

12. 그 밖에 제1호, 제2호부터 제8호까지, 제10호, 제11호, 제11호의2 및 제11호의3과 유사한 사항으로서 시·도조례로 정하는 사항을 변경하는 경우

제14조(용적률 완화를 위한 현금납부 방법 등) ① 법 제17조제4항에서 "대통령령으로 정하는 공공시설 또는 기반시설"이란 「국토의 계획 및 이용에 관한 법률 시행령」 제46조제1항에 따른 공공시설 또는 기반시설을 말한다.

② 사업시행자는 법 제17조제4항에 따라 현금납부를 하려는 경우에는 토지등소유자(법 제35조에 따라 조합을 설립한 경우에는 조합원을 말한다) 과반수의 동의를 받아야 한다. 이 경우 현금으로 납부하는 토지의 기부면적은 전체 기부면적의 2분의 1을 넘을 수 없다.

③ 법 제17조제4항에 따른 현금납부액은 시장·군수등이 지정한 둘 이상의 감정평가법인등(「감정평가 및 감정평가사에 관한 법률」에 따른 감정평가법인등을 말한다. 이하 같다)이 해당 기부토지에 대하여 평가한 금액을 산술평균하여 산정한다. 〈개정 2022. 1. 21.〉

④ 제3항에 따른 현금납부액 산정기준일은 법 제50조제9항에 따른 사업시행계획인가(현금납부에 관한 정비계획이 반영된 최초의 사업시행계획인가를 말한다) 고시일로 한다. 다만, 산정기준일부터 3년이 되는 날까지 법 제74조에 따른 관리처분계획인가를 신청하지 아니한 경우에는 산정기준일부터 3년이 되는 날의 다음 날을 기준으로 제3항에 따라 다시 산정하여야 한다. 〈개정 2022. 12. 9.〉

⑤ 사업시행자는 착공일부터 준공검사일까지 제3항에 따라 산정된 현금납부액을 특별시장, 광역시장, 특별자치시장, 특별자치도지사, 시장 또는 군수(광역시의 군수는 제외한다)에게 납부하여야 한다.

⑥ 특별시장 또는 광역시장은 제5항에 따라 납부받은 금액을 사용하는 경우에는 해당 정비사업을 관할하는 자치구의 구청장 또는 광역시의 군수의 의견을 들어야 한다.

⑦ 제3항부터 제6항까지에서 규정된 사항 외에 현금납부액의 구체적인 산정 기준, 납부 방법 및 사용 방법 등에 필요한 세부사항은 시·도조례로 정할 수 있다.

제15조(행위허가의 대상 등) ① 법 제19조제1항에 따라 시장·군수등의 허가를 받아야 하는 행위는 다음 각 호와 같다. 〈개정 2021. 1. 5.〉

1. 건축물의 건축 등: 「건축법」 제2조제1항제2호에 따른 건축물(가설건축물을 포함한다)의 건축, 용도변경

2. 공작물의 설치: 인공을 가하여 제작한 시설물(「건축법」 제2조제1항제2호에 따른 건축물을 제외한다)의 설치

3. 토지의 형질변경: 절토(땅깎기) · 성토(흙쌓기) · 정지(땅고르기) · 포장 등의 방법으로 토지의 형상을 변경하는 행위, 토지의 굴착 또는 공유수면의 매립

4. 토석의 채취: 흙 · 모래 · 자갈 · 바위 등의 토석을 채취하는 행위. 다만, 토지의 형질변경을 목적으로 하는 것은 제3호에 따른다.

5. 토지분할

6. 물건을 쌓아놓는 행위 : 이동이 쉽지 아니한 물건을 1개월 이상 쌓아놓는 행위

7. 죽목의 벌채 및 식재

② 시장 · 군수등은 법 제19조제1항에 따라 제1항 각 호의 행위에 대한 허가를 하려는 경우로서 사업시행자가 있는 경우에는 미리 그 사업시행자의 의견을 들어야 한다.

③ 법 제19조제2항제3호에서 "대통령령으로 정하는 행위"란 다음 각 호의 어느 하나에 해당하는 행위로서 「국토의 계획 및 이용에 관한 법률」 제56조에 따른 개발행위허가의 대상이 아닌 것을 말한다. 〈개정 2022. 12. 9.〉

1. 농림수산물의 생산에 직접 이용되는 것으로서 국토교통부령으로 정하는 간이공작물의 설치

2. 경작을 위한 토지의 형질변경

3. 정비구역의 개발에 지장을 주지 아니하고 자연경관을 손상하지 아니하는 범위에서의 토석의 채취

4. 정비구역에 존치하기로 결정된 대지에 물건을 쌓아놓는 행위

5. 관상용 죽목의 임시식재(경작지에서의 임시식재는 제외한다)

④ 법 제19조제3항에 따라 신고하여야 하는 자는 정비구역이 지정 · 고시된 날부터 30일 이내에 그 공사 또는 사업의 진행상황과 시행계획을 첨부하여 관할 시장 · 군수등에게 신고하여야 한다.

제16조(행위제한 등) ① 국토교통부장관, 시 · 도지사, 시장, 군수 또는 구청장(자치구의 구청장을 말한다. 이하 같다)이 법 제19조제7항에 따라 행위를 제한하려는 때에는 제한지역 · 제한사유 · 제한대상행

위 및 제한기간을 미리 고시하여야 한다.

② 제1항에 따라 행위를 제한하려는 자가 국토교통부장관인 경우에는 「국토의 계획 및 이용에 관한 법률」 제106조에 따른 중앙도시계획위원회(이하 "중앙도시계획위원회"라 한다)의 심의를 거쳐야 하며, 시·도지사, 시장, 군수 또는 구청장인 경우에는 지방도시계획위원회의 심의를 거쳐야 한다. 〈개정 2021. 7. 13.〉

③ 행위를 제한하려는 자가 국토교통부장관 또는 시·도지사인 경우에는 중앙도시계획위원회 또는 지방도시계획위원회의 심의 전에 미리 제한하려는 지역을 관할하는 시장·군수등의 의견을 들어야 한다.

④ 제1항에 따른 고시는 국토교통부장관이 하는 경우에는 관보에, 시·도지사, 시장, 군수 또는 구청장이 하는 경우에는 해당 지방자치단체의 공보에 게재하는 방법으로 한다.

⑤ 법 제19조제7항에 따라 행위가 제한된 지역에서 같은 항 각 호의 행위를 하려는 자는 시장·군수등의 허가를 받아야 한다.

제17조(추진위원회 및 조합 비용의 보조) ① 법 제21조제3항에서 "대통령령으로 정하는 범위"란 다음 각 호의 비용을 말한다. 〈개정 2025. 5. 27.〉

1. 정비사업전문관리 용역비
2. 설계 용역비
3. 감정평가비용
4. 그 밖에 해당 추진위원회 및 조합이 법 제32조, 제44조 및 제45조에 따른 업무를 수행하기 위하여 사용한 비용으로서 시·도조례로 정하는 비용

② 제1항에 따른 비용의 보조 비율 및 보조 방법 등에 필요한 사항은 시·도조례로 정한다.

제3장 정비사업의 시행

제1절 정비사업의 시행방법 등

제18조(세입자 동의의 예외) 법 제24조제3항 단서에서 "세입자의 세대수가 토지등소유자의 2분의 1 이하인 경우 등 대통령령으로 정하는 사유"란 다음 각 호의 어느 하나에 해당하는 것을 말한다.

1. 세입자의 세대수가 토지등소유자의 2분의 1 이하인 경우
2. 법 제16조제2항에 따른 정비구역의 지정·고시일 현재 해당

지역이 속한 시·군·구에 공공임대주택 등 세입자가 입주 가능한 임대주택이 충분하여 임대주택을 건설할 필요가 없다고 시·도지사가 인정하는 경우

3. 법 제23조제1항제1호, 제3호 또는 제4호에 따른 방법으로 사업을 시행하는 경우

제19조(재개발사업의 공동시행자 요건) 법 제25조제1항제1호 및 제2호에서 "대통령령으로 정하는 요건을 갖춘 자"란 각각 「자본시장과 금융투자업에 관한 법률」 제8조제7항에 따른 신탁업자(이하 "신탁업자"라 한다)와 「한국부동산원법」에 따른 한국부동산원(이하 "한국부동산원"이라 한다)을 말한다. 〈개정 2020. 12. 8.〉

제20조(사업시행자 지정의 고시 등) ① 법 제26조제2항 본문 및 제27조제2항 본문에서 "대통령령으로 정하는 사항"이란 각각 다음 각 호의 사항을 말한다.

1. 정비사업의 종류 및 명칭

2. 사업시행자의 성명 및 주소(법인인 경우에는 법인의 명칭 및 주된 사무소의 소재지와 대표자의 성명 및 주소를 말한다. 이하 같다)

3. 정비구역(법 제18조에 따라 정비구역을 둘 이상의 구역으로 분할하는 경우에는 분할된 각각의 구역을 말한다. 이하 같다)의 위치 및 면적

4. 정비사업의 착수예정일 및 준공예정일

② 시장·군수등은 토지등소유자에게 법 제26조제2항 본문 및 제27조제2항 본문에 따라 고시한 제1항 각 호의 내용을 통지하여야 한다.

제20조의2(공공시행자와의 협약체결 등) ① 법 제26조제4항에서 "대통령령으로 정하는 절차"란 다음 각 호의 사항이 포함된 주민설명회의 개최를 말한다.

1. 법 제25조부터 제27조까지에 따른 사업시행자별 사업시행 방식의 주요내용

2. 재개발사업 또는 재건축사업의 준비·추진에 필요한 사항에 대하여 토지주택공사등과 체결하려는 협약 또는 계약 등(이하 이 조 및 제21조의2에서 "협약등"이라 한다)의 주요내용

② 법 제26조제4항에 따라 협약등을 체결하려는 자는 제1항에 따른 주민설명회를 개최하려는 경우에는 개최일을 기준으로 7일 이전

부터 주민설명회의 일시, 장소, 목적 및 안건을 토지등소유자가 쉽게 접할 수 있는 정비구역 안의 일정한 장소에 게시하고, 인터넷을 통해 공개해야 한다.

③ 법 제26조제4항에서 "대통령령으로 정하는 비율"이란 100분의 30을 말한다.

④ 법 제26조제4항에 따른 토지등소유자의 동의자 수 산정 방법 등에 관하여는 제33조를 준용한다.

[본조신설 2025. 5. 27.]

제21조(지정개발자의 요건 등) ① 법 제27조제1항 각 호 외의 부분에서 "대통령령으로 정하는 요건을 갖춘 자"란 다음 각 호의 어느 하나에 해당하는 자를 말한다. 〈개정 2022. 12. 9., 2023. 12. 5., 2024. 12. 17.〉

1. 정비구역의 토지 중 정비구역 전체 면적 대비 50퍼센트 이상의 토지를 소유한 자로서 토지등소유자의 2분의 1 이상의 추천을 받은 자

2. 「사회기반시설에 대한 민간투자법」 제2조제12호에 따른 민관합동법인(민간투자사업의 부대사업으로 시행하는 경우에만 해당한다)으로서 토지등소유자의 2분의 1 이상의 추천을 받은 자

3. 신탁업자로서 토지등소유자의 2분의 1 이상의 추천을 받거나 법 제27조제1항제3호, 법 제28조제1항제2호 또는 법 제101조의8 제1항 각 호 외의 부분 전단에 따른 동의를 받은 자

② 제1항 각 호에 따른 토지등소유자의 추천은 다음 각 호의 기준에 따라 산정한다. 〈신설 2023. 12. 5.〉

1. 재개발사업의 경우에는 다음 각 목의 기준에 따를 것

가. 1필지의 토지 또는 하나의 건축물을 여럿이서 공유할 때에는 그 여럿을 대표하는 1인을 토지등소유자로 산정할 것. 다만, 재개발구역의 「전통시장 및 상점가 육성을 위한 특별법」 제2조에 따른 전통시장 및 상점가로서 1필지의 토지 또는 하나의 건축물을 여럿이서 공유하는 경우에는 해당 토지 또는 건축물의 토지등소유자의 4분의 3 이상의 동의를 받아 이를 대표하는 1인을 토지등소유자로 산정할 수 있다.

나. 토지에 지상권이 설정되어 있는 경우 토지의 소유자와 해당 토지의 지상권자를 대표하는 1인을 토지등소유자로 산정할 것

다. 1인이 다수 필지의 토지 또는 다수의 건축물을 소유하고 있는 경우에는 필지나 건축물의 수에 관계없이 토지등소유자를 1인으로 산정할 것

라. 둘 이상의 토지 또는 건축물을 소유한 공유자가 동일한 경우에는 그 공유자 여럿을 대표하는 1인을 토지등소유자로 산정할 것

2. 재건축사업의 경우에는 다음 각 목의 기준에 따를 것

가. 소유권 또는 구분소유권을 여럿이서 공유하는 경우에는 그 여럿을 대표하는 1인을 토지등소유자로 산정할 것

나. 1인이 둘 이상의 소유권 또는 구분소유권을 소유하고 있는 경우에는 소유권 또는 구분소유권의 수에 관계없이 토지등소유자를 1인으로 산정할 것

다. 둘 이상의 소유권 또는 구분소유권을 소유한 공유자가 동일한 경우에는 그 공유자 여럿을 대표하는 1인을 토지등소유자로 할 것

3. 토지건물등기사항증명서, 건물등기사항증명서, 토지대장 또는 건축물관리대장에 소유자로 등재될 당시 주민등록번호의 기록이 없고 기록된 주소가 현재 주소와 다른 경우로서 소재가 확인되지 아니한 자는 토지등소유자의 수 또는 공유자 수에서 제외할 것

4. 국·공유지에 대해서는 그 재산관리청 각각을 토지등소유자로 산정할 것

③ 제1항 각 호에 따른 추천의 철회는 해당 각 호의 구분에 따른 추천이 있은 날부터 30일 이내에 할 수 있다. 〈신설 2023. 12. 5.〉

④ 제3항에 따라 추천을 철회하려는 토지등소유자는 철회서에 토지등소유자가 성명을 적고 지장(指章)을 날인한 후 주민등록증 및 여권 등 신원을 확인할 수 있는 신분증명서 사본을 첨부하여 추천의 상대방 및 시장·군수등에게 내용증명의 방법으로 발송해야 한다. 이 경우 시장·군수등이 철회서를 받았을 때에는 지체 없이 추천의 상대방에게 철회서가 접수된 사실을 통지해야 한다. 〈신설 2023. 12. 5.〉

⑤ 제3항에 따른 추천의 철회는 제4항 전단에 따라 철회서가 추천의 상대방에게 도달한 때 또는 같은 항 후단에 따라 시장·군수등이 추천의 상대방에게 철회서가 접수된 사실을 통지한 때 중 빠른

때에 효력이 발생한다. 〈신설 2023. 12. 5.〉

⑥ 법 제27조제6항에 따른 표준 계약서 및 표준 시행규정에는 다음 각 호의 구분에 따른 내용이 포함되어야 한다. 〈신설 2023. 12. 5.〉

1. 표준 계약서: 다음 각 목의 사항

가. 신탁의 목적에 관한 사항

나. 신탁계약의 기간, 신탁 종료 및 해지에 관한 사항

다. 신탁재산의 관리, 운영 및 처분에 관한 사항

라. 자금의 차입 방법에 관한 사항

마. 그 밖에 토지등소유자 권익 보호 및 정비사업의 추진을 위해 필요한 사항

2. 표준 시행규정: 법 제53조 각 호의 사항

[제목개정 2023. 12. 5.]

제21조의2(지정개발자와의 협약체결 등) ① 법 제27조제7항에서 "대통령령으로 정하는 절차"란 다음 각 호의 사항이 포함된 주민설명회의 개최를 말한다.

1. 법 제25조부터 제27조까지에 따른 사업시행자별 사업시행 방식의 주요내용

2. 재개발사업 또는 재건축사업의 준비·추진에 필요한 사항에 대하여 신탁업자와 체결하려는 협약등의 주요내용

② 법 제27조제7항에 따라 협약등을 체결하려는 자는 제1항에 따른 주민설명회를 개최하려는 경우에는 개최일을 기준으로 7일 이전부터 주민설명회의 일시, 장소, 목적 및 안건을 토지등소유자가 쉽게 접할 수 있는 정비구역 안의 일정한 장소에 게시하고, 인터넷을 통해 공개해야 한다.

③ 법 제27조제7항에서 "대통령령으로 정하는 비율"이란 100분의 30을 말한다.

④ 법 제27조제7항에 따른 토지등소유자의 동의자 수 산정 방법 등에 관하여는 제33조를 준용한다.

⑤ 법 제27조제7항에 따라 신탁업자를 공개모집할 때에는 「전자조달의 이용 및 촉진에 관한 법률」 제2조제4호의 국가종합전자조달시스템을 이용해야 한다.

[본조신설 2025. 5. 27.]

제22조(사업대행개시결정 및 효과 등) ① 시장·군수등은 법 제28조

제1항에 따라 정비사업을 직접 시행하거나 법 제27조에 따른 지정개발자(이하 "지정개발자"라 한다) 또는 토지주택공사등에게 정비사업을 대행하도록 결정(이하 "사업대행개시결정"이라 한다)한 경우에는 다음 각 호의 사항을 해당 지방자치단체의 공보등에 고시하여야 한다.

1. 제20조제1항 각 호의 사항
2. 사업대행개시결정을 한 날
3. 사업대행자(법 제28조제1항에 따라 정비사업을 대행하는 시장·군수등, 토지주택공사등 또는 지정개발자를 말한다. 이하 같다)
4. 대행사항

② 시장·군수등은 토지등소유자 및 사업시행자에게 제1항에 따라 고시한 내용을 통지하여야 한다.

③ 사업대행자는 법 제28조제1항에 따라 정비사업을 대행하는 경우 제1항에 따른 고시를 한 날의 다음 날부터 제23조에 따라 사업대행완료를 고시하는 날까지 자기의 이름 및 사업시행자의 계산으로 사업시행자의 업무를 집행하고 재산을 관리한다. 이 경우 법 또는 법에 따른 명령이나 정관등으로 정하는 바에 따라 사업시행자가 행하거나 사업시행자에 대하여 행하여진 처분·절차 그 밖의 행위는 사업대행자가 행하거나 사업대행자에 대하여 행하여진 것으로 본다.

④ 시장·군수등이 아닌 사업대행자는 재산의 처분, 자금의 차입 그 밖에 사업시행자에게 재산상 부담을 주는 행위를 하려는 때에는 미리 시장·군수등의 승인을 받아야 한다.

⑤ 사업대행자는 제3항 및 제4항에 따른 업무를 하는 경우 선량한 관리자로서의 주의의무를 다하여야 하며, 필요한 때에는 사업시행자에게 협조를 요청할 수 있고, 사업시행자는 특별한 사유가 없는 한 이에 응하여야 한다.

제23조(사업대행의 완료) ① 사업대행자는 법 제28조제1항 각 호의 사업대행의 원인이 된 사유가 없어지거나 법 제88조제1항에 따른 등기를 완료한 때에는 사업대행을 완료하여야 한다. 이 경우 시장·군수등이 아닌 사업대행자는 미리 시장·군수등에게 사업대행을 완료할 뜻을 보고하여야 한다.

② 시장·군수등은 제1항에 따라 사업대행을 완료한 때에는 제22조제1항 각 호의 사항과 사업대행완료일을 해당 지방자치단체의 공

보등에 고시하고, 토지등소유자 및 사업시행자에게 각각 통지하여야 한다.

③ 사업대행자는 제2항에 따른 사업대행완료의 고시가 있은 때에는 지체없이 사업시행자에게 업무를 인계하여야 하며, 사업시행자는 정당한 사유가 없는 한 이를 인수하여야 한다.

④ 제3항에 따른 인계·인수가 완료된 때에는 사업대행자가 정비사업을 대행할 때 취득하거나 부담한 권리와 의무는 사업시행자에게 승계된다.

⑤ 사업대행자는 제1항에 따른 사업대행의 완료 후 사업시행자에게 보수 또는 비용의 상환을 청구할 때에 그 보수 또는 비용을 지출한 날 이후의 이자를 청구할 수 있다.

제24조(계약의 방법 및 시공자의 선정) ① 법 제29조제1항 단서에서 "계약규모, 재난의 발생 등 대통령령으로 정하는 경우"란 다음 각 호의 구분에 따른 경우를 말한다.

1. 입찰 참가자를 지명(指名)하여 경쟁에 부치려는 경우: 다음 각 목의 어느 하나에 해당하여야 한다.

가. 계약의 성질 또는 목적에 비추어 특수한 설비·기술·자재·물품 또는 실적이 있는 자가 아니면 계약의 목적을 달성하기 곤란한 경우로서 입찰대상자가 10인 이내인 경우

나. 「건설산업기본법」에 따른 건설공사(전문공사를 제외한다. 이하 이 조에서 같다)로서 추정가격이 3억원 이하인 공사인 경우

다. 「건설산업기본법」에 따른 전문공사로서 추정가격이 1억원 이하인 공사인 경우

라. 공사관련 법령(「건설산업기본법」은 제외한다)에 따른 공사로서 추정가격이 1억원 이하인 공사인 경우

마. 추정가격 1억원 이하의 물품 제조·구매, 용역, 그 밖의 계약인 경우

2. 수의계약을 하려는 경우: 다음 각 목의 어느 하나에 해당하여야 한다.

가. 「건설산업기본법」에 따른 건설공사로서 추정가격이 2억원 이하인 공사인 경우

나. 「건설산업기본법」에 따른 전문공사로서 추정가격이 1억원 이하인 공사인 경우

다. 공사관련 법령(「건설산업기본법」은 제외한다)에 따른 공사로서 추정가격이 8천만원 이하인 공사인 경우

라. 추정가격 5천만원 이하인 물품의 제조·구매, 용역, 그 밖의 계약인 경우

마. 소송, 재난복구 등 예측하지 못한 긴급한 상황에 대응하기 위하여 경쟁에 부칠 여유가 없는 경우

바. 일반경쟁입찰이 입찰자가 없거나 단독 응찰의 사유로 2회 이상 유찰된 경우

② 법 제29조제2항에서 "대통령령으로 정하는 규모를 초과하는 계약"이란 다음 각 호의 어느 하나에 해당하는 계약을 말한다.

1. 「건설산업기본법」에 따른 건설공사로서 추정가격이 6억원을 초과하는 공사의 계약
2. 「건설산업기본법」에 따른 전문공사로서 추정가격이 2억원을 초과하는 공사의 계약
3. 공사관련 법령(「건설산업기본법」은 제외한다)에 따른 공사로서 추정가격이 2억원을 초과하는 공사의 계약
4. 추정가격 2억원을 초과하는 물품 제조·구매, 용역, 그 밖의 계약

③ 법 제29조제4항 단서에서 "대통령령으로 정하는 규모 이하의 정비사업"이란 조합원이 100인 이하인 정비사업을 말한다.

④ 법 제29조제7항에서 "대통령령으로 정하는 경쟁입찰"이란 다음 각 호의 요건을 모두 갖춘 입찰방법을 말한다. 〈개정 2024. 12. 17.〉

1. 일반경쟁입찰·제한경쟁입찰 또는 지명경쟁입찰 중 하나일 것
2. 해당 지역에서 발간되는 일간신문에 1회 이상 제1호의 입찰을 위한 공고를 하고, 입찰 참가자를 대상으로 현장 설명회를 개최할 것
3. 해당 지역 주민을 대상으로 합동설명회를 개최할 것
4. 토지등소유자를 대상으로 제출된 입찰서에 대한 투표를 실시하고 그 결과를 반영할 것

제24조의2(수의계약에 의한 임대사업자의 선정) 법 제30조제1항에서 "국가가 출자·설립한 법인 등 대통령령으로 정한 자"란 「공공주택 특별법」 제4조제1항제1호부터 제5호까지에서 규정하는 자가 단독으로 또는 공동으로 총지분의 100분의 50을 초과하여 출자한 「부동산투자회사법」 제2조제1호에 따른 부동산투자회사를 말한다.

[본조신설 2021. 7. 13.]

제2절 조합설립추진위원회 및 조합의 설립 등

제25조(추진위원회 구성을 위한 토지등소유자의 동의 등) ① 법 제31조제1항에 따라 토지등소유자의 동의를 받으려는 자는 국토교통부령으로 정하는 동의서에 추진위원회의 위원장(이하 "추진위원장"이라 한다), 추진위원회 위원, 법 제32조제1항에 따른 추진위원회의 업무 및 법 제34조제1항에 따른 운영규정을 미리 쓴 후 토지등소유자의 동의를 받아야 한다.

② 법 제31조제2항제2호가목에서 "대통령령으로 정하는 지역"이란 별표 1에 해당하는 지역으로서 다음 각 호의 어느 하나에 해당하는 지역을 말한다. 〈신설 2025. 5. 27.〉

1. 「국토의 계획 및 이용에 관한 법률」에 따른 지구단위계획구역(법 제17조제2항에 따라 정비구역으로 지정·고시된 것으로 보는 경우는 제외한다)으로서 향후 정비사업을 추진하기에 적합하도록 지구단위계획이 수립되어 있는 지역
2. 제10조제7항에 따라 재건축 대상인 것으로 재건축진단 판정 결과가 통보된 재건축사업 예정 지역
3. 그 밖에 시·도조례로 정하는 기준에 적합한 지역

③ 법 제31조제4항 전단에서 "대통령령으로 정하는 기준"이란 법 제31조제1항에 따른 추진위원회의 구성에 관한 승인 당시 구역 면적의 100분의 10을 말한다. 〈신설 2025. 5. 27.〉

④ 토지등소유자의 동의를 받으려는 자는 법 제31조제6항에 따라 다음 각 호의 사항을 설명·고지하여야 한다. 〈개정 2025. 5. 27.〉

1. 동의를 받으려는 사항 및 목적
2. 동의로 인하여 의제되는 사항
3. 제33조제2항에 따른 동의의 철회 또는 반대의사 표시의 절차 및 방법

제26조(추진위원회의 업무 등) 법 제32조제1항제5호에서 "대통령령으로 정하는 업무"란 다음 각 호의 업무를 말한다.

1. 법 제31조제1항제2호에 따른 추진위원회 운영규정의 작성
2. 토지등소유자의 동의서의 접수
3. 조합의 설립을 위한 창립총회(이하 "창립총회"라 한다)의 개최

4. 조합 정관의 초안 작성

5. 그 밖에 추진위원회 운영규정으로 정하는 업무

제27조(창립총회의 방법 및 절차 등) ① 추진위원회(법 제31조제7항 전단에 따라 추진위원회를 구성하지 않는 경우에는 토지등소유자를 말한다)는 법 제35조제2항부터 제4항까지의 규정에 따른 동의를 받은 후 조합설립인가를 신청하기 전에 법 제32조제3항에 따라 창립총회를 개최하여야 한다. 〈개정 2025. 5. 27.〉

② 추진위원회(법 제31조제7항 전단에 따라 추진위원회를 구성하지 않는 경우에는 조합설립을 추진하는 토지등소유자의 대표자를 말한다)는 창립총회 14일 전까지 회의목적 · 안건 · 일시 · 장소 · 참석자격 및 구비사항 등을 인터넷 홈페이지를 통하여 공개하고, 토지등소유자에게 등기우편으로 발송 · 통지하여야 한다. 〈개정 2025. 5. 27.〉

③ 창립총회는 추진위원장(법 제31조제7항 전단에 따라 추진위원회를 구성하지 않는 경우에는 토지등소유자의 대표자를 말한다. 이하 이 조에서 같다)의 직권 또는 토지등소유자 5분의 1 이상의 요구로 추진위원장이 소집한다. 다만, 토지등소유자 5분의 1 이상의 소집요구에도 불구하고 추진위원장이 2주 이상 소집요구에 응하지 않는 경우 소집요구한 자의 대표가 소집할 수 있다. 〈개정 2025. 5. 27.〉

④ 창립총회에서는 다음 각 호의 업무를 처리한다.

1. 조합 정관의 확정

2. 법 제41조에 따른 조합의 임원(이하 "조합임원"이라 한다)의 선임

3. 대의원의 선임

4. 그 밖에 필요한 사항으로서 제2항에 따라 사전에 통지한 사항

⑤ 창립총회의 의사결정은 토지등소유자(재건축사업의 경우 조합설립에 동의한 토지등소유자로 한정한다)의 과반수 출석과 출석한 토지등소유자 과반수 찬성으로 결의한다. 다만, 조합임원 및 대의원의 선임은 제4항제1호에 따라 확정된 정관에서 정하는 바에 따라 선출한다.

⑥ 법 제118조에 따라 공공지원 방식으로 시행하는 정비사업 중 법 제31조제7항에 따라 추진위원회를 구성하지 않는 경우에는 제1

항부터 제5항까지에서 규정한 사항 외에 제26조제2호부터 제4호까지의 업무에 대한 절차 등에 필요한 사항을 시·도조례로 정할 수 있다. 〈개정 2025. 5. 27.〉

제28조(추진위원회 운영규정) 법 제34조제1항제7호에서 "대통령령으로 정하는 사항"이란 다음 각 호의 사항을 말한다.

1. 추진위원회 운영경비의 회계에 관한 사항
2. 법 제102조에 따른 정비사업전문관리업자(이하 "정비사업전문관리업자"라 한다)의 선정에 관한 사항
3. 그 밖에 국토교통부장관이 정비사업의 원활한 추진을 위하여 필요하다고 인정하는 사항

제29조(추진위원회의 운영) ① 추진위원회는 법 제34조제5항에 따라 다음 각 호의 사항을 토지등소유자가 쉽게 접할 수 있는 일정한 장소에 게시하거나 인터넷 등을 통하여 공개하고, 필요한 경우에는 토지등소유자에게 서면통지를 하는 등 토지등소유자가 그 내용을 충분히 알 수 있도록 하여야 한다. 다만, 제8호 및 제9호의 사항은 법 제35조에 따른 조합설립인가(이하 "조합설립인가"라 한다) 신청일 60일 전까지 추진위원회 구성에 동의한 토지등소유자에게 등기우편으로 통지하여야 한다. 〈개정 2025. 5. 27.〉

1. 법 제12조에 따른 재건축진단의 결과
2. 정비사업전문관리업자의 선정에 관한 사항
3. 토지등소유자의 부담액 범위를 포함한 개략적인 사업시행계획서
4. 추진위원회 위원의 선정에 관한 사항
5. 토지등소유자의 비용부담을 수반하거나 권리·의무에 변동을 일으킬 수 있는 사항
6. 법 제32조제1항에 따른 추진위원회의 업무에 관한 사항
7. 창립총회 개최의 방법 및 절차
8. 조합설립에 대한 동의철회(법 제31조제3항 단서에 따른 반대의 의사표시를 포함한다) 및 방법
9. 제30조제2항에 따른 조합설립 동의서에 포함되는 사항

② 추진위원회는 추진위원회의 지출내역서를 매분기별로 토지등소유자가 쉽게 접할 수 있는 일정한 장소에 게시하거나 인터넷 등을 통하여 공개하고, 토지등소유자가 열람할 수 있도록 하여야 한다.

제30조(조합설립인가신청의 방법 등) ① 법 제35조제2항부터 제4항

까지의 규정에 따른 토지등소유자의 동의는 국토교통부령으로 정하는 동의서에 동의를 받는 방법에 따른다.

② 제1항에 따른 동의서에는 다음 각 호의 사항이 포함되어야 한다.

1. 건설되는 건축물의 설계의 개요
2. 공사비 등 정비사업비용에 드는 비용(이하 "정비사업비"라 한다)
3. 정비사업비의 분담기준
4. 사업 완료 후 소유권의 귀속에 관한 사항
5. 조합 정관

③ 법 제35조제3항에서 "대통령령으로 정하는 경우"란 법 제7조제3항에 따른 기본계획의 수립 · 고시일(「노후계획도시 정비 및 지원에 관한 특별법」 제2조제6호가목에 따른 노후계획도시정비사업의 경우에는 같은 법 제6조제6항에 따른 노후계획도시정비기본계획의 수립 · 고시일을 말하고, 「도시재정비 촉진을 위한 특별법」 제13조제1항제1호에 따라 기본계획의 수립이 의제되는 경우에는 같은 법 제12조제3항에 따른 재정비촉진계획의 결정 · 고시일을 말한다) 이후로서 시 · 도지사가 따로 정하는 날[따로 정하는 날이 없는 경우에는 법 제16조제2항에 따른 정비구역의 지정 · 고시일(「노후계획도시 정비 및 지원에 관한 특별법」 제14조제1호에 따라 정비구역의 지정이 의제되는 같은 법 제13조제3항에 따른 노후계획도시특별정비구역의 지정 · 고시일 및 「도시재정비 촉진을 위한 특별법」 제13조제1항제1호에 따라 정비구역의 지정이 의제되는 같은 법 제12조제3항에 따른 재정비촉진계획의 결정 · 고시일을 포함한다)을 말한다]의 다음 날부터 조합설립인가 신청일까지 복리시설의 구분소유자가 증가한 경우를 말한다. 다만, 다음 각 호의 요건을 모두 갖춘 경우에는 구분소유자가 증가한 경우로 보지 않는다. 〈신설 2025. 4. 29.〉

1. 영업 등 해당 복리시설의 용도로 사용하기 위해 「집합건물의 소유 및 관리에 관한 법률」 제2조제3호에 따른 전유부분을 분할하였을 것
2. 제1호에 따라 분할된 전유부분을 조합설립인가 신청일까지 영업 등 해당 복리시설의 용도로 사용하고 있을 것

④ 조합은 조합설립인가를 받은 때에는 정관으로 정하는 바에 따라 토지등소유자에게 그 내용을 통지하고, 이해관계인이 열람할 수 있도록 하여야 한다. 〈개정 2025. 4. 29.〉

제31조(조합설립인가내용의 경미한 변경) 법 제35조제5항 단서에서 "대통령령으로 정하는 경미한 사항"이란 다음 각 호의 사항을 말한다.

1. 착오·오기 또는 누락임이 명백한 사항

2. 조합의 명칭 및 주된 사무소의 소재지와 조합장의 성명 및 주소(조합장의 변경이 없는 경우로 한정한다)

3. 토지 또는 건축물의 매매 등으로 조합원의 권리가 이전된 경우의 조합원의 교체 또는 신규가입

4. 조합임원 또는 대의원의 변경(법 제45조에 따른 총회의 의결 또는 법 제46조에 따른 대의원회의 의결을 거친 경우로 한정한다)

5. 건설되는 건축물의 설계 개요의 변경

6. 정비사업비의 변경

7. 현금청산으로 인하여 정관에서 정하는 바에 따라 조합원이 변경되는 경우

8. 법 제16조에 따른 정비구역 또는 정비계획의 변경에 따라 변경되어야 하는 사항. 다만, 정비구역 면적이 10퍼센트 이상의 범위에서 변경되는 경우는 제외한다.

9. 그 밖에 시·도조례로 정하는 사항

제32조(추정분담금 등 정보의 제공) 법 제35조제10항에서 "추정분담금 등 대통령령으로 정하는 정보"란 다음 각 호의 정보를 말한다. 〈개정 2022. 12. 9.〉

1. 토지등소유자별 분담금 추산액 및 산출근거

2. 그 밖에 추정 분담금의 산출 등과 관련하여 시·도조례로 정하는 정보

제33조(토지등소유자의 동의자 수 산정 방법 등) ① 법 제12조제2항, 제28조제1항, 제36조제1항, 이 영 제12조, 제14조제2항 및 제27조에 따른 토지등소유자(토지면적에 관한 동의자 수를 산정하는 경우에는 토지소유자를 말한다. 이하 이 조에서 같다)의 동의는 다음 각 호의 기준에 따라 산정한다. 〈개정 2023. 12. 5., 2024. 3. 19., 2024. 12. 17.〉

1. 주거환경개선사업, 재개발사업의 경우에는 다음 각 목의 기준에 의할 것

가. 1필지의 토지 또는 하나의 건축물을 여럿이서 공유하는 경우에는 해당 토지 또는 건축물의 토지등소유자의 4분의 3 이상의

동의를 받아 이를 대표하는 1인을 토지등소유자로 산정할 것

나. 토지에 지상권이 설정되어 있는 경우 토지의 소유자와 해당 토지의 지상권자를 대표하는 1인을 토지등소유자로 산정할 것

다. 1인이 다수 필지의 토지 또는 다수의 건축물을 소유하고 있는 경우에는 필지나 건축물의 수에 관계없이 토지등소유자를 1인으로 산정할 것. 다만, 재개발사업으로서 법 제25조제1항제2호에 따라 토지등소유자가 재개발사업을 시행하는 경우 토지등소유자가 정비구역 지정 후에 정비사업을 목적으로 취득한 토지 또는 건축물에 대해서는 정비구역 지정 당시의 토지 또는 건축물의 소유자를 토지등소유자의 수에 포함하여 산정하되, 이 경우 동의 여부는 이를 취득한 토지등소유자에 따른다.

라. 둘 이상의 토지 또는 건축물을 소유한 공유자가 동일한 경우에는 그 공유자 여럿을 대표하는 1인을 토지등소유자로 산정할 것

2. 재건축사업의 경우에는 다음 각 목의 기준에 따를 것

가. 소유권 또는 구분소유권을 여럿이서 공유하는 경우에는 그 여럿을 대표하는 1인을 토지등소유자로 산정할 것

나. 1인이 둘 이상의 소유권 또는 구분소유권을 소유하고 있는 경우에는 소유권 또는 구분소유권의 수에 관계없이 토지등소유자를 1인으로 산정할 것

다. 둘 이상의 소유권 또는 구분소유권을 소유한 공유자가 동일한 경우에는 그 공유자 여럿을 대표하는 1인을 토지등소유자로 할 것

3. 추진위원회의 구성 또는 조합의 설립에 동의한 자로부터 토지 또는 건축물을 취득한 자는 추진위원회의 구성 또는 조합의 설립에 동의한 것으로 볼 것

4. 토지건물등기사항증명서, 건물등기사항증명서, 토지대장 또는 건축물관리대장에 소유자로 등재될 당시 주민등록번호의 기록이 없고 기록된 주소가 현재 주소와 다른 경우로서 소재가 확인되지 아니한 자는 토지등소유자의 수 또는 공유자 수에서 제외할 것

5. 국·공유지에 대해서는 그 재산관리청 각각을 토지등소유자로 산정할 것. 이 경우 재산관리청은 동의 요청을 받은 날부터 30일 이내에 동의 여부를 표시하지 않으면 동의한 것으로 본다.

② 법 제12조제2항 및 제36조제1항 각 호 외의 부분에 따른 동의(법 제26조제1항제8호, 제31조제2항 및 제47조제4항에 따라 의

제된 동의를 포함한다)의 철회 또는 반대의사 표시의 시기는 다음 각 호의 기준에 따른다.

1. 동의의 철회 또는 반대의사의 표시는 해당 동의에 따른 인·허가 등을 신청하기 전까지 할 수 있다.

2. 제1호에도 불구하고 다음 각 목의 동의는 최초로 동의한 날부터 30일까지만 철회할 수 있다. 다만, 나목의 동의는 최초로 동의한 날부터 30일이 지나지 아니한 경우에도 법 제32조제3항에 따른 조합설립을 위한 창립총회 후에는 철회할 수 없다.

가. 법 제21조제1항제4호에 따른 정비구역의 해제에 대한 동의

나. 법 제35조에 따른 조합설립에 대한 동의(동의 후 제30조제2항 각 호의 사항이 변경되지 아니한 경우로 한정한다)

③ 제2항에 따라 동의를 철회하거나 반대의 의사표시를 하려는 토지등소유자는 철회서에 토지등소유자가 성명을 적고 지장(指章)을 날인한 후 주민등록증 및 여권 등 신원을 확인할 수 있는 신분증명서 사본을 첨부하여 동의의 상대방 및 시장·군수등에게 내용증명의 방법으로 발송하여야 한다. 이 경우 시장·군수등이 철회서를 받은 때에는 지체 없이 동의의 상대방에게 철회서가 접수된 사실을 통지하여야 한다.

④ 제2항에 따른 동의의 철회나 반대의 의사표시는 제3항 전단에 따라 철회서가 동의의 상대방에게 도달한 때 또는 같은 항 후단에 따라 시장·군수등이 동의의 상대방에게 철회서가 접수된 사실을 통지한 때 중 빠른 때에 효력이 발생한다.

제34조(동의서의 검인방법 등) ① 법 제36조제3항에 따라 동의서에 검인(檢印)을 받으려는 자는 제25조제1항 또는 제30조제2항에 따라 동의서에 기재할 사항을 기재한 후 관련 서류를 첨부하여 시장·군수등에게 검인을 신청하여야 한다.

② 제1항에 따른 신청을 받은 시장·군수등은 동의서 기재사항의 기재 여부 등 형식적인 사항을 확인하고 해당 동의서에 연번(連番)을 부여한 후 검인을 하여야 한다.

③ 시장·군수등은 제1항에 따른 신청을 받은 날부터 20일 이내에 신청인에게 검인한 동의서를 내주어야 한다.

<u>제34조(동의서의 검인방법 등) ① 법 제36조제3항에 따라 서면동의서에 검인(檢印)을 받으려는 자는 제25조제1항 또는 제30조제2항에</u>

따라 서면동의서에 기재할 사항을 기재한 후 관련 서류를 첨부하여 시장·군수등에게 검인을 신청하여야 한다. 〈개정 2025. 5. 27.〉

② 제1항에 따른 신청을 받은 시장·군수등은 서면동의서 기재사항의 기재 여부 등 형식적인 사항을 확인하고 해당 서면동의서에 연번(連番)을 부여한 후 검인을 하여야 한다. 〈개정 2025. 5. 27.〉

③ 시장·군수등은 제1항에 따른 신청을 받은 날부터 20일 이내에 신청인에게 검인한 서면동의서를 내주어야 한다. 〈개정 2025. 5. 27.〉

④ 법 제36조제3항에 따라 같은 조 제1항에 따른 전자서명동의서(이하 "전자서명동의서"라 한다)의 확인을 받으려는 자는 시장·군수등에게 다음 각 호의 사항에 대한 확인을 신청해야 한다. 〈신설 2025. 5. 27.〉

1. 전자서명동의서의 보관 및 위조·변조 방지에 관한 사항

2. 전자서명동의서를 다음 각 목의 어느 하나에 해당하는 방법에 따라 작성한 사실

가. 제1항부터 제3항까지에 따라 작성된 서면동의서를 「전자문서 및 전자거래 기본법」 제2조제1호에 따라 정보처리시스템에 의하여 전자적 형태로 변환하는 방법

나. 「전자문서 및 전자거래 기본법」 제2조제1호에 따라 정보처리시스템에 의하여 전자적 형태로 작성하는 방법

3. 제2호나목에 따른 방법으로 작성된 전자서명동의서의 경우 동의서에 기재할 사항의 기재 여부 등 형식적인 사항을 갖추었다는 사실

⑤ 제4항에 따른 신청을 받은 시장·군수등은 신청일부터 20일 이내에 신청인에게 전자서명동의서의 확인 결과를 알려주어야 한다. 이 경우 시장·군수등은 제4항제2호나목에 따른 방법으로 작성된 전자서명동의서에 대해 같은 항 각 호의 사항이 모두 확인된 경우에는 연번을 부여해야 한다. 〈신설 2025. 5. 27.〉

⑥ 전자서명동의서의 본인확인은 「전자서명법」 제8조제1항에 따른 운영기준 준수사실의 인정을 받은 전자서명인증사업자가 제공하는 본인확인의 방법을 따라야 한다. 〈신설 2025. 5. 27.〉

[시행일: 2025. 12. 4.] 제34조

제34조의2(토지등소유자의 동의 인정에 관한 특례) ① 법 제36조의3 제2항제1호에서 "대통령령으로 정하는 사항"이란 같은 조 제1항에 따

라 동의를 한 것으로 보는 같은 항 각 호의 구체적인 내용을 말한다.

② 법 제36조의3제2항제2호에서 "대통령령으로 정하는 기간"이란 다음 각 호의 구분에 따른 요청, 제안 또는 신청 전까지에 해당하는 기간을 말한다.

1. 법 제36조의3제1항제1호의 동의(동의를 한 것으로 보는 경우를 포함한다. 이하 이 항에서 같다): 법 제13조의2제1항에 따른 정비구역의 지정을 위한 정비계획의 입안 요청

2. 법 제36조의3제1항제2호의 동의: 법 제14조제1항에 따른 정비계획의 입안 제안

3. 법 제36조의3제1항제3호의 동의: 법 제31조제1항에 따른 추진위원회 구성에 대한 승인 신청

③ 법 제36조의3제2항제3호에서 "대통령령으로 정하는 기준과 방법"이란 같은 조 제1항 각 호의 어느 하나에 해당하는 사항에 대하여 동의를 받을 때 제33조제3항 및 제4항에 따른 동의의 철회 및 반대의 의사표시 절차와 방법을 설명·고지하는 것을 말한다.

[본조신설 2025. 5. 27.]

제35조(토지등소유자의 동의서 재사용의 특례) 법 제37조제1항에 따라 토지등소유자의 동의서를 다시 사용하기 위한 요건은 다음 각 호와 같다.

1. 법 제37조제1항제1호의 경우: 다음 각 목의 요건

가. 토지등소유자에게 기존 동의서를 다시 사용할 수 있다는 취지와 반대 의사표시의 절차 및 방법을 서면으로 설명·고지할 것

나. 60일 이상의 반대의사 표시기간을 가목의 서면에 명백히 적어 부여할 것

2. 법 제37조제1항제2호의 경우: 다음 각 목의 요건

가. 토지등소유자에게 기존 동의서를 다시 사용할 수 있다는 취지와 반대의사 표시의 절차 및 방법을 서면으로 설명·고지할 것

나. 90일 이상의 반대의사 표시기간을 가목의 서면에 명백히 적어 부여할 것

다. 정비구역, 조합정관, 정비사업비, 개인별 추정분담금, 신축되는 건축물의 연면적 등 정비사업의 변경내용을 가목의 서면에 포함할 것

라. 다음의 변경의 범위가 모두 100분의 10 미만일 것

1) 정비구역 면적의 변경

2) 정비사업비의 증가(생산자물가상승률분 및 법 제73조에 따른 현금청산 금액은 제외한다)

3) 신축되는 건축물의 연면적 변경

마. 조합설립인가의 무효 또는 취소가 확정된 조합과 새롭게 설립하려는 조합이 추진하려는 정비사업의 목적과 방식이 동일할 것

바. 조합설립의 무효 또는 취소가 확정된 날부터 3년 내에 새로운 조합을 설립하기 위한 창립총회를 개최할 것

제36조(조합의 등기사항) 법 제38조제2항에서 "대통령령으로 정하는 사항"이란 다음 각 호의 사항을 말한다. 〈개정 2019. 6. 18.〉

1. 설립목적
2. 조합의 명칭
3. 주된 사무소의 소재지
4. 설립인가일
5. 임원의 성명 및 주소
6. 임원의 대표권을 제한하는 경우에는 그 내용
7. 법 제41조제5항 단서에 따른 전문조합관리인을 선정한 경우에는 그 성명 및 주소

제37조(조합원) ① 법 제39조제2항제4호에서 "대통령령으로 정하는 기간"이란 다음 각 호의 구분에 따른 기간을 말한다. 이 경우 소유자가 피상속인으로부터 주택을 상속받아 소유권을 취득한 경우에는 피상속인의 주택의 소유기간 및 거주기간을 합산한다.

1. 소유기간: 10년
2. 거주기간(「주민등록법」 제7조에 따른 주민등록표를 기준으로 하며, 소유자가 거주하지 아니하고 소유자의 배우자나 직계존비속이 해당 주택에 거주한 경우에는 그 기간을 합산한다): 5년

② 법 제39조제2항제6호에서 "대통령령으로 정하는 사업"이란 공공재개발사업 시행자가 상가를 임대하는 사업을 말한다. 〈신설 2021. 7. 13.〉

③ 법 제39조제2항제7호에서 "대통령령으로 정하는 경우"란 다음 각 호의 어느 하나에 해당하는 경우를 말한다. 〈개정 2020. 6. 23., 2021. 7. 13.〉

1. 조합설립인가일부터 3년 이상 사업시행인가 신청이 없는 재건

축사업의 건축물을 3년 이상 계속하여 소유하고 있는 자(소유기간을 산정할 때 소유자가 피상속인으로부터 상속받아 소유권을 취득한 경우에는 피상속인의 소유기간을 합산한다. 이하 제2호 및 제3호에서 같다)가 사업시행인가 신청 전에 양도하는 경우

2. 사업시행계획인가일부터 3년 이내에 착공하지 못한 재건축사업의 토지 또는 건축물을 3년 이상 계속하여 소유하고 있는 자가 착공 전에 양도하는 경우

3. 착공일부터 3년 이상 준공되지 않은 재개발사업ㆍ재건축사업의 토지를 3년 이상 계속하여 소유하고 있는 경우

4. 법률 제7056호 도시및주거환경정비법 일부개정법률 부칙 제2항에 따른 토지등소유자로부터 상속ㆍ이혼으로 인하여 토지 또는 건축물을 소유한 자

5. 국가ㆍ지방자치단체 및 금융기관(「주택법 시행령」 제71조제1호 각 목의 금융기관을 말한다)에 대한 채무를 이행하지 못하여 재개발사업ㆍ재건축사업의 토지 또는 건축물이 경매 또는 공매되는 경우

6. 「주택법」 제63조제1항에 따른 투기과열지구(이하 "투기과열지구"라 한다)로 지정되기 전에 건축물 또는 토지를 양도하기 위한 계약(계약금 지급 내역 등으로 계약일을 확인할 수 있는 경우로 한정한다)을 체결하고, 투기과열지구로 지정된 날부터 60일 이내에 「부동산 거래신고 등에 관한 법률」 제3조에 따라 부동산 거래의 신고를 한 경우

제38조(조합 정관에 정할 사항) 법 제40조제1항제18호에서 "대통령령으로 정하는 사항"이란 다음 각 호의 사항을 말한다.

1. 정비사업의 종류 및 명칭
2. 임원의 임기, 업무의 분담 및 대행 등에 관한 사항
3. 대의원회의 구성, 개회와 기능, 의결권의 행사방법 및 그 밖에 회의의 운영에 관한 사항
4. 법 제24조 및 제25조에 따른 정비사업의 공동시행에 관한 사항
5. 정비사업전문관리업자에 관한 사항
6. 정비사업의 시행에 따른 회계 및 계약에 관한 사항
7. 정비기반시설 및 공동이용시설의 부담에 관한 개략적인 사항
8. 공고ㆍ공람 및 통지의 방법
9. 토지 및 건축물 등에 관한 권리의 평가방법에 관한 사항

10. 법 제74조제1항에 따른 관리처분계획(이하 "관리처분계획"이라 한다) 및 청산(분할징수 또는 납입에 관한 사항을 포함한다)에 관한 사항

11. 사업시행계획서의 변경에 관한 사항

12. 조합의 합병 또는 해산에 관한 사항

13. 임대주택의 건설 및 처분에 관한 사항

14. 총회의 의결을 거쳐야 할 사항의 범위

15. 조합원의 권리·의무에 관한 사항

16. 조합직원의 채용 및 임원 중 상근(常勤)임원의 지정에 관한 사항과 직원 및 상근임원의 보수에 관한 사항

17. 그 밖에 시·도조례로 정하는 사항

제39조(정관의 경미한 변경사항) 법 제40조제4항에서 "대통령령으로 정하는 경미한 사항"이란 다음 각 호의 사항을 말한다. 〈개정 2019. 6. 18.〉

1. 법 제40조제1항제1호에 따른 조합의 명칭 및 사무소의 소재지에 관한 사항

2. 조합임원의 수 및 업무의 범위에 관한 사항

3. 삭제 〈2019. 6. 18.〉

4. 법 제40조제1항제10호에 따른 총회의 소집 절차·시기 및 의결방법에 관한 사항

5. 제38조제2호에 따른 임원의 임기, 업무의 분담 및 대행 등에 관한 사항

6. 제38조제3호에 따른 대의원회의 구성, 개회와 기능, 의결권의 행사방법, 그 밖에 회의의 운영에 관한 사항

7. 제38조제5호에 따른 정비사업전문관리업자에 관한 사항

8. 제38조제8호에 따른 공고·공람 및 통지의 방법에 관한 사항

9. 제38조제13호에 따른 임대주택의 건설 및 처분에 관한 사항

10. 제38조제14호에 따른 총회의 의결을 거쳐야 할 사항의 범위에 관한 사항

11. 제38조제16호에 따른 조합직원의 채용 및 임원 중 상근임원의 지정에 관한 사항과 직원 및 상근임원의 보수에 관한 사항

12. 착오·오기 또는 누락임이 명백한 사항

13. 법 제16조에 따른 정비구역 또는 정비계획의 변경에 따라 변

경되어야 하는 사항

14. 그 밖에 시·도조례로 정하는 사항

제40조(조합임원의 수) 법 제41조제1항에 따라 조합에 두는 이사의 수는 3명 이상으로 하고, 감사의 수는 1명 이상 3명 이하로 한다. 다만, 토지등소유자의 수가 100인을 초과하는 경우에는 이사의 수를 5명 이상으로 한다.

제41조(전문조합관리인의 선정) ① 법 제41조제5항 단서에서 "대통령령으로 정하는 요건을 갖춘 자"란 다음 각 호의 어느 하나에 해당하는 사람을 말한다. 〈개정 2020. 2. 18.〉

1. 다음 각 목의 어느 하나에 해당하는 자격을 취득한 후 정비사업 관련 업무에 5년 이상 종사한 경력이 있는 사람

가. 변호사

나. 공인회계사

다. 법무사

라. 세무사

마. 건축사

바. 도시계획·건축분야의 기술사

사. 감정평가사

아. 행정사(일반행정사를 말한다. 이하 같다)

2. 조합임원으로 5년 이상 종사한 사람

3. 공무원 또는 공공기관의 임직원으로 정비사업 관련 업무에 5년 이상 종사한 사람

4. 정비사업전문관리업자에 소속되어 정비사업 관련 업무에 10년 이상 종사한 사람

5. 「건설산업기본법」 제2조제7호에 따른 건설사업자에 소속되어 정비사업 관련 업무에 10년 이상 종사한 사람

6. 제1호부터 제5호까지의 경력을 합산한 경력이 5년 이상인 사람. 이 경우 같은 시기의 경력은 중복하여 계산하지 아니하며, 제4호 및 제5호의 경력은 2분의 1만 포함하여 계산한다.

② 시장·군수등은 법 제41조제5항 단서에 따른 전문조합관리인(이하 "전문조합관리인"이라 한다)의 선정이 필요하다고 인정하거나 조합원(추진위원회의 경우에는 토지등소유자를 말한다. 이하 이 조에서 같다) 3분의 1 이상이 전문조합관리인의 선정을 요청하면 공

개모집을 통하여 전문조합관리인을 선정할 수 있다. 이 경우 조합 또는 추진위원회의 의견을 들어야 한다.

③ 전문조합관리인은 선임 후 6개월 이내에 법 제115조에 따른 교육을 60시간 이상 받아야 한다. 다만, 선임 전 최근 3년 이내에 해당 교육을 60시간 이상 받은 경우에는 그러하지 아니하다.

④ 전문조합관리인의 임기는 3년으로 한다.

제41조의2(총회의 소집) 법 제44조제2항에서 "대통령령으로 정하는 기준"이란 다음 각 호와 같다.

1. 총회의 소집을 요구하는 조합원 또는 대의원은 요구서에 성명을 적고 서명 또는 지장날인을 하며, 주민등록증, 여권 등 신원을 확인할 수 있는 신분증명서의 사본을 첨부할 것

2. 제1호에도 불구하고 총회의 소집을 요구하는 조합원 또는 대의원이 해외에 장기체류하는 등 불가피한 사유가 있다고 인정되는 경우에는 해당 조합원 또는 대의원의 인감도장을 찍은 요구서에 해당 인감증명서를 첨부할 것

[본조신설 2023. 12. 5.]

제41조의3(온라인총회) ① 법 제44조의2제1항 단서에서 "「재난 및 안전관리 기본법」 제3조제1호에 따른 재난의 발생 등 대통령령으로 정하는 사유"란 다음 각 호의 사유를 말한다.

1. 「재난 및 안전관리 기본법」 제3조제1호에 따른 재난

2. 「감염병의 예방 및 관리에 관한 법률」 제49조제1항제2호에 따른 집합 제한 또는 금지 조치

② 법 제44조의2제2항제3호에서 "대통령령으로 정하는 기준"이란 다음 각 호의 기준을 말한다.

1. 법 제44조의2제1항에 따른 온라인총회(이하 "온라인총회"라 한다)에 참석하는 조합원이 같은 조 제2항제1호에 따른 본인 여부의 확인이 가능하도록 다음 각 목의 어느 하나에 해당하는 방법에 따른 본인확인 절차를 마련할 것

가. 「전자서명법」 제8조제1항에 따른 운영기준 준수사실의 인정을 받은 전자서명인증사업자가 제공하는 본인확인의 방법

나. 「정보통신망 이용촉진 및 정보보호 등에 관한 법률」 제23조의3에 따른 본인확인기관에서 제공하는 본인확인의 방법

2. 다음 각 목의 체계를 모두 갖추어 온라인총회를 개최할 것

가. 온라인총회에 참석하는 조합원이 원하는 경우 안건 등에 관하여 의견 제시 및 질의응답을 진행할 수 있는 체계

나. 온라인총회의 개최부터 종료까지 조합원이 접속한 기록 및 제시한 의견 내용 등을 확인하고 정관으로 정하는 기간까지 보관할 수 있는 체계

다. 온라인총회가 중단 없이 진행될 수 있도록 기술적 보호조치를 확보한 체계

라. 총회에 참석한 조합원과 온라인총회에 참석한 조합원을 구분하여 관리할 수 있는 체계

③ 조합은 법 제44조의2제1항에 따라 온라인총회를 개최하려는 경우에는 총회의 소집을 통지할 때 다음 각 호의 사항을 함께 통지해야 한다.

1. 온라인총회의 개최 여부

2. 온라인총회에 접속하는 방법

[본조신설 2025. 5. 27.]

[시행일: 2025. 12. 4.] 제41조의3

제42조(총회의 의결) ① 법 제45조제1항제13호에 따라 총회의 의결을 거쳐야 하는 사항은 다음 각 호와 같다.

1. 조합의 합병 또는 해산에 관한 사항

2. 대의원의 선임 및 해임에 관한 사항

3. 건설되는 건축물의 설계 개요의 변경

4. 정비사업비의 변경

② 법 제45조제6항제3호에서 "대통령령으로 정하는 기준에 부합할 것"이란 다음 각 호의 기준을 모두 갖춘 것을 말한다. 〈신설 2025. 5. 27.〉

1. 총회를 소집하려는 자가 총회의 소집통지를 할 때 전자적 방법을 통한 의결권의 행사(이하 "전자의결"이라 한다)와 관련한 다음 각 목의 사항을 함께 통지할 것

가. 전자의결을 하는 방법

나. 전자의결 기간

다. 그 밖에 전자의결의 실시에 필요한 사항

2. 전자의결을 할 때 다음 각 목의 어느 하나에 해당하는 방법으로 본인임을 확인할 수 있을 것

가. 「전자서명법」 제8조제1항에 따른 운영기준 준수사실의 인정을 받은 전자서명인증사업자가 제공하는 본인확인의 방법

나. 「정보통신망 이용촉진 및 정보보호 등에 관한 법률」 제23조의3에 따른 본인확인기관에서 제공하는 본인확인의 방법

3. 다음 각 목에서 정하는 바에 따라 전자의결 결과를 관리할 수 있는 체계를 갖출 것

가. 총회에서 개표하기 전까지 전자의결의 집계 결과를 알 수 없도록 할 것

나. 정비사업의 완료 또는 폐지 시점까지 전자의결 결과를 보관할 것. 다만, 본문에 따른 기간 이후로서 정관에서 전자의결 결과의 보관 기간을 달리 정한 경우에는 그에 따른다.

③ 법 제45조제10항 단서에서 "창립총회, 시공자 선정 취소를 위한 총회, 사업시행계획서의 작성 및 변경, 관리처분계획의 수립 및 변경을 의결하는 총회 등 대통령령으로 정하는 총회"란 다음 각 호의 어느 하나에 해당하는 총회를 말한다. 〈개정 2021. 11. 11., 2023. 12. 5., 2025. 5. 27.〉

1. 창립총회

1의2. 시공자 선정 취소를 위한 총회

2. 사업시행계획서의 작성 및 변경을 위하여 개최하는 총회

3. 관리처분계획의 수립 및 변경을 위하여 개최하는 총회

4. 정비사업비의 사용 및 변경을 위하여 개최하는 총회

[제목개정 2021. 11. 11.]

제43조(대의원회가 총회의 권한을 대행할 수 없는 사항) 법 제46조제4항에서 "대통령령으로 정하는 사항"이란 다음 각 호의 사항을 말한다. 〈개정 2022. 1. 21., 2022. 12. 9.〉

1. 법 제45조제1항제1호에 따른 정관의 변경에 관한 사항(법 제40조제4항에 따른 경미한 사항의 변경은 법 또는 정관에서 총회의 결사항으로 정한 경우로 한정한다)

2. 법 제45조제1항제2호에 따른 자금의 차입과 그 방법·이자율 및 상환방법에 관한 사항

3. 법 제45조제1항제4호에 따른 예산으로 정한 사항 외에 조합원에게 부담이 되는 계약에 관한 사항

4. 법 제45조제1항제5호에 따른 시공자·설계자 또는 감정평가법

인등(법 제74조제4항에 따라 시장·군수등이 선정·계약하는 감정평가법인등은 제외한다)의 선정 및 변경에 관한 사항

5. 법 제45조제1항제6호에 따른 정비사업전문관리업자의 선정 및 변경에 관한 사항

6. 법 제45조제1항제7호에 따른 조합임원의 선임 및 해임과 제42조제1항제2호에 따른 대의원의 선임 및 해임에 관한 사항. 다만, 정관으로 정하는 바에 따라 임기중 궐위된 자(조합장은 제외한다)를 보궐선임하는 경우를 제외한다.

7. 법 제45조제1항제9호에 따른 사업시행계획서의 작성 및 변경에 관한 사항(법 제50조제1항 본문에 따른 정비사업의 중지 또는 폐지에 관한 사항을 포함하며, 같은 항 단서에 따른 경미한 변경은 제외한다)

8. 법 제45조제1항제10호에 따른 관리처분계획의 수립 및 변경에 관한 사항(법 제74조제1항 각 호 외의 부분 단서에 따른 경미한 변경은 제외한다)

9. 법 제45조제2항에 따라 총회에 상정하여야 하는 사항

10. 제42조제1항제1호에 따른 조합의 합병 또는 해산에 관한 사항. 다만, 사업완료로 인한 해산의 경우는 제외한다.

11. 제42조제1항제3호에 따른 건설되는 건축물의 설계 개요의 변경에 관한 사항

12. 제42조제1항제4호에 따른 정비사업비의 변경에 관한 사항

제44조(대의원회) ① 대의원은 조합원 중에서 선출한다.

② 대의원의 선임 및 해임에 관하여는 정관으로 정하는 바에 따른다.

③ 대의원의 수는 법 제46조제2항에 따른 범위에서 정관으로 정하는 바에 따른다.

④ 대의원회는 조합장이 필요하다고 인정하는 때에 소집한다. 다만, 다음 각 호의 어느 하나에 해당하는 때에는 조합장은 해당일부터 14일 이내에 대의원회를 소집하여야 한다.

1. 정관으로 정하는 바에 따라 소집청구가 있는 때

2. 대의원의 3분의 1 이상(정관으로 달리 정한 경우에는 그에 따른다)이 회의의 목적사항을 제시하여 청구하는 때

⑤ 제4항 각 호의 어느 하나에 따른 소집청구가 있는 경우로서

조합장이 제4항 각 호 외의 부분 단서에 따른 기간 내에 정당한 이유 없이 대의원회를 소집하지 아니한 때에는 감사가 지체 없이 이를 소집하여야 하며, 감사가 소집하지 아니하는 때에는 제4항 각 호에 따라 소집을 청구한 사람의 대표가 소집한다. 이 경우 미리 시장·군수등의 승인을 받아야 한다.

⑥ 제5항에 따라 대의원회를 소집하는 경우에는 소집주체에 따라 감사 또는 제4항 각 호에 따라 소집을 청구한 사람의 대표가 의장의 직무를 대행한다.

⑦ 대의원회의 소집은 집회 7일 전까지 그 회의의 목적·안건·일시 및 장소를 기재한 서면을 대의원에게 통지하는 방법에 따른다. 이 경우 정관으로 정하는 바에 따라 대의원회의 소집내용을 공고하여야 한다.

⑧ 대의원회는 재적대의원 과반수의 출석과 출석대의원 과반수의 찬성으로 의결한다. 다만, 그 이상의 범위에서 정관으로 달리 정하는 경우에는 그에 따른다.

⑨ 대의원회는 제7항 전단에 따라 사전에 통지한 안건만 의결할 수 있다. 다만, 사전에 통지하지 아니한 안건으로서 대의원회의 회의에서 정관으로 정하는 바에 따라 채택된 안건의 경우에는 그러하지 아니하다.

⑩ 특정한 대의원의 이해와 관련된 사항에 대해서는 그 대의원은 의결권을 행사할 수 없다.

제45조(주민대표회의) ① 법 제47조제1항에 따른 주민대표회의(이하 “주민대표회의”라 한다)에는 위원장과 부위원장 각 1명과 1명 이상 3명 이하의 감사를 둔다

② 법 제47조제5항제6호에서 “대통령령으로 정하는 사항”이란 다음 각 호의 사항을 말한다. 〈개정 2022. 12. 9.〉

1. 법 제29조제7항에 따른 시공자의 추천
2. 다음 각 목의 변경에 관한 사항
   가. 법 제47조제5항제1호에 따른 건축물의 철거
   나. 법 제47조제5항제2호에 따른 주민의 이주(세입자의 퇴거에 관한 사항을 포함한다)
   다. 법 제47조제5항제3호에 따른 토지 및 건축물의 보상(세입자에 대한 주거이전비 등 보상에 관한 사항을 포함한다)

라. 법 제47조제5항제4호에 따른 정비사업비의 부담

3. 관리처분계획 및 청산에 관한 사항(법 제23조제1항제1호부터 제3호까지의 방법으로 시행하는 주거환경개선사업은 제외한다)

4. 제3호에 따른 사항의 변경에 관한 사항

③ 시장·군수등 또는 토지주택공사등은 주민대표회의의 운영에 필요한 경비의 일부를 해당 정비사업비에서 지원할 수 있다.

④ 주민대표회의의 위원의 선출·교체 및 해임, 운영방법, 운영비용의 조달 그 밖에 주민대표회의의 운영에 필요한 사항은 주민대표회의가 정한다.

제3절 사업시행계획 등

제46조(사업시행계획인가의 경미한 변경) 법 제50조제1항 단서에서 "대통령령으로 정하는 경미한 사항을 변경하려는 때"란 다음 각 호의 어느 하나에 해당하는 때를 말한다. 〈개정 2020. 6. 23., 2024. 12. 17.〉

1. 정비사업비를 10퍼센트의 범위에서 변경하거나 관리처분계획의 인가에 따라 변경하는 때. 다만, 「주택법」 제2조제5호에 따른 국민주택을 건설하는 사업인 경우에는 「주택도시기금법」에 따른 주택도시기금의 지원금액이 증가되지 아니하는 경우만 해당한다.

2. 건축물이 아닌 부대시설·복리시설의 설치규모를 확대하는 때(위치가 변경되는 경우는 제외한다)

3. 대지면적을 10퍼센트의 범위에서 변경하는 때

4. 세대수와 세대당 주거전용면적을 변경하지 않고 세대당 주거전용면적의 10퍼센트의 범위에서 세대 내부구조의 위치 또는 면적을 변경하는 때

5. 내장재료 또는 외장재료를 변경하는 때

6. 사업시행계획인가의 조건으로 부과된 사항의 이행에 따라 변경하는 때

7. 건축물의 설계와 용도별 위치를 변경하지 아니하는 범위에서 건축물의 배치 및 주택단지 안의 도로선형을 변경하는 때

8. 「건축법 시행령」 제12조제3항 각 호의 어느 하나에 해당하는 사항을 변경하는 때

9. 사업시행자의 명칭 또는 사무소 소재지를 변경하는 때

10. 정비구역 또는 정비계획의 변경에 따라 사업시행계획서를 변경하는 때

11. 법 제35조제5항 본문에 따른 조합설립변경 인가에 따라 사업시행계획서를 변경하는 때

11의2. 계산 착오, 오기, 누락이나 이에 준하는 명백한 오류에 해당하는 사항을 정정하는 때

11의3. 사업시행기간을 단축하거나 연장하는 때. 다만, 법 제73조제1항 각 호에 해당하는 자가 소유하는 토지 또는 건축물(토지 또는 건축물의 소유자가 국가나 지방자치단체인 경우는 제외한다)의 취득이 완료되기 전에 사업시행기간을 연장하는 때는 제외한다.

12. 그 밖에 시·도조례로 정하는 사항을 변경하는 때

제46조의2(통합심의위원회의 구성) ① 법 제50조의2제3항에 따른 통합심의위원회(이하 "통합심의위원회"라 한다)는 위원장 1명과 부위원장 1명을 포함하여 24명 이상 150명 이하의 위원으로 성별을 고려하여 구성한다. 〈개정 2025. 4. 29.〉

② 통합심의위원회는 다음 각 호의 기준에 따라 구성한다. 〈개정 2025. 4. 29.〉

1. 법 제50조의2제3항제1호, 제4호 및 제6호의 위원회 위원: 각 호의 위원회별 3명 이상

2. 법 제50조의2제3항제2호, 제3호, 제5호, 제6호의2, 제6호의3 및 제7호의 위원회 위원: 각 호의 위원회별 2명 이상

3. 법 제50조의2제3항제8호의 위원회 위원: 각 위원회별 1명 이상

4. 정비구역지정권자가 속한 지방자치단체 소속 공무원: 1명 이상

5. 법 제50조에 따른 사업시행계획 인가권자가 속한 지방자치단체 소속 공무원: 1명 이상

③ 통합심의위원회 위원장과 부위원장은 제2항에 따른 통합심의위원회의 위원(이하 "위원"이라 한다) 중에서 정비구역지정권자가 임명하거나 위촉한다.

[본조신설 2023. 12. 5.]

제46조의3(위원의 제척·기피·회피) ① 위원이 다음 각 호의 어느 하나에 해당하는 경우에는 통합심의위원회의 심의·의결에서 제척된다.

1. 위원 또는 그 배우자나 배우자였던 사람이 해당 안건의 당사자(당사자가 법인·단체 등인 경우에는 그 임원을 포함한다. 이하

이 호 및 제2호에서 같다)가 되거나 그 안건의 당사자와 공동권리자 또는 공동의무자인 경우

2. 위원이 해당 안건의 당사자와 친족이거나 친족이었던 경우

3. 위원이 해당 안건에 대하여 자문, 연구, 용역(하도급을 포함한다), 감정 또는 조사를 한 경우

4. 위원이나 위원이 속한 법인·단체 등이 해당 안건 당사자의 대리인이거나 대리인이었던 경우

5. 위원이 임원 또는 직원으로 재직하고 있거나 최근 3년 내에 재직했던 기업 등이 해당 안건에 대하여 자문, 연구, 용역(하도급을 포함한다), 감정 또는 조사를 한 경우

② 해당 안건의 당사자는 위원에게 공정한 심의·의결을 기대하기 어려운 사정이 있는 경우에는 통합심의위원회에 기피 신청을 할 수 있고, 통합심의위원회는 의결로 기피 여부를 결정한다. 이 경우 기피 신청의 대상인 위원은 그 의결에 참여할 수 없다.

③ 위원이 제1항 각 호의 제척 사유에 해당하는 경우에는 스스로 해당 안건의 심의·의결에서 회피해야 한다.

[본조신설 2023. 12. 5.]

제46조의4(통합심의의 방법과 절차) ① 법 제50조의2제3항에 따라 통합심의를 하는 경우 정비구역지정권자는 통합심의위원회 개최 7일 전까지 회의 안건과 심의에 참여할 위원을 확정하고, 회의 일시, 장소 및 회의에 부치는 안건 등 회의 내용을 회의에 참여하는 위원에게 알려야 한다.

② 통합심의위원회의 회의는 제1항에 따라 참여가 확정된 위원 과반수의 출석으로 개의하고, 출석위원 과반수의 찬성으로 의결한다.

③ 통합심의위원회의 회의를 개의할 때에는 법 제50조의2제3항 각 호의 위원회 위원(통합심의 안건과 직접 관련이 없는 위원회 위원은 제외한다)이 각각 1명 이상 출석해야 한다.

④ 통합심의위원회는 통합심의와 관련하여 필요하다고 인정하거나 정비구역지정권자가 요청하는 경우에는 당사자 또는 관계자를 출석하게 하여 의견을 듣거나 설명하게 할 수 있다.

⑤ 통합심의위원회는 사업시행계획인가와 관련된 사항, 당사자 또는 관계자의 의견 및 설명, 관계 기관의 의견 등을 종합적으로 검토하여 심의해야 한다.

⑥ 통합심의위원회는 회의를 할 때 회의내용을 녹취하고, 다음 각 호의 사항을 회의록으로 작성해야 한다.

1. 회의일시, 장소 및 공개 여부
2. 출석위원 서명부
3. 상정된 의안 및 심의결과
4. 그 밖에 주요 논의사항 등

⑦ 통합심의위원회의 회의에 참석한 위원에게는 예산의 범위에서 수당 및 여비를 지급할 수 있다. 다만, 공무원인 위원이 소관 업무와 직접 관련되어 위원회에 출석하는 경우에는 그렇지 않다.

⑧ 통합심의위원회의 업무를 효율적으로 수행하기 위하여 필요한 때에는 통합심의위원회에 분과위원회를 둘 수 있다.

⑨ 분과위원회에서 의결한 사항은 통합심의위원회 위원장에게 보고하고 통합심의위원회의 심의를 거쳐야 한다.

⑩ 제1항부터 제9항까지에서 규정한 사항 외에 통합심의위원회 및 분과위원회 운영에 필요한 사항은 통합심의위원회의 의결을 거쳐 통합심의위원회 위원장이 정한다.

[본조신설 2023. 12. 5.]

제47조(사업시행계획서의 작성) ① 법 제52조제1항제11호에 따른 교육시설의 교육환경 보호에 관한 계획에 포함될 사항에 관하여는 「교육환경 보호에 관한 법률 시행령」 제16조제1항을 준용한다.

② 법 제52조제1항제13호에서 "대통령령으로 정하는 바에 따라 시·도조례로 정하는 사항"이란 다음 각 호의 사항 중 시·도조례로 정하는 사항을 말한다. 〈개정 2022. 1. 21.〉

1. 정비사업의 종류·명칭 및 시행기간
2. 정비구역의 위치 및 면적
3. 사업시행자의 성명 및 주소
4. 설계도서
5. 자금계획
6. 철거할 필요는 없으나 개·보수할 필요가 있다고 인정되는 건축물의 명세 및 개·보수계획
7. 정비사업의 시행에 지장이 있다고 인정되는 정비구역의 건축물 또는 공작물 등의 명세
8. 토지 또는 건축물 등에 관한 권리자 및 그 권리의 명세

9. 공동구의 설치에 관한 사항

10. 정비사업의 시행으로 법 제97조제1항에 따라 용도가 폐지되는 정비기반시설의 조서·도면과 새로 설치할 정비기반시설의 조서·도면(토지주택공사등이 사업시행자인 경우만 해당한다)

11. 정비사업의 시행으로 법 제97조제2항에 따라 용도가 폐지되는 정비기반시설의 조서·도면 및 그 정비기반시설에 대한 둘 이상의 감정평가법인등의 감정평가서와 새로 설치할 정비기반시설의 조서·도면 및 그 설치비용 계산서

12. 사업시행자에게 무상으로 양여되는 국·공유지의 조서

13. 「물의 재이용 촉진 및 지원에 관한 법률」에 따른 빗물처리계획

14. 기존주택의 철거계획서(석면을 함유한 건축자재가 사용된 경우에는 그 현황과 해당 자재의 철거 및 처리계획을 포함한다)

15. 정비사업 완료 후 상가세입자에 대한 우선 분양 등에 관한 사항

③ 제2항제9호에 따른 공동구의 설치에 관한 사항은 「국토의 계획 및 이용에 관한 법률 시행령」 제36조 및 제37조를 준용한다.

제47조의2(재건축사업 등의 용적률 완화대상) 법 제54조제1항제1호에서 "대통령령으로 정하는 공업지역"이란 「국토의 계획 및 이용에 관한 법률 시행령」 제30조제1항제3호다목에 따른 준공업지역을 말한다.

[본조신설 2023. 12. 5.]

제48조(국민주택규모 주택의 공급방법 등) ① 사업시행자는 법 제54조제4항에 따라 건설한 국민주택규모 주택 중 법 제55조제1항에 따라 국토교통부장관, 시·도지사, 시장·군수·구청장 또는 토지주택공사등(이하 "인수자"라 한다)에 공급해야 하는 국민주택규모 주택을 공개추첨의 방법으로 선정해야 하며, 그 선정결과를 지체 없이 같은 항에 따른 인수자에게 통보해야 한다. 〈개정 2021. 7. 13., 2023. 12. 5.〉

② 사업시행자가 제1항에 따라 선정된 국민주택규모 주택을 공급하는 경우에는 시·도지사, 시장·군수·구청장 순으로 우선하여 인수할 수 있다. 다만, 시·도지사 및 시장·군수·구청장이 국민주택규모 주택을 인수할 수 없는 경우에는 시·도지사는 국토교통부장관

에게 인수자 지정을 요청해야 한다. 〈개정 2021. 7. 13.〉

③ 국토교통부장관은 제2항 단서에 따라 시·도지사로부터 인수자 지정 요청이 있는 경우에는 30일 이내에 인수자를 지정하여 시·도지사에게 통보해야 하며, 시·도지사는 지체 없이 이를 시장·군수·구청장에게 보내어 그 인수자와 국민주택규모 주택의 공급에 관하여 협의하도록 해야 한다. 〈개정 2021. 7. 13.〉

④ 법 제55조제4항 본문에서 "대통령령으로 정하는 장기공공임대주택"이란 공공임대주택으로서 「공공주택 특별법」 제50조의2제1항에 따른 임대의무기간(이하 "임대의무기간"이라 한다)이 20년 이상인 것을 말한다.

⑤ 법 제55조제4항 단서에서 "토지등소유자의 부담 완화 등 대통령령으로 정하는 요건에 해당하는 경우"란 다음 각 호의 어느 하나에 해당하는 경우를 말한다.

1. 가목의 가액을 나목의 가액으로 나눈 값이 100분의 80 미만인 경우. 이 경우 가목 및 나목의 가액은 사업시행계획인가 고시일을 기준으로 하여 산정하되 구체적인 산정방법은 국토교통부장관이 정하여 고시한다.

가. 정비사업 후 대지 및 건축물의 총 가액에서 총사업비를 제외한 가액

나. 정비사업 전 토지 및 건축물의 총 가액

2. 시·도지사가 정비구역의 입지, 토지등소유자의 조합설립 동의율, 정비사업비의 증가규모, 사업기간 등을 고려하여 토지등소유자의 부담이 지나치게 높다고 인정하는 경우

⑥ 법 제55조제5항에서 "대통령령으로 정하는 가격"이란 다음 각 호의 구분에 따른 가격을 말한다. 〈개정 2022. 1. 21.〉

1. 임대의무기간이 10년 이상인 경우: 감정평가액(시장·군수등이 지정하는 둘 이상의 감정평가법인등이 평가한 금액을 산술평균한 금액을 말한다. 이하 제2호에서 같다)의 100분의 30에 해당하는 가격

2. 임대의무기간이 10년 미만인 경우: 감정평가액의 100분의 50에 해당하는 가격

[제목개정 2021. 7. 13.]

제49조(관계 서류의 공람) 시장·군수등은 법 제56조제1항 본문에 따라 사업시행계획인가 또는 사업시행계획서 작성과 관계된 서류를

일반인에게 공람하게 하려는 때에는 그 요지와 공람장소를 해당 지방자치단체의 공보등에 공고하고, 토지등소유자에게 공고내용을 통지하여야 한다.

제50조(사업시행계획인가의 특례) 법 제58조제2항 각 호 외의 부분에서 "대통령령으로 정하는 기준"이란 다음 각 호의 기준을 말한다.

1. 「건축법」 제44조에 따른 대지와 도로의 관계는 존치 또는 리모델링되는 건축물의 출입에 지장이 없다고 인정되는 경우 적용하지 아니할 수 있다.
2. 「건축법」 제46조에 따른 건축선의 지정은 존치 또는 리모델링되는 건축물에 대해서는 적용하지 아니할 수 있다.
3. 「건축법」 제61조에 따른 일조 등의 확보를 위한 건축물의 높이 제한은 리모델링되는 건축물에 대해서는 적용하지 아니할 수 있다.
4. 「주택법」 제2조제12호에도 불구하고 존치 또는 리모델링(「주택법」 제2조제25호 또는 「건축법」 제2조제1항제10호에 따른 리모델링을 말한다. 이하 같다)되는 건축물도 하나의 주택단지에 있는 것으로 본다.
5. 「주택법」 제35조에 따른 부대시설·복리시설의 설치기준은 존치 또는 리모델링되는 건축물을 포함하여 적용할 수 있다.

제51조(순환용주택의 우선공급 요청 등) ① 사업시행자는 법 제59조제2항에 따라 법 제74조에 따른 관리처분계획의 인가를 신청한 후 다음 각 호의 서류를 첨부하여 토지주택공사등에 토지주택공사등이 보유한 공공임대주택을 법 제59조제2항에 따른 순환용주택(이하 "순환용주택"이라 한다)으로 우선 공급할 것을 요청할 수 있다.

1. 사업시행계획인가 고시문 사본
2. 관리처분계획의 인가 신청서 사본
3. 정비구역 내 이주대상 세대수
4. 법 제59조제1항에 따른 주택의 소유자 또는 세입자로서 순환용주택 이주 희망 대상자
5. 이주시기 및 사용기간
6. 그 밖에 토지주택공사등이 필요하다고 인정하는 사항

② 토지주택공사등은 제1항에 따라 사업시행자로부터 공공임대주택의 공급 요청을 받은 경우에는 그 요청을 받은 날부터 30일 이내

에 사업시행자에게 다음 각 호의 내용을 통지하여야 한다.

1. 해당 정비구역 인근에서 공급 가능한 공공임대주택의 주택 수, 주택 규모 및 공급가능 시기

2. 임대보증금 등 공급계약에 관한 사항

3. 그 밖에 토지주택공사등이 필요하다고 인정하는 사항

③ 제2항제1호에 따른 공급 가능한 주택 수는 제1항에 따라 요청을 한 날 당시 공급 예정인 물량의 2분의 1 범위로 한다. 다만, 주변 지역에 전세가격 급등 등의 우려가 있어 순환용주택의 확대 공급이 필요한 경우 2분의 1을 초과할 수 있다.

④ 토지주택공사등은 세대주로서 해당 세대 월평균 소득이 전년도 도시근로자 월평균 소득의 70퍼센트 이하인 거주자(제1항에 따른 요청을 한 날 당시 해당 정비구역에 2년 이상 거주한 사람에 한정한다)에게 순환용주택을 공급하되, 다음 각 호의 순위에 따라 공급하여야 한다. 이 경우 같은 순위에서 경쟁이 있는 경우 월평균 소득이 낮은 사람에게 우선 공급한다.

1. 1순위: 정비사업의 시행으로 철거되는 주택의 세입자(정비구역에서 실제 거주하는 자로 한정한다)로서 주택을 소유하지 아니한 사람

2. 2순위: 정비사업의 시행으로 철거되는 주택의 소유자(정비구역에서 실제 거주하는 자로 한정한다)로서 그 주택 외에는 주택을 소유하지 아니한 사람

⑤ 제1항부터 제4항까지의 규정에서 정한 사항 외에 공급계약의 체결, 순환용주택의 반환 등 순환용주택의 공급에 필요한 세부사항은 토지주택공사등이 따로 정할 수 있다.

제52조(순환용주택의 분양 또는 임대) 법 제59조제3항에 따라 순환용주택에 거주하는 자가 순환용주택에 계속 거주하기를 희망하는 경우 토지주택공사등은 다음 각 호의 기준에 따라 분양을 하거나 계속하여 임대할 수 있다.

1. 순환용주택에 거주하는 자가 해당 주택을 분양받으려는 경우 토지주택공사등은 「공공주택 특별법」 제50조의2에서 정한 매각 요건 및 매각 절차 등에 따라 해당 거주자에게 순환용주택을 매각할 수 있다. 이 경우 「공공주택 특별법 시행령」 제54조제1항 각 호에 따른 임대주택의 구분은 순환용주택으로 공급할 당시의 유형에 따른다.

2. 순환용주택에 거주하는 자가 계속 거주하기를 희망하고 「공공

주택 특별법」 제48조 및 제49조에 따른 임대주택 입주자격을 만족하는 경우 토지주택공사등은 그 자와 우선적으로 임대차계약을 체결할 수 있다.

제4절 정비사업 시행을 위한 조치 등

제53조(임시거주시설의 설치 등) 법 제61조제3항 전단에서 "대통령령으로 정하는 사유"란 다음 각 호의 사유를 말한다.

1. 법 제61조제1항에 따른 임시거주시설(이하 "임시거주시설"이라 한다)의 설치를 위하여 필요한 건축물이나 토지에 대하여 제3자와 이미 매매계약을 체결한 경우
2. 사용신청 이전에 임시거주시설의 설치를 위하여 필요한 건축물이나 토지에 대한 사용계획이 확정된 경우
3. 제3자에게 이미 임시거주시설의 설치를 위하여 필요한 건축물이나 토지에 대한 사용허가를 한 경우

제54조(손실보상 등) ① 제13조제1항에 따른 공람공고일부터 계약체결일 또는 수용재결일까지 계속하여 거주하고 있지 아니한 건축물의 소유자는 「공익사업을 위한 토지 등의 취득 및 보상에 관한 법률 시행령」 제40조제5항제2호에 따라 이주대책대상자에서 제외한다. 다만, 같은 호 단서(같은 호 마목은 제외한다)에 해당하는 경우에는 그러하지 아니하다. 〈개정 2018. 4. 17.〉

② 정비사업으로 인한 영업의 폐지 또는 휴업에 대하여 손실을 평가하는 경우 영업의 휴업기간은 4개월 이내로 한다. 다만, 다음 각 호의 어느 하나에 해당하는 경우에는 실제 휴업기간으로 하되, 그 휴업기간은 2년을 초과할 수 없다.

1. 해당 정비사업을 위한 영업의 금지 또는 제한으로 인하여 4개월 이상의 기간동안 영업을 할 수 없는 경우
2. 영업시설의 규모가 크거나 이전에 고도의 정밀성을 요구하는 등 해당 영업의 고유한 특수성으로 인하여 4개월 이내에 다른 장소로 이전하는 것이 어렵다고 객관적으로 인정되는 경우

③ 제2항에 따라 영업손실을 보상하는 경우 보상대상자의 인정시점은 제13조제1항에 따른 공람공고일로 본다.

④ 주거이전비를 보상하는 경우 보상대상자의 인정시점은 제13조제1항에 따른 공람공고일로 본다.

제55조(용적률에 관한 특례) ① 사업시행자가 법 제66조제1항에 따라 완화된 용적률을 적용받으려는 경우에는 사업시행계획인가 신청 전에 다음 각 호의 사항을 시장·군수등에게 제출하고 사전협의해야 한다. 〈개정 2023. 12. 5.〉

1. 정비구역 내 세입자 현황

2. 세입자에 대한 손실보상 계획

② 제1항에 따른 협의를 요청받은 시장·군수등은 의견을 사업시행자에게 통보해야 하며, 용적률을 완화받을 수 있다는 통보를 받은 사업시행자는 사업시행계획서를 작성할 때 제1항제2호에 따른 세입자에 대한 손실보상 계획을 포함해야 한다. 〈개정 2023. 12. 5.〉

③ 법 제66조제2항 각 호 외의 부분에서 "역세권 등 대통령령으로 정하는 요건에 해당하는 경우"란 다음 각 호의 요건을 모두 갖춘 경우를 말한다. 〈신설 2023. 12. 5.〉

1. 해당 정비구역 총 면적의 2분의 1 이상이 다음 각 목의 어느 하나에 해당하는 지역에 위치할 것

가. 「철도의 건설 및 철도시설 유지관리에 관한 법률」 제2조제1호에 따른 철도 또는 「도시철도법」 제2조제2호에 따른 도시철도의 승강장 경계로부터 시·도조례로 정하는 거리 이내에 위치한 지역

나. 세 개 이상의 대중교통 정류장이 인접해 있거나 고속버스·시외버스 터미널, 간선도로의 교차지 등 양호한 기반시설을 갖추고 있어 대중교통 이용이 용이한 지역으로서 시·도조례로 정하는 요건을 모두 갖춘 지역

2. 해당 정비구역에서 시행하는 정비사업이 법 제54조제1항 각 호의 어느 하나에 해당할 것

④ 사업시행자가 법 제66조제3항에 따라 국민주택규모 주택을 건설하여 인수자에게 공급해야 하는 면적은 법 제66조제2항에 따라 완화된 용적률에서 정비계획으로 정하여진 용적률을 뺀 용적률(이하 이 조에서 "추가용적률"이라 한다)의 다음 각 호의 구분에 따른 비율에 해당하는 면적으로 한다. 〈신설 2023. 12. 5.〉

1. 과밀억제권역에서 시행하는 재건축사업: 추가용적률의 100분의 30 이상 100분의 75 이하의 범위에서 시·도조례로 정하는 비율

2. 과밀억제권역에서 시행하는 재개발사업: 추가용적률의 100분의

50 이상 100분의 75 이하의 범위에서 시·도조례로 정하는 비율

3. 과밀억제권역 외의 지역에서 시행하는 재건축사업: 추가용적률의 100분의 50 이하의 범위에서 시·도조례로 정하는 비율

4. 과밀억제권역 외의 지역에서 시행하는 재개발사업: 추가용적률의 100분의 75 이하의 범위에서 시·도조례로 정하는 비율

⑤ 법 제66조제4항 전단에서 "대통령령으로 정하는 비율"이란 100분의 20 이상의 범위에서 시·도조례로 정하는 비율을 말한다. 〈신설 2023. 12. 5.〉

⑥ 인수자는 법 제66조제4항에 따라 사업시행자로부터 공급받은 주택을 「공공주택 특별법」 제48조에 따라 분양하려는 경우에는 감정평가액의 100분의 50에 해당하는 가격으로 부속 토지를 인수해야 하며, 해당 주택을 다음 각 호의 어느 하나에 해당하는 주택으로 분양해야 한다. 〈신설 2023. 12. 5.〉

1. 「공공주택 특별법」 제2조제1호의4에 따른 지분적립형 분양주택

2. 「공공주택 특별법」 제2조제1호의5에 따른 이익공유형 분양주택

3. 「주택법」 제2조제9호에 따른 토지임대부 분양주택(사업주체가 「공공주택 특별법」 제4조에 따른 공공주택사업자인 경우로 한정한다)

제56조(재건축사업의 범위에 관한 특례) 법 제67조제4항제3호에서 "대통령령으로 정하는 요건"이란 분할되어 나가는 토지가 「건축법」 제44조에 적합한 경우를 말한다.

제57조(건축규제의 완화 등에 관한 특례) 법 제68조제4항에서 "대통령령으로 정하는 범위"란 다음 각 호를 말한다. 〈개정 2021. 7. 13.〉

1. 「건축법」 제55조에 따른 건폐율 산정 시 주차장 부분의 면적은 건축면적에서 제외할 수 있다.

2. 「건축법」 제58조에 따른 대지 안의 공지 기준은 2분의 1 범위에서 완화할 수 있다.

3. 「건축법」 제60조에 따른 건축물의 높이 제한 기준은 2분의 1 범위에서 완화할 수 있다.

4. 「건축법」 제61조제2항제1호에 따른 건축물(7층 이하의 건축물에 한정한다)의 높이 제한 기준은 2분의 1 범위에서 완화할 수 있다.

5. 「주택법」 제35조제1항제3호 및 제4호에 따른 부대시설 및 복리시설의 설치기준은 다음 각 목의 범위에서 완화할 수 있다.

가. 「주택법」 제2조제14호가목에 따른 어린이놀이터를 설치하

는 경우에는 「주택건설기준 등에 관한 규정」 제55조의2제7항제2호 다목을 적용하지 아니할 수 있다.

나. 「주택법」 제2조제14호에 따른 복리시설을 설치하는 경우에는 「주택법」 제35조제1항제4호에 따른 복리시설별 설치기준에도 불구하고 설치대상 복리시설(어린이놀이터는 제외한다)의 면적의 합계 범위에서 필요한 복리시설을 설치할 수 있다.

6. 「도시공원 및 녹지 등에 관한 법률」 제14조에 따른 도시공원 또는 녹지 확보기준은 정비구역의 면적이 10만제곱미터 미만인 경우에는 그 기준을 완화하여 적용할 수 있다.

제58조(다른 법령의 적용) ① 법 제69조제1항 각 호 외의 부분 본문에서 "대통령령으로 정하는 지역"이란 다음 각 호의 구분에 따른 용도지역을 말한다. 〈개정 2018. 7. 16., 2021. 7. 13.〉

1. 주거환경개선사업이 법 제23조제1항제1호 또는 제3호의 방법으로 시행되는 경우: 「국토의 계획 및 이용에 관한 법률 시행령」 제30조제1호나목(2)에 따른 제2종일반주거지역

2. 주거환경개선사업이 법 제23조제1항제2호 또는 제4호의 방법으로 시행되는 경우: 「국토의 계획 및 이용에 관한 법률 시행령」 제30조제1호나목(3)에 따른 제3종일반주거지역. 다만, 공공지원민간임대주택 또는 「공공주택 특별법」 제2조제1호의2에 따른 공공건설임대주택을 200세대 이상 공급하려는 경우로서 해당 임대주택의 건설지역을 포함하여 정비계획에서 따로 정하는 구역은 「국토의 계획 및 이용에 관한 법률 시행령」 제30조제1호다목에 따른 준주거지역으로 한다.

② 공공재개발사업 시행자 또는 공공재건축사업 시행자는 법 제69조제4항에 따라 다음 각 호의 어느 하나에 해당하는 경우 「주택법 시행령」 제47조에 따른 감리자 지정 및 감리원 배치기준을 적용할 수 있다. 〈신설 2021. 7. 13.〉

1. 법 제26조제1항제1호에 따라 긴급하게 정비사업을 시행하는 경우

2. 공사비가 1천억원 미만인 경우

3. 「건설기술 진흥법 시행령」 제60조에 따른 건설사업관리기술인 배치기준을 따르는 경우 사업성이 현저히 저하되어 사업을 추진하기 어려운 경우로서 국토교통부장관이 정하여 고시하는 사유에 해당된다고 시장·군수등이 인정하는 경우

제5절 관리처분계획 등

제59조(분양신청의 절차 등) ① 법 제72조제1항 각 호 외의 부분 본문에서 “대통령령으로 정하는 경우”란 재개발사업 중 해당 정비구역이 시·도조례로 정하는 면적 이상인 사업의 경우를 말한다. 〈신설 2025. 4. 29.〉

② 법 제72조제1항 각 호 외의 부분 본문에서 “분양의 대상이 되는 대지 또는 건축물의 내역 등 대통령령으로 정하는 사항”이란 다음 각 호의 사항을 말한다. 〈개정 2025. 4. 29.〉

1. 사업시행인가의 내용
2. 정비사업의 종류·명칭 및 정비구역의 위치·면적
3. 분양신청기간 및 장소
4. 분양대상 대지 또는 건축물의 내역
5. 분양신청자격
6. 분양신청방법
7. 토지등소유자외의 권리자의 권리신고방법
8. 분양을 신청하지 아니한 자에 대한 조치
9. 그 밖에 시·도조례로 정하는 사항

③ 법 제72조제1항제4호에서 “대통령령으로 정하는 사항”이란 다음 각 호의 사항을 말한다. 〈개정 2025. 4. 29.〉

1. 제2항제1호부터 제6호까지 및 제8호의 사항
2. 분양신청서
3. 그 밖에 시·도조례로 정하는 사항

④ 법 제72조제3항에 따라 분양신청을 하려는 자는 제3항제2호에 따른 분양신청서에 소유권의 내역을 분명하게 적고, 그 소유의 토지 및 건축물에 관한 등기부등본 또는 환지예정지증명원을 첨부하여 사업시행자에게 제출하여야 한다. 이 경우 우편의 방법으로 분양신청을 하는 때에는 제2항제3호에 따른 분양신청기간 내에 발송된 것임을 증명할 수 있는 우편으로 하여야 한다. 〈개정 2025. 4. 29.〉

⑤ 재개발사업의 경우 토지등소유자가 정비사업에 제공되는 종전의 토지 또는 건축물에 따라 분양받을 수 있는 것 외에 공사비 등 사업시행에 필요한 비용의 일부를 부담하고 그 대지 및 건축물(주택을 제외한다)을 분양받으려는 때에는 제4항에 따른 분양신청을 하는 때에 그 의사를 분명히 하고, 법 제72조제1항제1호에 따른 가격의

10퍼센트에 상당하는 금액을 사업시행자에게 납입하여야 한다. 이 경우 그 금액은 납입하였으나 제62조제3호에 따라 정하여진 비용부담액을 정하여진 시기에 납입하지 아니한 자는 그 납입한 금액의 비율에 해당하는 만큼의 대지 및 건축물(주택을 제외한다)만 분양을 받을 수 있다. 〈개정 2025. 4. 29.〉

⑥ 제4항에 따라 분양신청서를 받은 사업시행자는 「전자정부법」 제36조제1항에 따른 행정정보의 공동이용을 통하여 첨부서류를 확인할 수 있는 경우에는 그 확인으로 첨부서류를 갈음하여야 한다. 〈개정 2025. 4. 29.〉

제60조(분양신청을 하지 아니한 자 등에 대한 조치) ① 사업시행자가 법 제73조제1항에 따라 토지등소유자의 토지, 건축물 또는 그 밖의 권리에 대하여 현금으로 청산하는 경우 청산금액은 사업시행자와 토지등소유자가 협의하여 산정한다. 이 경우 재개발사업의 손실보상액의 산정을 위한 감정평가법인등 선정에 관하여는 「공익사업을 위한 토지 등의 취득 및 보상에 관한 법률」 제68조제1항에 따른다. 〈개정 2022. 1. 21.〉

② 법 제73조제3항 후단에서 "대통령으로 정하는 이율"이란 다음 각 호를 말한다.

1. 6개월 이내의 지연일수에 따른 이자의 이율: 100분의 5
2. 6개월 초과 12개월 이내의 지연일수에 따른 이자의 이율: 100분의 10
3. 12개월 초과의 지연일수에 따른 이자의 이율: 100분의 15

제61조(관리처분계획의 경미한 변경) 법 제74조제1항 각 호 외의 부분 단서에서 "대통령령으로 정하는 경미한 사항을 변경하려는 경우"란 다음 각 호의 어느 하나에 해당하는 경우를 말한다. 〈개정 2018. 7. 16.〉

1. 계산착오 · 오기 · 누락 등에 따른 조서의 단순정정인 경우(불이익을 받는 자가 없는 경우에만 해당한다)
2. 법 제40조제3항에 따른 정관 및 법 제50조에 따른 사업시행계획인가의 변경에 따라 관리처분계획을 변경하는 경우
3. 법 제64조에 따른 매도청구에 대한 판결에 따라 관리처분계획을 변경하는 경우
4. 법 제129조에 따른 권리 · 의무의 변동이 있는 경우로서 분양

설계의 변경을 수반하지 아니하는 경우

5. 주택분양에 관한 권리를 포기하는 토지등소유자에 대한 임대주택의 공급에 따라 관리처분계획을 변경하는 경우

6. 「민간임대주택에 관한 특별법」 제2조제7호에 따른 임대사업자의 주소(법인인 경우에는 법인의 소재지와 대표자의 성명 및 주소)를 변경하는 경우

제62조(관리처분계획의 내용) 법 제74조제1항제9호에서 "대통령령으로 정하는 사항"이란 다음 각 호의 사항을 말한다.

1. 법 제73조에 따라 현금으로 청산하여야 하는 토지등소유자별 기존의 토지·건축물 또는 그 밖의 권리의 명세와 이에 대한 청산방법

2. 법 제79조제4항 전단에 따른 보류지 등의 명세와 추산가액 및 처분방법

3. 제63조제1항제4호에 따른 비용의 부담비율에 따른 대지 및 건축물의 분양계획과 그 비용부담의 한도·방법 및 시기. 이 경우 비용부담으로 분양받을 수 있는 한도는 정관등에서 따로 정하는 경우를 제외하고는 기존의 토지 또는 건축물의 가격의 비율에 따라 부담할 수 있는 비용의 50퍼센트를 기준으로 정한다.

4. 정비사업의 시행으로 인하여 새롭게 설치되는 정비기반시설의 명세와 용도가 폐지되는 정비기반시설의 명세

5. 기존 건축물의 철거 예정시기

6. 그 밖에 시·도조례로 정하는 사항

제63조(관리처분의 방법 등) ① 법 제23조제1항제4호의 방법으로 시행하는 주거환경개선사업과 재개발사업의 경우 법 제74조에 따른 관리처분은 다음 각 호의 방법에 따른다. 〈개정 2022. 12. 9., 2025. 4. 29.〉

1. 시·도조례로 분양주택의 규모를 제한하는 경우에는 그 규모 이하로 주택을 공급할 것

2. 1개의 건축물의 대지는 1필지의 토지가 되도록 정할 것. 다만, 주택단지의 경우에는 그러하지 아니하다.

3. 정비구역의 토지등소유자(지상권자는 제외한다. 이하 이 항에서 같다)에게 분양할 것. 다만, 공동주택을 분양하는 경우 시·도조례로 정하는 금액·규모·취득 시기 또는 유형에 대한 기준에 부합

하지 아니하는 토지등소유자는 시 · 도조례로 정하는 바에 따라 분양대상에서 제외할 수 있다.

4. 1필지의 대지 및 그 대지에 건축된 건축물(법 제79조제4항 전단에 따라 보류지로 정하거나 조합원 외의 자에게 분양하는 부분은 제외한다)을 2인 이상에게 분양하는 때에는 기존의 토지 및 건축물의 가격(제93조에 따라 사업시행방식이 전환된 경우에는 환지예정지의 권리가액을 말한다. 이하 제7호에서 같다)과 제59조제5항 및 제62조제3호에 따라 토지등소유자가 부담하는 비용(재개발사업의 경우에만 해당한다)의 비율에 따라 분양할 것

5. 분양대상자가 공동으로 취득하게 되는 건축물의 공용부분은 각 권리자의 공유로 하되, 해당 공용부분에 대한 각 권리자의 지분비율은 그가 취득하게 되는 부분의 위치 및 바닥면적 등의 사항을 고려하여 정할 것

6. 1필지의 대지 위에 2인 이상에게 분양될 건축물이 설치된 경우에는 건축물의 분양면적의 비율에 따라 그 대지소유권이 주어지도록 할 것(주택과 그 밖의 용도의 건축물이 함께 설치된 경우에는 건축물의 용도 및 규모 등을 고려하여 대지지분이 합리적으로 배분될 수 있도록 한다). 이 경우 토지의 소유관계는 공유로 한다.

7. 주택 및 부대시설 · 복리시설의 공급순위는 기존의 토지 또는 건축물의 가격을 고려하여 정할 것. 이 경우 그 구체적인 기준은 시 · 도조례로 정할 수 있다.

② 재건축사업의 경우 법 제74조에 따른 관리처분은 다음 각 호의 방법에 따른다. 다만, 조합이 조합원 전원의 동의를 받아 그 기준을 따로 정하는 경우에는 그에 따른다. 〈개정 2022. 12. 9.〉

1. 제1항제5호 및 제6호를 적용할 것

2. 부대시설 · 복리시설(부속토지를 포함한다. 이하 이 호에서 같다)의 소유자에게는 부대시설 · 복리시설을 공급할 것. 다만, 다음 각 목의 어느 하나에 해당하는 경우에는 1주택을 공급할 수 있다.

가. 새로운 부대시설 · 복리시설을 건설하지 아니하는 경우로서 기존 부대시설 · 복리시설의 가액이 분양주택 중 최소분양단위규모의 추산액에 정관등으로 정하는 비율(정관등으로 정하지 아니하는 경우에는 1로 한다. 이하 나목에서 같다)을 곱한 가액보다 클 것

나. 기존 부대시설 · 복리시설의 가액에서 새로 공급받는 부대시

설·복리시설의 추산액을 뺀 금액이 분양주택 중 최소분양단위규모의 추산액에 정관등으로 정하는 비율을 곱한 가액보다 클 것

다. 새로 건설한 부대시설·복리시설 중 최소분양단위규모의 추산액이 분양주택 중 최소분양단위규모의 추산액보다 클 것

제64조(관리처분계획의 타당성 검증) ① 법 제78조제3항 각 호 외의 부분 전단에서 "대통령령으로 정하는 공공기관"이란 다음 각 호의 기관을 말한다. 〈개정 2020. 12. 8.〉

1. 토지주택공사등
2. 한국부동산원

② 법 제78조제3항제1호에서 "대통령령으로 정하는 비율"이란 100분의 10을 말한다.

③ 법 제78조제3항제2호에서 "대통령령으로 정하는 비율"이란 100분의 20을 말한다.

제65조(통지사항) ① 사업시행자는 법 제78조제5항에 따라 공람을 실시하려는 경우 공람기간·장소 등 공람계획에 관한 사항과 개략적인 공람사항을 미리 토지등소유자에게 통지하여야 한다.

② 사업시행자는 법 제78조제5항 및 제6항에 따라 분양신청을 한 자에게 다음 각 호의 사항을 통지하여야 하며, 관리처분계획 변경의 고시가 있는 때에는 변경내용을 통지하여야 한다.

1. 정비사업의 종류 및 명칭
2. 정비사업 시행구역의 면적
3. 사업시행자의 성명 및 주소
4. 관리처분계획의 인가일
5. 분양대상자별 기존의 토지 또는 건축물의 명세 및 가격과 분양예정인 대지 또는 건축물의 명세 및 추산가액

제66조(주택의 공급 등) 법 제23조제1항제1호부터 제3호까지의 방법으로 시행하는 주거환경개선사업의 사업시행자 및 같은 항 제2호에 따라 대지를 공급받아 주택을 건설하는 자가 법 제79조제3항에 따라 정비구역에 주택을 건설하는 경우 주택의 공급에 관하여는 별표 2에 규정된 범위에서 시장·군수등의 승인을 받아 사업시행자가 따로 정할 수 있다.

제67조(일반분양신청절차 등) 법 제79조제4항에 따라 조합원 외의 자에게 분양하는 경우의 공고·신청절차·공급조건·방법 및 절차

등은 「주택법」 제54조를 준용한다. 이 경우 “사업주체”는 “사업시행자(토지주택공사등이 공동사업시행자인 경우에는 토지주택공사등을 말한다)”로 본다.

제68조(재개발임대주택 인수방법 및 절차 등) ① 법 제79조제5항에 따라 조합이 재개발사업의 시행으로 건설된 임대주택(이하 “재개발임대주택”이라 한다)의 인수를 요청하는 경우 시·도지사 또는 시장, 군수, 구청장이 우선하여 인수하여야 하며, 시·도지사 또는 시장, 군수, 구청장이 예산·관리인력의 부족 등 부득이한 사정으로 인수하기 어려운 경우에는 국토교통부장관에게 토지주택공사등을 인수자로 지정할 것을 요청할 수 있다.

② 법 제79조제5항에 따른 재개발임대주택의 인수 가격은 다음 각 호의 금액 또는 가격을 합한 금액으로 하며, 제2호에 따른 부속토지의 가격은 사업시행계획인가 고시가 있는 날을 기준으로 감정평가법인등 둘 이상이 평가한 금액을 산술평균한 금액으로 한다. 〈개정 2024. 12. 17.〉

1. 「주택법」 제57조제4항 전단에 따른 국토교통부장관이 정하여 고시하는 건축비(이하 이 조에서 “기본형건축비”라 한다)의 80퍼센트에 해당하는 금액. 이 경우 기본형건축비는 제67조에 따른 조합원 외의 자에게 분양하는 경우의 분양 공고일 직전에 고시된 금액으로 한다.

2. 부속토지의 가격

3. 다음 각 목에 따른 금액의 범위에서 인수자가 정하는 금액을 합산한 금액. 이 경우 인수자가 시·도지사 또는 시장, 군수, 구청장인 경우에는 다음 각 목에 따른 금액의 범위에서 시·도조례로 정하는 기준에 따라 정한다.

가. 기본형건축비에 가산되는 금액으로서 국토교통부령으로 정하는 금액

나. 제2호에 따른 부속토지의 가격에 가산되는 금액으로서 국토교통부령으로 정하는 금액

③ 제1항 및 제2항에서 정한 사항 외에 재개발임대주택의 인수계약 체결을 위한 사전협의, 인수계약의 체결, 인수대금의 지급방법 등 필요한 사항은 인수자가 따로 정하는 바에 따른다. 이 경우 인수자가 시·도지사 또는 시장, 군수, 구청장인 경우에는 시·도조례로

정하는 바에 따른다. 〈개정 2024. 12. 17.〉

제69조(임대주택의 공급 등) ① 법 제79조제6항 본문에 따라 임대주택을 건설하는 경우의 임차인의 자격 · 선정방법 · 임대보증금 · 임대료 등 임대조건에 관한 기준 및 무주택 세대주에게 우선 분양전환하도록 하는 기준 등에 관하여는 별표 3에 규정된 범위에서 시장 · 군수등의 승인을 받아 사업시행자 및 법 제23조제1항제2호에 따라 대지를 공급받아 주택을 건설하는 자가 따로 정할 수 있다.

② 법 제79조제6항 단서에 따라 인수자는 다음 각 호의 범위에서 재개발임대주택의 임차인의 자격 등에 관한 사항을 정하여야 한다.

1. 임차인의 자격은 무주택 기간과 해당 정비사업이 위치한 지역에 거주한 기간이 각각 1년 이상인 범위에서 오래된 순으로 할 것. 다만, 시 · 도지사가 법 제79조제5항 및 이 영 제48조제2항에 따라 임대주택을 인수한 경우에는 거주지역, 거주기간 등 임차인의 자격을 별도로 정할 수 있다.
2. 임대보증금과 임대료는 정비사업이 위치한 지역의 시세의 100분의 90 이하의 범위로 할 것
3. 임대주택의 계약방법 등에 관한 사항은 「공공주택 특별법」에서 정하는 바에 따를 것
4. 관리비 등 주택의 관리에 관한 사항은 「공동주택관리법」에서 정하는 바에 따를 것

③ 시장 · 군수등은 사업시행자 및 법 제23조제1항제2호에 따라 대지를 공급받아 주택을 건설하는 자가 요청하거나 임차인 선정을 위하여 필요한 경우 국토교통부장관에게 제1항 및 제2항에 따른 임차인 자격 해당 여부에 관하여 주택전산망에 따른 전산검색을 요청할 수 있다.

제70조(지분형주택의 공급) ① 법 제80조에 따른 지분형주택(이하 "지분형주택"이라 한다)의 규모, 공동 소유기간 및 분양대상자는 다음 각 호와 같다.

1. 지분형주택의 규모는 주거전용면적 60제곱미터 이하인 주택으로 한정한다.
2. 지분형주택의 공동 소유기간은 법 제86조제2항에 따라 소유권을 취득한 날부터 10년의 범위에서 사업시행자가 정하는 기간으로 한다.

3. 지분형주택의 분양대상자는 다음 각 목의 요건을 모두 충족하는 자로 한다.

가. 법 제74조제1항제5호에 따라 산정한 종전에 소유하였던 토지 또는 건축물의 가격이 제1호에 따른 주택의 분양가격 이하에 해당하는 사람

나. 세대주로서 제13조제1항에 따른 정비계획의 공람 공고일 당시 해당 정비구역에 2년 이상 실제 거주한 사람

다. 정비사업의 시행으로 철거되는 주택 외 다른 주택을 소유하지 아니한 사람

② 지분형주택의 공급방법·절차, 지분 취득비율, 지분 사용료 및 지분 취득가격 등에 관하여 필요한 사항은 사업시행자가 따로 정한다.

제71조(소규모 토지 등의 소유자에 대한 토지임대부 분양주택 공급) ① 법 제80조제2항에서 "대통령령으로 정하는 면적 이하의 토지 또는 주택을 소유한 자"란 다음 각 호의 어느 하나에 해당하는 자를 말한다.

1. 면적이 90제곱미터 미만의 토지를 소유한 자로서 건축물을 소유하지 아니한 자

2. 바닥면적이 40제곱미터 미만의 사실상 주거를 위하여 사용하는 건축물을 소유한 자로서 토지를 소유하지 아니한 자

② 제1항에도 불구하고 토지 또는 주택의 면적은 제1항 각 호에서 정한 면적의 2분의 1 범위에서 시·도조례로 달리 정할 수 있다.

제72조(물건조서 등의 작성) ① 사업시행자는 법 제81조제3항에 따라 건축물을 철거하기 전에 관리처분계획의 수립을 위하여 기존 건축물에 대한 물건조서와 사진 또는 영상자료를 만들어 이를 착공 전까지 보관하여야 한다.

② 제1항에 따른 물건조서를 작성할 때에는 법 제74조제1항제5호에 따른 종전 건축물의 가격산정을 위하여 건축물의 연면적, 그 실측평면도, 주요마감재료 등을 첨부하여야 한다. 다만, 실측한 면적이 건축물대장에 첨부된 건축물현황도와 일치하는 경우에는 건축물현황도로 실측평면도를 갈음할 수 있다.

제73조(시공보증) 법 제82조제1항에서 "대통령령으로 정하는 비율"이란 총 공사금액의 100분의 30을 말한다.

제6절 공사완료에 따른 조치 등

제74조(준공인가) ① 시장·군수등이 아닌 사업시행자는 법 제83조제1항에 따라 준공인가를 받으려는 때에는 국토교통부령으로 정하는 준공인가신청서를 시장·군수등에게 제출하여야 한다. 다만, 사업시행자(공동시행자인 경우를 포함한다)가 토지주택공사인 경우로서 「한국토지주택공사법」 제19조제3항 및 같은 법 시행령 제41조제2항에 따라 준공인가 처리결과를 시장·군수등에게 통보한 경우에는 그러하지 아니하다.

② 시장·군수등은 법 제83조제3항에 따라 준공인가를 한 때에는 국토교통부령으로 정하는 준공인가증에 다음 각 호의 사항을 기재하여 사업시행자에게 교부하여야 한다.

1. 정비사업의 종류 및 명칭
2. 정비사업 시행구역의 위치 및 명칭
3. 사업시행자의 성명 및 주소
4. 준공인가의 내역

③ 사업시행자는 제1항 단서에 따라 자체적으로 처리한 준공인가결과를 시장·군수등에게 통보한 때 또는 제2항에 따른 준공인가증을 교부받은 때에는 그 사실을 분양대상자에게 지체없이 통지하여야 한다.

④ 시장·군수등은 법 제83조제3항 및 제4항에 따른 공사완료의 고시를 하는 때에는 제2항 각 호의 사항을 포함하여야 한다.

제75조(준공인가전 사용허가) ① 법 제83조제5항 본문에서 "완공된 건축물이 사용에 지장이 없는 등 대통령령령으로 정하는 기준"이란 다음 각 호를 말한다.

1. 완공된 건축물에 전기·수도·난방 및 상·하수도 시설 등이 갖추어져 있어 해당 건축물을 사용하는 데 지장이 없을 것
2. 완공된 건축물이 관리처분계획에 적합할 것
3. 입주자가 공사에 따른 차량통행·소음·분진 등의 위해로부터 안전할 것

② 사업시행자는 법 제83조제5항 본문에 따른 사용허가를 받으려는 때에는 국토교통부령으로 정하는 신청서를 시장·군수등에게 제출하여야 한다.

③ 시장·군수등은 법 제83조제5항에 따른 사용허가를 하는 때에는 동별·세대별 또는 구획별로 사용허가를 할 수 있다.

제76조(청산기준가격의 평가) ① 대지 또는 건축물을 분양받은 자가 종전에 소유하고 있던 토지 또는 건축물의 가격은 법 제89조제3항에 따라 다음 각 호의 구분에 따른 방법으로 평가한다. 〈개정 2022. 1. 21., 2022. 12. 9.〉

1. 법 제23조제1항제4호의 방법으로 시행하는 주거환경개선사업과 재개발사업의 경우에는 법 제74조제4항제1호가목을 준용하여 평가할 것

2. 재건축사업의 경우에는 사업시행자가 정하는 바에 따라 평가할 것. 다만, 감정평가법인등의 평가를 받으려는 경우에는 법 제74조제4항제1호나목을 준용할 수 있다.

② 분양받은 대지 또는 건축물의 가격은 법 제89조제3항에 따라 다음 각 호의 구분에 따른 방법으로 평가한다. 〈개정 2022. 1. 21., 2022. 12. 9.〉

1. 법 제23조제1항제4호의 방법으로 시행하는 주거환경개선사업과 재개발사업의 경우에는 법 제74조제4항제1호가목을 준용하여 평가할 것

2. 재건축사업의 경우에는 사업시행자가 정하는 바에 따라 평가할 것. 다만, 감정평가법인등의 평가를 받으려는 경우에는 법 제74조제4항제1호나목을 준용할 수 있다.

③ 제2항 각 호에 따른 평가를 할 때 다음 각 호의 비용을 가산하여야 하며, 법 제95조에 따른 보조금은 공제하여야 한다. 〈개정 2025. 5. 27.〉

1. 정비사업의 조사·측량·설계 및 감리에 소요된 비용

2. 공사비

3. 정비사업의 관리에 소요된 등기비용·인건비·통신비·사무용품비·이자 그 밖에 필요한 경비

4. 법 제95조에 따른 융자금이 있는 경우에는 그 이자에 해당하는 금액

5. 정비기반시설 및 공동이용시설의 설치에 소요된 비용(법 제95조제1항에 따라 시장·군수등이 부담한 비용은 제외한다)

6. 재건축진단의 실시, 정비사업전문관리업자의 선정, 회계감사, 감정평가, 그 밖에 정비사업 추진과 관련하여 지출한 비용으로서 정관등에서 정한 비용

④ 제1항 및 제2항에 따른 건축물의 가격평가를 할 때 층별·위치별 가중치를 참작할 수 있다.

제4장 비용의 부담 등

제77조(주요 정비기반시설) 법 제92조제2항제1호에서 "대통령령으로 정하는 주요 정비기반시설 및 공동이용시설"이란 다음 각 호의 시설을 말한다.

1. 도로
2. 상·하수도
3. 공원
4. 공용주차장
5. 공동구
6. 녹지
7. 하천
8. 공공공지
9. 광장

제78조(정비기반시설 관리자의 비용부담) ① 법 제94조제1항에 따라 정비기반시설 관리자가 부담하는 비용의 총액은 해당 정비사업에 소요된 비용(제76조제3항제1호의 비용을 제외한다. 이하 이 항에서 같다)의 3분의 1을 초과해서는 아니 된다. 다만, 다른 정비기반시설의 정비가 그 정비사업의 주된 내용이 되는 경우에는 그 부담비용의 총액은 해당 정비사업에 소요된 비용의 2분의 1까지로 할 수 있다.

② 시장·군수등은 법 제94조제1항에 따라 정비사업비의 일부를 정비기반시설의 관리자에게 부담시키려는 때에는 정비사업에 소요된 비용의 명세와 부담 금액을 명시하여 해당 관리자에게 통지하여야 한다.

제79조(보조 및 융자 등) ① 법 제95조제1항 각 호 외의 부분 전단에서 "대통령령으로 정하는 정비기반시설, 임시거주시설 및 주거환경개선사업에 따른 공동이용시설"이란 정비기반시설, 임시거주시설 및 주거환경개선사업에 따른 공동이용시설의 전부를 말한다.

② 법 제95조제1항제2호에서 "대통령령으로 정하는 지역"이란 정비구역 지정(변경지정을 포함한다) 당시 다음 각 호의 요건에 모두

해당하는 지역을 말한다.

1. 「공익사업을 위한 토지 등의 취득 및 보상에 관한 법률」 제4조에 따른 공익사업의 시행으로 다른 지역으로 이주하게 된 자가 집단으로 정착한 지역으로서 이주 당시 300세대 이상의 주택을 건설하여 정착한 지역

2. 정비구역 전체 건축물 중 준공 후 20년이 지난 건축물의 비율이 100분의 50 이상인 지역

③ 법 제95조제1항에 따라 국가 또는 지방자치단체가 보조하거나 융자할 수 있는 금액은 기초조사비, 정비기반시설 및 임시거주시설의 사업비의 각 80퍼센트(법 제23조제1항제1호에 따른 주거환경개선사업을 시행하는 정비구역에서 시·도지사가 시장·군수등에게 보조하거나 융자하는 경우에는 100퍼센트) 이내로 한다.

④ 법 제95조제3항에 따라 국가 또는 지방자치단체가 보조할 수 있는 금액은 기초조사비, 정비기반시설 및 임시거주시설의 사업비, 조합 운영경비의 각 50퍼센트 이내로 한다.

⑤ 법 제95조제3항에 따라 국가 또는 지방자치단체는 다음 각 호의 사항에 필요한 비용의 각 80퍼센트 이내에서 융자하거나 융자를 알선할 수 있다.

1. 기초조사비
2. 정비기반시설 및 임시거주시설의 사업비
3. 세입자 보상비
4. 주민 이주비
5. 그 밖에 시·도조례로 정하는 사항(지방자치단체가 융자하거나 융자를 알선하는 경우만 해당한다)

제80조(국·공유지의 무상양여 등) ① 법 제101조제1항에 따라 국가 또는 지방자치단체로부터 토지를 무상으로 양여받은 사업시행자는 사업시행계획인가 고시문 사본을 그 토지의 관리청 또는 지방자치단체의 장에게 제출하여 그 토지에 대한 소유권이전등기절차의 이행을 요청하여야 한다. 이 경우 토지의 관리청 또는 지방자치단체의 장은 「전자정부법」 제36조제1항에 따른 행정정보의 공동이용을 통하여 그 토지의 토지대장 등본 또는 등기사항증명서를 확인하여야 한다.

② 법 제101조제1항제2호에서 "대통령령으로 정하는 재개발구역"이란 제79조제2항의 지역을 대상으로 한 재개발구역을 말한다.

③ 제1항에 따른 요청을 받은 관리청 또는 지방자치단체의 장은 즉시 소유권이전등기에 필요한 서류를 사업시행자에게 교부하여야 한다.

④ 사업시행자는 법 제113조에 따라 사업시행계획인가가 취소된 때에는 법 제101조제1항에 따라 무상양여된 토지를 원소유자인 국가 또는 지방자치단체에 반환하기 위하여 필요한 조치를 하고, 즉시 관할 등기소에 소유권이전등기를 신청하여야 한다.

제5장 공공재개발사업 및 공공재건축사업 〈신설 2021. 7. 13.〉

제80조의2(공공재개발사업 예정구역의 지정 등) ① 정비구역지정권자는 법 제101조의2제1항 후단에서 준용하는 법 제16조제1항에 따라 공공재개발사업 예정구역 지정에 관하여 지방도시계획위원회의 심의를 거치기 전에 미리 관할 시장·군수등의 의견을 들어야 한다. 다만, 법 제101조의2제2항에 따라 정비계획의 입안권자가 공공재개발사업 예정구역의 지정을 신청한 경우에는 의견청취를 생략할 수 있다.

② 지방도시계획위원회는 제1항에 따른 심의를 하는 경우에는 제5항 각 호의 사항을 고려해야 한다.

③ 지방도시계획위원회는 법 제101조의2제2항에 따른 공공재개발사업 예정구역 지정의 신청이 있는 경우 신청일부터 30일 이내에 심의를 완료해야 한다. 다만, 30일 이내에 심의를 완료할 수 없는 정당한 사유가 있다고 판단되는 경우에는 심의기간을 30일의 범위에서 한 차례 연장할 수 있다.

④ 정비구역지정권자는 법 제101조의2제1항 후단에서 준용하는 법 제16조제2항에 따라 공공재개발사업 예정구역을 지정·고시하기 전에 예정구역 지정의 내용을 14일 이상 주민에게 공람하여 의견을 들어야 하며, 제시된 의견이 타당하다고 인정되면 이를 반영하여 지정·고시해야 한다.

⑤ 제4항에 따른 공공재개발사업 예정구역 고시에는 다음 각 호의 사항이 포함되어야 한다.

1. 공공재개발사업 예정구역의 명칭, 위치 및 면적 등 구역개요
2. 공공재개발사업 예정구역의 현황(인구, 건축물, 토지이용계획, 정비기반시설 등)
3. 법 제101조의3제1항에 따른 정비구역 지정 예정시기
4. 공공재개발사업을 시행할 시장·군수등이나 토지주택공사등의

명칭, 소재지 및 대표자 성명

5. 그 밖에 공공재개발사업 예정구역의 지정과 관련하여 시·도조례로 정하는 사항

⑥ 법 제101조의5제4항 전단에서 "대통령령으로 정하는 비율"이란 100분의 50 이상의 범위에서 시·도조례로 정하는 비율을 말한다. 〈신설 2023. 12. 5.〉

[본조신설 2021. 7. 13.]

제80조의3(공공재건축사업에서의 용적률 완화 및 국민주택규모 주택 공급) ① 법 제101조의6제1항에서 "대통령령으로 정하는 지역"이란 다음 각 호의 구분에 따른 용도지역을 말한다.

1. 현행 용도지역이 「국토의 계획 및 이용에 관한 법률 시행령」 제30조제1항제1호가목(1)의 제1종전용주거지역인 경우: 같은 목 (2)의 제2종전용주거지역

2. 현행 용도지역이 「국토의 계획 및 이용에 관한 법률 시행령」 제30조제1항제1호가목(2)의 제2종전용주거지역인 경우: 같은 호 나목(1)의 제1종일반주거지역

3. 현행 용도지역이 「국토의 계획 및 이용에 관한 법률 시행령」 제30조제1항제1호나목(1)의 제1종일반주거지역인 경우: 같은 목 (2)의 제2종일반주거지역

4. 현행 용도지역이 「국토의 계획 및 이용에 관한 법률 시행령」 제30조제1항제1호나목(2)의 제2종일반주거지역인 경우: 같은 목 (3)의 제3종일반주거지역

5. 현행 용도지역이 「국토의 계획 및 이용에 관한 법률 시행령」 제30조제1항제1호나목(3)의 제3종일반주거지역인 경우: 같은 호 다목의 준주거지역

② 정비구역지정권자는 제1항에도 불구하고 주택공급의 규모, 인근 토지의 이용현황 등을 고려할 때 용도지역을 달리 정할 필요가 있다고 인정하는 경우에는 지방도시계획위원회의 심의를 거쳐 「국토의 계획 및 이용에 관한 법률 시행령」 제30조제1항제1호에 따라 주거지역을 세분하여 정하는 지역 중 어느 하나의 지역으로 용도지역을 달리 정할 수 있다.

③ 법 제101조의6제4항 단서에서 "대통령령으로 정하는 비율"이란 100분의 50 이상의 범위에서 시·도조례로 정하는 비율을 말한

다. 〈개정 2023. 12. 5.〉

④ 법 제101조의6제5항에서 “대통령령으로 정하는 가격”이란 부속 토지 감정평가액의 100분의 50을 말한다.

[본조신설 2021. 7. 13.]

제5장의2 공공시행자 및 지정개발자 사업시행의 특례 〈신설 2023. 12. 5.〉

제80조의4(정비구역 지정의 특례) ① 법 제101조의8제1항 각 호 외의 부분 전단에서 “대통령령으로 정하는 비율 이상”이란 3분의 2 이상을 말한다.

② 법 제101조의8제1항제4호에서 “대통령령으로 정하는 사항”이란 다음 각 호의 사항을 말한다.

1. 사업시행자의 명칭, 소재지 및 대표자 성명
2. 정비사업 시행 예정시기

③ 법 제101조의8제1항 각 호 외의 부분 전단에 따른 토지등소유자의 동의는 국토교통부령으로 정하는 동의서에 동의를 받는 방법에 따른다. 이 경우 동의서에는 다음 각 호의 사항이 포함되어야 한다.

1. 정비사업비의 분담기준
2. 사업 완료 후 소유권의 귀속에 관한 사항
3. 정비사업의 종류, 시행방법 등에 관한 시행규정의 내용
4. 신탁계약의 내용(정비사업을 시행하려는 자가 지정개발자인 경우에만 해당한다)

④ 법 제101조의8제1항 각 호 외의 부분 전단에 따른 토지등소유자의 동의자 수 산정 방법에 관하여는 제33조를 준용한다.

⑤ 법 제101조의8제3항 본문에 따른 주민 의견청취에 관하여는 제13조제1항부터 제3항까지의 규정을 준용한다. 이 경우 “정비계획의 입안권자”는 “정비구역지정권자”로, “정비계획”은 “정비구역의 지정(변경지정을 포함한다)에 관한 사항”으로 본다.

⑥ 제1항부터 제5항까지에서 규정된 사항 외에 정비구역 지정의 제안 및 지정에 필요한 세부사항은 시·도조례로 정한다.

[전문개정 2023. 12. 5.]

제80조의5(사업시행자 지정 고시 등) ① 법 제101조의9제2항에서 “대

통령령으로 정하는 사항"이란 제20조제1항 각 호의 사항을 말한다.

② 정비구역지정권자는 토지등소유자에게 법 제101조의9제2항에 따라 고시한 제20조제1항 각 호의 사항을 통지해야 한다.

[전문개정 2023. 12. 5.]

제80조의6 삭제 〈2023. 12. 5.〉

제6장 정비사업전문관리업 〈개정 2021. 7. 13.〉

제81조(정비사업전문관리업의 등록기준 등) ① 법 제102조제1항 각 호 외의 부분 본문에 따른 정비사업전문관리업의 등록기준은 별표 4와 같다.

② 법 제102조제1항 각 호 외의 부분 본문에서 "대통령령으로 정하는 경미한 사항"이란 자본금이 증액되거나 기술인력의 수가 증가된 경우를 말한다.

③ 법 제102조제1항 각 호 외의 부분 단서에서 "대통령령으로 정하는 기관"이란 다음 각 호의 기관을 말한다. 〈개정 2020. 12. 8.〉

1. 「한국토지주택공사법」에 따른 한국토지주택공사
2. 한국부동산원

제82조(등록의 절차 및 수수료 등) ① 법 제102조제1항에 따라 정비사업전문관리업자로 등록 또는 변경등록하려는 자는 국토교통부령으로 정하는 신청서를 시ㆍ도지사에게 제출하여야 하며, 등록한 사항이 변경된 경우에는 2개월 이내에 변경사항을 시ㆍ도지사에게 제출하여야 한다.

② 시ㆍ도지사는 제1항에 따른 신청서를 제출받은 때에는 다음 각 호의 어느 하나에 해당하는 경우를 제외하고는 국토교통부령으로 정하는 바에 따라 정비사업전문관리업자 등록부에 등재하고 등록증을 교부하여야 한다.

1. 등록을 신청한 자가 법 제105조제1항 각 호의 어느 하나에 해당하는 경우
2. 별표 4에 따른 등록기준을 갖추지 못한 경우

③ 법 제102조제1항에 따라 정비사업전문관리업자의 등록(변경등록을 제외한다)을 신청하는 자는 국토교통부령으로 정하는 수수료를 납부하여야 한다.

제83조(정비사업전문관리업자의 업무제한 등) ① 정비사업전문관리업

자와 다음 각 호의 어느 하나의 관계에 있는 자는 법 제103조를 적용할 때 해당 정비사업전문관리업자로 본다. 〈개정 2021. 12. 28.〉

1. 정비사업전문관리업자가 법인인 경우에는 「독점규제 및 공정거래에 관한 법률」 제2조제12호에 따른 계열회사

2. 정비사업전문관리업자와 상호 출자한 관계

② 법 제103조제5호에서 "대통령령으로 정하는 업무"란 법 제12조에 따른 재건축진단업무를 말한다. 〈개정 2025. 5. 27.〉

제84조(정비사업전문관리업자의 등록취소 및 영업정지처분 기준) 법 제106조제1항에 따른 등록취소 및 업무정지처분의 기준은 별표 5와 같다.

제85조(협회의 정관) 법 제109조에 따른 정비사업전문관리업자단체(이하 "협회"라 한다)의 정관에는 다음 각 호의 사항이 포함되어야 한다.

1. 목적
2. 명칭
3. 주된 사무소의 소재지
4. 회원의 가입 및 탈퇴에 관한 사항
5. 사업 및 그 집행에 관한 사항
6. 임원의 정원ㆍ임기 및 선출방법에 관한 사항
7. 총회 및 이사회에 관한 사항
8. 조직 및 운영에 관한 사항
9. 자산 및 회계에 관한 사항
10. 정관의 변경에 관한 사항
11. 제1호부터 제10호까지에서 규정한 사항 외에 협회의 운영에 필요하다고 인정되는 사항

제86조(협회의 설립인가 및 설립인가의 취소) ① 국토교통부장관은 법 제109조제4항에 따른 협회 설립인가 신청의 내용이 다음 각 호의 기준에 적합한 경우에 인가할 수 있다.

1. 법인의 목적과 사업이 실현 가능할 것
2. 협회의 회원은 정비사업전문관리업자일 것
3. 목적하는 사업을 수행할 수 있는 충분한 능력이 있고, 재정적 기초가 확립되어 있거나 확립될 수 있을 것
4. 다른 법인과 동일한 명칭이 아닐 것

② 국토교통부장관은 법 제109조제6항에 따라 협회가 다음 각 호의 어느 하나에 해당하는 경우에는 협회의 설립인가를 취소할 수 있다. 다만, 제1호 및 제3호에 해당하는 경우에는 설립인가를 취소하여야 한다.

1. 거짓이나 부정한 방법으로 설립인가를 받은 경우
2. 설립인가 조건을 위반한 경우
3. 목적 달성이 불가능하게 된 경우
4. 목적사업 외의 사업을 한 경우

③ 국토교통부장관은 제2항에 따라 협회의 설립인가를 취소하려면 미리 청문을 하여야 한다.

제87조(협회의 감독) ① 국토교통부장관은 법 제110조제2항에 따라 협회의 업무에 대한 조사 또는 검사가 필요하면 소속 공무원으로 하여금 그 사무소에 출입하여 조사하거나 검사하게 할 수 있다.

② 제1항에 따라 협회의 업무를 조사하거나 검사하는 공무원은 그 권한을 표시하는 증표를 지니고 관계인에게 내보여야 한다.

제7장 감독 등 〈개정 2021. 7. 13.〉

제87조의2(자금차입 신고의 방법) 법 제111조의2에 따른 자금차입의 신고는 추진위원회 또는 사업시행자(시장·군수등과 토지주택공사등은 제외한다)가 자금을 차입한 날부터 30일 이내에 자금을 대여한 상대방, 차입일, 차입액, 이자율, 상환기한 및 상환방법을 기재한 자금차입계약서의 사본을 관할 시장·군수등에게 제출하는 방법으로 한다.

[본조신설 2022. 12. 9.]

제88조(회계감사) 법 제112조에 따라 시장·군수등 또는 토지주택공사등이 아닌 사업시행자 또는 추진위원회는 다음 각 호의 어느 하나에 해당하는 경우에는 회계감사를 받아야 한다.

1. 법 제112조제1항제1호의 경우에는 추진위원회에서 사업시행자로 인계되기 전까지 납부 또는 지출된 금액과 계약 등으로 지출될 것이 확정된 금액의 합이 3억5천만원 이상인 경우
2. 법 제112조제1항제2호의 경우에는 사업시행계획인가 고시일 전까지 납부 또는 지출된 금액이 7억원 이상인 경우
3. 법 제112조제1항제3호의 경우에는 준공인가 신청일까지 납부

또는 지출된 금액이 14억원 이상인 경우

제89조(감독) 법 제113조제2항 후단에서 “대통령령으로 정하는 자료”란 다음 각 호의 자료를 말한다.

1. 토지등소유자의 동의서
2. 총회의 의사록
3. 정비사업과 관련된 계약에 관한 서류
4. 사업시행계획서 · 관리처분계획서 및 회계감사보고서를 포함한 회계관련 서류
5. 정비사업의 추진과 관련하여 분쟁이 발생한 경우에는 해당 분쟁과 관련된 서류

제89조의2(과징금의 부과기준 등) ① 법 제113조의2에 따른 과징금의 부과기준은 별표 5의2와 같다.

② 시 · 도지사는 법 제113조의2에 따라 시공자 선정을 취소할 것을 명하거나 과징금을 부과하려는 경우에는 그 위반행위, 처분의 종류 및 과징금의 금액(과징금을 부과하는 경우만 해당한다)을 적어 서면으로 통지하여야 한다.

③ 제2항에 따른 과징금 부과 통지를 받은 자는 통지가 있은 날부터 20일 또는 시 · 도지사가 20일 이상의 범위에서 따로 정한 기간 이내에 시 · 도지사가 정하는 수납기관에 과징금을 납부해야 한다. 〈개정 2023. 12. 5.〉

④ 제3항에 따라 과징금을 납부받은 수납기관은 그 납부자에게 영수증을 발급하여야 하고, 지체 없이 그 사실을 해당 시 · 도지사에게 통보하여야 한다.

[본조신설 2018. 10. 2.]

제89조의3(정비사업의 입찰참가 제한) ① 법 제113조의3제1항에서 “대통령령으로 정하는 기간”이란 별표 5의3에 따른 기간을 말한다. 〈개정 2024. 7. 23.〉

② 시 · 도지사는 법 제113조의3제1항에 따라 정비사업의 입찰참가를 제한하려는 경우에는 다음 각 호의 사항을 지체 없이 해당 지방자치단체의 공보에 게재하고 일반인이 해당 내용을 열람할 수 있도록 인터넷 홈페이지에 입찰참가 제한기간 동안 게시해야 한다. 〈개정 2024. 7. 23.〉

1. 업체(상호)명 · 성명(법인인 경우 대표자의 성명) 및 사업자등록

번호(법인인 경우 법인등록번호)

2. 입찰참가자격 제한기간

3. 입찰참가자격을 제한하는 구체적인 사유

4. 입찰참가자격 제한처분이 집행정지된 경우 그 집행정지 또는 집행정지의 해제사실

③ 삭제 〈2024. 7. 23.〉

④ 시 · 도지사는 제2항에 따라 공개한 입찰제한과 관련된 내용을 지체 없이 관할 구역의 시장, 군수 또는 구청장 및 사업시행자에게 통보해야 한다. 〈개정 2024. 7. 23.〉

⑤ 시 · 도지사는 제2항에 따라 공보에 게재한 날부터 1개월 이내에 같은 항 각 호의 사항을 법 제119조제1항에 따른 정비사업관리시스템에 등록해야 한다. 〈신설 2024. 7. 23.〉

⑥ 법 제113조의3제5항에 따른 입찰참가 제한을 갈음하는 과징금을 부과하는 위반행위의 종류와 위반 정도 등에 따른 과징금의 금액 등 과징금의 부과기준은 별표 5의3과 같다. 〈신설 2024. 7. 23.〉

⑦ 제6항에 따른 과징금의 부과 및 납부에 관하여는 제89조의2제2항부터 제4항까지를 준용한다. 〈신설 2024. 7. 23.〉

[본조신설 2018. 10. 2.]

제90조(교육의 실시) 법 제115조에 따른 교육의 내용에는 다음 각 호의 사항이 포함되어야 한다.

1. 주택건설 제도

2. 도시 및 주택 정비사업 관련 제도

3. 정비사업 관련 회계 및 세무 관련 사항

4. 그 밖에 국토교통부장관이 정하는 사항

제91조(분쟁조정위원회의 조정 대상) 법 제117조제1항제3호에서 "대통령령으로 정하는 분쟁"이란 다음 각 호의 어느 하나에 해당하는 분쟁을 말한다.

1. 건축물 또는 토지 명도에 관한 분쟁

2. 손실보상 협의에서 발생하는 분쟁

3. 총회 의결사항에 대한 분쟁

4. 그 밖에 시 · 도조례로 정하는 사항에 대한 분쟁

제8장 보칙 〈개정 2021. 7. 13.〉

제92조(토지등소유자의 설명의무) 법 제122조제1항제7호에서 “대통령령으로 정하는 사항”이란 다음 각 호를 말한다. 〈개정 2025. 5. 27.〉

1. 법 제35조제3항에 따른 재건축사업의 조합설립을 위한 동의요건 중 복리시설에 대한 동의요건 완화에 관한 사항(복리시설의 거래를 위한 계약을 체결하는 경우로 한정한다)

2. 법 제72조제1항제2호에 따른 분양대상자별 분담금의 추산액

3. 법 제74조제1항제6호에 따른 정비사업비의 추산액(재건축사업의 경우에는 「재건축초과이익 환수에 관한 법률」에 따른 재건축부담금에 관한 사항을 포함한다) 및 그에 따른 조합원 분담규모 및 분담시기

제93조(사업시행방식의 전환) 법 제123조제1항에 따라 시장·군수등은 법 제69조제2항에 따라 환지로 공급하는 방법으로 실시하는 재개발사업을 위하여 정비구역의 전부 또는 일부를 법 제74조에 따라 인가받은 관리처분계획에 따라 건축물을 건설하여 공급하는 방법으로 전환하는 것을 승인할 수 있다.

제94조(자료의 공개 및 통지 등) ① 법 제124조제1항제11호에서 “대통령령으로 정하는 서류 및 관련 자료”란 다음 각 호의 자료를 말한다.

1. 법 제72조제1항에 따른 분양공고 및 분양신청에 관한 사항
2. 연간 자금운용 계획에 관한 사항
3. 정비사업의 월별 공사 진행에 관한 사항
4. 설계자·시공자·정비사업전문관리업자 등 용역업체와의 세부계약 변경에 관한 사항
5. 정비사업비 변경에 관한 사항

② 추진위원장 또는 사업시행자(조합의 경우 조합임원, 법 제25조제1항제2호에 따라 재개발사업을 토지등소유자가 시행하는 경우 그 대표자를 말한다)는 법 제124조제2항에 따라 매 분기가 끝나는 달의 다음 달 15일까지 다음 각 호의 사항을 조합원 또는 토지등소유자에게 서면으로 통지하여야 한다.

1. 공개 대상의 목록
2. 공개 자료의 개략적인 내용
3. 공개 장소
4. 대상자별 정보공개의 범위

5. 열람 · 복사 방법

6. 등사에 필요한 비용

③ 법 제125조제1항에서 "대통령령으로 정하는 회의"란 다음 각 호를 말한다.

1. 용역 계약(변경계약을 포함한다) 및 업체 선정과 관련된 대의원회 · 이사회

2. 조합임원 · 대의원의 선임 · 해임 · 징계 및 토지등소유자(조합이 설립된 경우에는 조합원을 말한다) 자격에 관한 대의원회 · 이사회

제95조(도시 · 주거환경정비기금) ① 법 제126조제2항제4호에서 "대통령령으로 정하는 일정 비율"이란 국유지의 경우에는 20퍼센트, 공유지의 경우에는 30퍼센트를 말한다. 다만, 국유지의 경우에는 「국유재산법」 제2조제11호에 따른 중앙관서의 장과 협의하여야 한다.

② 법 제126조제2항제6호에서 "대통령령으로 정하는 일정 비율"이란 다음 각 호의 비율을 말한다. 다만, 해당 지방자치단체의 조례로 다음 각 호의 비율 이상의 범위에서 달리 정하는 경우에는 그 비율을 말한다.

1. 「지방세법」에 따라 부과 · 징수되는 지방소비세의 경우: 3퍼센트

2. 「지방세법」에 따라 부과 · 징수되는 재산세의 경우: 10퍼센트

제96조(권한의 위임 등) ① 국토교통부장관은 법 제128조제1항에 따라 법 제107조에 따른 정비사업전문관리업자에 대한 조사 등의 권한을 시 · 도지사에게 위임한다.

② 국토교통부장관은 법 제128조제2항에 따라 같은 항 제1호, 제2호 및 제2호의2의 사무를 다음 각 호의 구분에 따른 기관에 위탁한다. 〈개정 2020. 12. 8., 2021. 11. 11.〉

1. 법 제108조에 따른 정비사업전문관리업 정보종합체계의 구축 · 운영에 관한 사무: 한국부동산원

2. 법 제115조에 따른 교육의 실시에 관한 사무: 협회

3. 법 제119조에 따른 정비사업관리시스템의 구축 · 운영에 관한 사무: 한국부동산원

③ 제2항에 따라 법 제115조에 따른 교육의 실시에 관한 사무를 위탁받은 협회는 같은 조에 따른 교육을 실시하기 전에 교육과정, 교육 대상자, 교육시간 및 교육비 등 교육실시에 필요한 세부 사항을 정하여 국토교통부장관의 승인을 받아야 한다.

제96조의2(제안이 금지되는 사항) ① 법 제132조제2항제1호에서 "대통령령으로 정하는 사항"이란 다음 각 호의 사항을 말한다.

1. 이사비, 이주비, 이주촉진비 및 그 밖에 시공과 관련 없는 금전이나 재산상 이익을 무상으로 제공하는 것

2. 이사비, 이주비, 이주촉진비, 그 밖에 시공과 관련 없는 금전이나 재산상 이익을 무이자나 제안 시점에 「은행법」에 따라 설립된 은행 중 전국을 영업구역으로 하는 은행이 적용하는 대출금리 중 가장 낮은 금리보다 더 낮은 금리로 대여하는 것

② 법 제132조제2항제2호에서 "대통령령으로 정하는 사항"이란 「재건축초과이익 환수에 관한 법률」에 따른 재건축부담금의 대납을 말한다.

[본조신설 2022. 12. 9.]

제96조의3(금지되는 허위·과장된 정보제공 행위) ① 법 제132조의3제1항제1호에 따라 금지되는 행위의 구체적인 내용은 다음 각 호와 같다.

1. 정비사업 방식에 따른 용적률, 기부채납 비율, 임대주택 건설비율, 임대주택 인수가격, 건축물 높이 제한, 건축물 층수 제한 및 분양가격에 대한 정보를 사실과 다르게 제공하는 행위

2. 객관적인 근거 없이 정비사업 추진에 따른 예상수익 정보를 과장하여 제공하는 행위

② 법 제132조의3제1항제2호에 따라 금지되는 행위의 구체적인 내용은 다음 각 호와 같다.

1. 정비사업 방식에 따른 용적률, 기부채납 비율, 임대주택 건설비율, 임대주택 인수가격, 건축물 높이 제한, 건축물 층수 제한 및 분양가격에 대한 정보를 숨기는 행위

2. 객관적인 근거 없이 정비사업 추진에 따른 분담금 추산액 및 예상손실에 대한 정보를 축소하여 제공하는 행위

[본조신설 2022. 12. 9.]

제97조(고유식별정보의 처리) 시·도지사, 시장·군수·구청장(해당 권한이 위임·위탁된 경우에는 그 권한을 위임·위탁받은 자를 포함한다) 또는 사업시행자는 다음 각 호의 사무를 수행하기 위하여 불가피한 경우 「개인정보 보호법 시행령」 제19조에 따른 주민등록번호 또는 외국인등록번호가 포함된 자료를 처리할 수 있다.

1. 법 제31조에 따른 추진위원회 구성 승인에 관한 사무
2. 법 제36조에 따른 토지등소유자의 동의방법 등의 업무를 위한 토지등소유자의 자격 확인에 관한 사무
3. 법 제39조에 따른 조합원의 자격 확인에 관한 사무
4. 법 제42조에 따른 조합임원의 겸임 확인을 위한 사무
5. 법 제43조에 따른 조합임원의 결격사유 확인에 관한 사무
6. 법 제52조에 따른 세입자의 주거 및 이주 대책에 관한 사무
7. 법 제74조에 따른 관리처분계획의 수립 및 인가에 관한 사무
8. 법 제86조에 따른 대지 또는 건축물의 소유권 이전에 관한 사무
9. 법 제102조에 따른 정비사업전문관리업 등록에 관한 사무
10. 법 제105조에 따른 정비사업전문관리업자의 결격사유 확인에 관한 사무
11. 법 제106조에 따른 정비사업전문관리업의 등록취소 등에 관한 사무
12. 법 제107조에 따른 정비사업전문관리업자에 대한 조사 등에 관한 사무

제98조(규제의 재검토) ① 국토교통부장관은 다음 각 호의 사항에 대하여 2017년 1월 1일을 기준으로 3년마다(매 3년이 되는 해의 기준일과 같은 날 전까지를 말한다) 그 타당성을 검토하여 개선 등의 조치를 하여야 한다. 〈개정 2022. 12. 9., 2023. 12. 5., 2025. 4. 29.〉
1. 삭제 〈2023. 3. 7.〉
2. 제19조 및 제21조제1항에 따른 공동시행자 및 지정개발자의 요건
3. 제59조에 따른 분양신청의 절차 등
4. 제81조 및 별표 4에 따른 정비사업전문관리업의 등록기준
5. 삭제 〈2023. 3. 7.〉
6. 제88조에 따른 회계감사
7. 제89조의3 및 별표 5의2에 따른 건설업자 또는 등록사업자의 입찰참가 제한기준

② 국토교통부장관은 다음 각 호의 사항에 대하여 2025년 1월 1일을 기준으로 4년마다(매 4년이 되는 해의 기준일과 같은 날 전까

지를 말한다) 그 타당성을 검토하여 개선 등의 조치를 하여야 한다. 〈신설 2025. 4. 29., 2025. 5. 27.〉

1. 제20조의2에 따른 협약등의 체결에 관한 사항
2. 제25조제2항 및 제3항에 따른 추진위원회의 구성·승인 기준
3. 제30조제3항에 따른 재건축사업의 조합설립인가를 위한 동의 요건
4. 제92조제3호에 따른 복리시설의 거래에 있어서의 설명의무

제9장 벌칙 〈개정 2021. 7. 13.〉

제99조(과태료의 부과) 법 제140조제3항에 따른 과태료의 부과기준은 별표 6과 같다.

부칙 〈제28628호, 2018. 2. 9.〉

제1조(시행일) 이 영은 2018년 2월 9일부터 시행한다.
제2조(정비구역의 지정을 위한 주민공람 등에 관한 적용례) 제13조제4항제1호의 개정규정은 이 영 시행 이후 정비계획의 입안권자가 정비구역의 분할, 통합 또는 결합에 따라 정비계획을 변경하는 경우부터 적용한다.
제3조(용적률 완화를 위한 현금납부액 산정기준일에 관한 적용례) 제14조제4항의 개정규정은 이 영 시행 이후 사업시행계획인가(변경인가를 포함한다)를 신청하는 경우부터 적용한다.
제4조(투기과열지구 내 조합원 지위양도 제한에 관한 적용례) 제37조제2항제6호의 개정규정은 이 영 시행 전에 투기과열지구로 지정된 지역에 대해서도 적용한다.
제5조(주거환경개선사업의 용도지역에 관한 적용례) 제58조제1호의 개정규정은 이 영 시행 이후 주거환경개선사업의 정비구역이 지정되는 경우부터 적용한다.
제6조(회계감사에 관한 적용례) 제88조의 개정규정은 이 영 시행 이후 시장·군수등 또는 토지주택공사등이 아닌 사업시행자 또는 추진위원회가 회계감사를 받는 경우부터 적용한다.
제7조(토지등소유자의 설명의무에 관한 적용례) 제92조의 개정규정은 이 영 시행 이후 토지등소유자가 자신이 소유하는 정비구역 내 토지 또는 건축물에 대하여 매매·전세·임대차 또는 지상권 설정

등 부동산 거래를 위한 계약을 체결하는 경우부터 적용한다.

제8조(관련 자료의 보관에 관한 적용례) 제94조제3항의 개정규정은 이 영 시행 이후 제94조제3항 각 호의 개정규정에 따른 회의를 개최하는 경우부터 적용한다.

제9조(투기과열지구 내 조합원 지위양도 제한에 관한 특례) ① 제37조제2항제1호의 개정규정에도 불구하고 다음 각 호의 사항을 모두 충족하는 양도자로부터 건축물을 양수한 자는 조합원이 될 수 있다.

1. 대통령령 제28351호 도시 및 주거환경정비법 시행령 일부개정령 시행 당시 조합설립인가일부터 2년 이상 사업시행인가 신청이 없는 주택재건축사업의 건축물을 소유할 것

2. 양도자가 양도 당시 건축물을 2년 이상 계속하여 소유(소유기간을 산정할 때 소유자가 피상속인으로부터 상속받아 소유권을 취득한 경우에는 피상속인의 소유기간을 합산한다. 이하 제2항에서 같다)하고 있을 것

3. 사업시행인가 신청 전에 건축물을 양도할 것

② 제37조제2항제2호의 개정규정에도 불구하고 다음 각 호의 사항을 모두 충족하는 양도자로부터 토지 또는 건축물을 양수한 자는 조합원이 될 수 있다.

1. 대통령령 제28351호 도시 및 주거환경정비법 시행령 일부개정령 시행 당시 사업시행인가일부터 2년 이상 착공하지 못한 주택재건축사업의 토지 또는 건축물을 소유할 것

2. 양도자가 양도 당시 토지 또는 건축물을 2년 이상 계속하여 소유하고 있을 것

3. 착공 전에 토지 또는 건축물을 양도할 것

제10조(일반적 경과조치) 이 영 시행 당시 종전의 「도시 및 주거환경정비법 시행령」에 따른 결정·처분·절차 및 그 밖의 행위는 이 영의 규정에 따라 행하여진 것으로 본다.

제11조(정비계획의 수립에 관한 경과조치) ① 대통령령 제24756호 도시 및 주거환경정비법 시행령 일부개정령 시행 전에 「도시 및 주거환경정비법」(법률 제12116호로 개정되기 전의 것을 말한다) 제4조제1항에 따라 정비계획을 수립한 경우 노후·불량건축물의 범위에 대해서는 제2조의 개정규정에도 불구하고 종전의 「도시 및 주거환경정비법 시행령」(대통령령 제24756호로 개정되기 전의 것을 말한

다) 제2조에 따른다.

② 대통령령 제24007호 도시 및 주거환경정비법 시행령 일부개정령 시행 전에 정비계획을 수립하기 위하여 주민에게 서면으로 통보하거나 「도시재정비 촉진을 위한 특별법」(법률 제11294호로 개정되기 전의 것을 말한다) 제4조제3항에 따라 재정비촉진지구 지정을 위하여 주민설명회를 열었던 경우에는 제7조 및 별표 1 제2호의 개정규정에도 불구하고 종전의 「도시 및 주거환경정비법 시행령」(대통령령 제24007호로 개정되기 전의 것을 말한다) 별표 1 제2호에 따른다.

③ 대통령령 제24007호 도시 및 주거환경정비법 시행령 일부개정령 시행 전에 정비기본계획이 수립된 경우 정비계획의 수립에 대해서는 제7조 및 별표 1 제2호의 개정규정에도 불구하고 종전의 「도시 및 주거환경정비법 시행령」(대통령령 제24007호로 개정되기 전의 것을 말한다) 제52조제2항제1호 및 별표 1 제3호에 따른다.

④ 대통령령 제24007호 도시 및 주거환경정비법 시행령 일부개정령 시행 전에 정비기본계획이 수립된 경우 제63조제2항제1호 및 별표 1 제3호의 개정규정에도 불구하고 종전의 「도시 및 주거환경정비법 시행령」(대통령령 제24007호로 개정되기 전의 것을 말한다)에 따른다.

⑤ 대통령령 제24007호 도시 및 주거환경정비법 시행령 일부개정령 시행 전에 「도시재정비 촉진을 위한 특별법」(법률 제11998호로 개정되기 전의 것을 말한다) 제5조에 따라 지정된 재정비촉진지구에 대해서는 제63조제2항제1호 및 별표 1 제3호의 개정규정에도 불구하고 종전의 「도시 및 주거환경정비법 시행령」(대통령령 제24007호로 개정되기 전의 것을 말한다) 제52조제2항제1호 및 별표 1 제3호에 따른다.

제12조(주택의 규모 및 건설비율에 관한 경과조치) ① 대통령령 제18830호 도시 및 주거환경정비법 시행령 일부개정령 시행 전에 「도시 및 주거환경정비법」(법률 제8785호로 개정되기 전의 것을 말한다) 제4조제1항에 따라 주민공람을 한 주거환경개선사업에 대해서는 제9조의 개정규정에도 불구하고 종전의 「도시 및 주거환경정비법 시행령」(대통령령 제18830호로 개정되기 전의 것을 말한다)에 따른다.

② 대통령령 제18830호 도시 및 주거환경정비법 시행령 일부개

정령 시행 전에 사업시행인가를 신청한 주택재개발사업 및 주택재건축사업에 대해서는 제9조의 개정규정에도 불구하고 종전의 「도시 및 주거환경정비법 시행령」(대통령령 제18830호로 개정되기 전의 것을 말한다) 제13조의3제1항제2호 및 제3호에 따른다.

③ 대통령령 제21285호 도시 및 주거환경정비법 시행령 일부개정령 시행 전에 사업시행인가를 신청한 경우 또는 관리처분계획의 인가를 신청하기 전에 사업시행인가의 변경인가를 신청한 경우에는 제9조의 개정규정에도 불구하고 종전의 「도시 및 주거환경정비법 시행령」(대통령령 제21285호로 개정되기 전의 것을 말한다) 제13조의3에 따른다.

④ 대통령령 제21285호 도시 및 주거환경정비법 시행령 일부개정령 시행 당시 다음 각 호의 어느 하나에 해당하는 경우에는 제3항에도 불구하고 대통령령 제21285호 도시 및 주거환경정비법 시행령 일부개정령 제13조의3에 따른다.

1. 대통령령 제21285호 도시 및 주거환경정비법 시행령 일부개정령 시행 당시 관리처분계획의 인가를 받은 주택재건축사업조합이 토지등소유자 전원의 동의를 받은 경우(조합원과 주택공급계약을 체결하지 아니한 경우에는 총회에서 조합원 과반수 이상의 동의를 받았던 경우를 포함한다)

2. 조합원이 아닌 자와 주택공급계약을 체결한 주택재건축사업조합이 토지등소유자 전원 및 주택공급계약을 체결한 입주자 전원의 동의를 받은 경우

⑤ 대통령령 제22968호 도시 및 주거환경정비법 시행령 일부개정령 시행 전에 정비계획을 수립하여 주민에게 서면으로 통보한 경우에는 제9조의 개정규정에도 불구하고 종전의 「도시 및 주거환경정비법 시행령」(대통령령 제22968호로 개정되기 전의 것을 말한다) 제13조의3에 따른다.

⑥ 대통령령 제25633호 도시 및 주거환경정비법 시행령 일부개정령 시행 전에 「도시 및 주거환경정비법」(법률 제12989호로 개정되기 전의 것을 말한다. 이하 제8항에서 같다) 제28조제1항에 따라 사업시행인가(변경인가를 포함한다)를 받거나 신청한 주택재건축사업의 경우에는 제9조의 개정규정에도 불구하고 종전의 「도시 및 주거환경정비법 시행령」(대통령령 제25633호로 개정되기 전의 것을

말한다) 제13조의3제2항에 따른다.

⑦ 대통령령 제26063호 도시 및 주거환경정비법 시행령 일부개정령 시행 전에 「도시 및 주거환경정비법」 제48조제1항에 따라 관리처분계획인가(변경인가를 포함한다)를 받거나 신청한 주택재개발사업의 경우에는 제9조의 개정규정에도 불구하고 종전의 「도시 및 주거환경정비법 시행령」(대통령령 제26063호로 개정되기 전의 것을 말한다) 제13조의3제1항제2호나목에 따른다.

⑧ 이 영 시행 전에 도시환경정비사업의 사업시행인가를 신청한 경우에는 제9조제1항제2호의 개정규정에도 불구하고 종전의 규정에 따른다.

제13조(토지등소유자의 동의자 수 산정 방법에 관한 경과조치) ① 대통령령 제18830호 도시 및 주거환경정비법 시행령 일부개정령 시행 전에 추진위원회의 승인, 조합의 설립인가·변경인가 또는 정관의 변경인가를 신청한 경우 그 승인 신청 또는 인가 신청에 관한 동의자 수 산정 방법에 대해서는 제33조의 개정규정에도 불구하고 종전의 「도시 및 주거환경정비법 시행령」(대통령령 제18830호로 개정되기 전의 것을 말한다. 이하 제2항에서도 같다) 제28조에 따른다.

② 제1항에도 불구하고 대통령령 제18830호 도시 및 주거환경정비법 시행령 일부개정령 시행 당시 종전의 「도시 및 주거환경정비법 시행령」에 따라 동의를 철회하지 아니한 경우에는 제33조의 개정규정에도 불구하고 대통령령 제18830호 도시 및 주거환경정비법 시행령 일부개정령 제28조에 따른다.

③ 대통령령 제21171호 도시 및 주거환경정비법 시행령 일부개정령 시행 전에 추진위원회의 승인, 조합의 설립인가·변경인가 또는 정관의 변경인가를 신청한 경우 그 승인 신청 또는 인가 신청에 관한 동의자수 산정방법에 대해서는 제33조의 개정규정에도 불구하고 종전의 「도시 및 주거환경정비법 시행령」(대통령령 제21171호로 개정되기 전의 것을 말한다) 제28조에 따른다.

④ 대통령령 제27029호 도시 및 주거환경정비법 시행령 일부개정령 시행 전에 토지등소유자가 한 「도시 및 주거환경정비법」(법률 제13508호로 개정되기 전의 것을 말한다) 제4조의3제4항제4호 또는 제16조의2제1항에 따른 동의의 철회에 대해서는 제33조제2항의

개정규정에도 불구하고 종전의 「도시 및 주거환경정비법 시행령」(대통령령 제27029호로 개정되기 전의 것을 말한다) 제28조에 따른다.

제14조(분양을 신청하지 아니한 자 등에 대한 현금청산절차에 관한 경과조치) 이 영 시행 전에 종전의 제48조에 따라 사업시행자와 분양을 신청하지 아니한 토지등소유자 등이 청산금을 협의한 경우에는 제60조제1항의 개정규정에 따라 청산금을 협의한 것으로 본다.

제15조(관리처분의 기준에 관한 경과조치) 대통령령 제21171호 도시 및 주거환경정비법 시행령 일부개정령 시행 전에 관리처분계획의 인가(변경인가를 포함한다)를 신청한 경우 관리처분의 기준에 대해서는 제63조제2항의 개정규정에도 불구하고 종전의 「도시 및 주거환경정비법 시행령」(대통령령 제21171호로 개정되기 전의 것을 말한다) 제52조제2항에 따른다.

제16조(다른 법령의 개정) ① 2018 평창 동계올림픽대회 및 동계패럴림픽대회 지원 등에 관한 특별법 시행령 일부를 다음과 같이 개정한다.

제30조제4항제3호 중 "「도시 및 주거환경정비법」 제16조에 따른 도시환경정비사업조합"을 "「도시 및 주거환경정비법」 제35조에 따른 재개발사업조합"으로 한다.

② 개발이익 환수에 관한 법률 시행령 일부를 다음과 같이 개정한다.

제5조제1항제3호 중 "「도시 및 주거환경정비법」 제16조에 따른 도시환경정비사업조합"을 "「도시 및 주거환경정비법」 제35조에 따른 재개발사업조합"으로 한다.

③ 건축법 시행령 일부를 다음과 같이 개정한다.

제47조제1항제2호 중 "「도시 및 주거환경정비법」에 따른 도시환경정비사업"을 "「도시 및 주거환경정비법」에 따른 재개발사업"으로 한다.

④ 경관법 시행령 일부를 다음과 같이 개정한다.

별표 제1호라목의 경관심의 대상 개발사업란 중 "주거환경개선사업 및 주거환경관리사업"을 "주거환경개선사업"으로 하고, 같은 목의 심의 시기란 중 "「도시 및 주거환경정비법」 제4조에 따른 정비계획의 수립 및 정비구역의 지정"을 "「도시 및 주거환경정비법」 제8조에 따른 정비구역의 지정"으로 한다.

⑤ 공유재산 및 물품 관리법 시행령 일부를 다음과 같이 개정한다.

제7조제3항제5호 중 "「도시 및 주거환경정비법」 제68조"를 "「도시 및 주거환경정비법」 제101조"로 한다.

⑥ 과세자료의 제출 및 관리에 관한 법률 시행령 일부를 다음과 같이 개정한다.

별표 제51호의 과세자료명란 중 "「도시 및 주거환경정비법」 제48조제1항"을 "「도시 및 주거환경정비법」 제74조제1항"으로, "같은 법 제57조"를 "같은 법 제89조"로 한다.

⑦ 교육환경 보호에 관한 법률 시행령 일부를 다음과 같이 개정한다.

제16조제5항제2호의2가목 중 "「도시 및 주거환경정비법」 제2조제11호다목에 따른 시장·군수"를 "「도시 및 주거환경정비법」 제2조제11호다목에 따른 시장·군수등"으로 하고, 같은 호 나목 중 "「도시 및 주거환경정비법」 제28조제1항 전단에 따른 사업시행인가"를 "「도시 및 주거환경정비법」 제50조제1항 본문에 따른 사업시행계획인가"로 한다.

⑧ 국유재산법 시행령 일부를 다음과 같이 개정한다.

제55조제2항제4호 중 "주택재개발사업"을 각각 "재개발사업"으로, "시행인가"을 "사업시행계획인가"로, "같은 법 제10조"를 각각 "같은 법 제129조"로 한다.

제55조제4항제1호 중 "주택재개발사업"을 각각 "재개발사업"으로 한다.

⑨ 국토의 계획 및 이용에 관한 법률 시행령 일부를 다음과 같이 개정한다.

제85조제8항제3호 중 "에 의한 주택재개발사업, 도시환경정비사업 및 주택재건축사업"을 "에 따른 재개발사업 및 재건축사업"으로 한다.

⑩ 대도시권 광역교통 관리에 관한 특별법 시행령 일부를 다음과 같이 개정한다.

제16조의2제6항제4호 중 "주택재개발사업·주택재건축사업 및 도시환경정비사업"을 "재개발사업 및 재건축사업"으로 한다.

⑪ 도시개발법 시행령 일부를 다음과 같이 개정한다.

제43조의6 각 호 외의 부분 본문 중 "「도시 및 주거환경정비법」

제77조의2"를 각각 "「도시 및 주거환경정비법」 제116조"로 한다.

⑫ 도시교통정비 촉진법 시행령 일부를 다음과 같이 개정한다.

별표 1 제1호가목2)의 교통영향평가서의 제출·심의시기란 중 "「도시 및 주거환경정비법」 제28조에 따른 사업시행인가"를 "「도시 및 주거환경정비법」 제50조에 따른 사업시행계획인가"로, "사업시행인가의"를 "사업시행계획인가의"로 한다.

⑬ 도시재정비 촉진을 위한 특별법 시행령 일부를 다음과 같이 개정한다.

제6조제3항제3호 중 "「도시 및 주거환경정비법」 제4조"를 "「도시 및 주거환경정비법」 제8조"로 한다.

제8조제4호가목 중 "「도시 및 주거환경정비법」 제4조제1항"을 "「도시 및 주거환경정비법」 제9조제1항"으로 한다.

제10조제1항제1호 중 "「도시 및 주거환경정비법 시행령」 제12조"를 "「도시 및 주거환경정비법 시행령」 제13조제4항"으로 하고, 같은 조 제2항제1호 중 "「도시 및 주거환경정비법 시행령」 제12조제1호부터 제7호까지, 제7호의2 및 제8호"를 "「도시 및 주거환경정비법 시행령」 제13조제4항제1호부터 제8호까지 및 제10호"로 한다.

제19조제1항 및 같은 조 제2항제1호 중 "「도시 및 주거환경정비법 시행령」 제28조"를 각각 "「도시 및 주거환경정비법 시행령」 제33조"로 한다.

제21조제1항제2호 중 "주택재개발사업"을 "재개발사업"으로 하고, "「도시 및 주거환경정비법」 제4조의2제1항"을 "「도시 및 주거환경정비법」 제10조제1항"으로 한다.

제34조제1항제1호 중 "주택재개발사업"을 "재개발사업"으로 하고, 같은 항 제2호 중 "「도시 및 주거환경정비법」에 따른 도시환경정비사업, 「도시개발법」"을 "「도시개발법」"으로 하며, 같은 항 제3호 본문 중 "주택재건축사업"을 "재건축사업"으로 하고, 같은 항 제4호 중 "주택재개발사업"을 "재개발사업"으로 한다.

⑭ 보행안전 및 편의증진에 관한 법률 시행령 일부를 다음과 같이 개정한다.

별표 2 제2호의 제출시기란 중 "「도시 및 주거환경정비법」 제28조제1항에 따른 사업시행인가"를 "「도시 및 주거환경정비법」 제50조제1항에 따른 사업시행계획인가"로, "사업시행인가의"를 "사업시행계획인가의"로 한다.

⑮ 사방사업법 시행령 일부를 다음과 같이 개정한다.

제19조제3항제5호 중 "「도시 및 주거환경 정비법」에 의한 주택재개발사업"을 "「도시 및 주거환경정비법」에 따른 재개발사업"으로, "동법 제28조의 규정에 의한 사업시행인가"를 "같은 법 제50조에 따른 사업시행계획인가"로, "주택재건축사업"을 "재건축사업"으로 한다.

⑯ 산지관리법 시행령 일부를 다음과 같이 개정한다.

별표 1 제3호의 협의대상지역등란 중 "「도시 및 주거환경 정비법」 제4조"를 "「도시 및 주거환경정비법」 제8조"로 한다.

⑰ 석면안전관리법 시행령 일부를 다음과 같이 개정한다.

제40조제2호 중 "주택재개발사업 및 주택재건축사업"을 "재개발사업 및 재건축사업"으로 한다.

⑱ 수도권 대기환경개선에 관한 특별법 시행령 일부를 다음과 같이 개정한다.

제6조제2호 중 "「도시 및 주거환경정비법」 제3조"를 "「도시 및 주거환경정비법」 제4조"로 한다.

⑲ 수도권정비계획법 시행령 일부를 다음과 같이 개정한다.

제16조제2항 중 "「도시 및 주거환경정비법」 제16조"를 "「도시 및 주거환경정비법」 제35조"로 한다.

제17조제2호 중 "도시환경정비사업"을 "재개발사업"으로 한다.

⑳ 신탁법 시행령 일부를 다음과 같이 개정한다.

제2조제5호 중 "「도시 및 주거환경정비법」 제2조제2호가목, 나목 및 라목에 따른 주거환경개선사업, 주택재개발사업 및 도시환경정비사업"을 "「도시 및 주거환경정비법」 제2조제2호가목 및 나목에 따른 주거환경개선사업 및 재개발사업"으로 한다.

㉑ 에너지이용 합리화법 시행령 일부를 다음과 같이 개정한다.

별표 1 제1호가목3)의 에너지사용계획의 제출 시기란 중 "「도시 및 주거환경정비법」 제30조"를 "「도시 및 주거환경정비법」 제52조"로, "「도시 및 주거환경정비법」 제28조에 따른 사업시행 인가신청"을 "「도시 및 주거환경정비법」 제50조에 따른 사업시행계획인가의 신청"으로 한다.

㉒ 영유아보육법 시행령 일부를 다음과 같이 개정한다.

제21조의8제4항제6호가목 중 "「도시 및 주거환경정비법」 제48

조"를 "「도시 및 주거환경정비법」 제74조"로 한다.

㉓ 자연재해대책법 시행령 일부를 다음과 같이 개정한다.

제16조의2제1항제9호 중 "「도시 및 주거환경정비법」 제2조제2호나목 및 라목에 따른 주택재개발사업 및 도시환경정비사업"을 "「도시 및 주거환경정비법」 제2조제2호나목에 따른 재개발사업"으로 한다.

14) 「도시 및 주거환경정비법」 제50조에 따른 사업시행계획인가(재개발사업만 해당한다)

별표 1 제2호가목14)의 대상 개발사업란을 다음과 같이 한다.

㉔ 전통시장 및 상점가 육성을 위한 특별법 시행령 일부를 다음과 같이 개정한다.

제11조제1호 중 "「도시 및 주거환경정비법」 제28조에 따른 사업시행인가"를 "「도시 및 주거환경정비법」 제50조에 따른 사업시행계획인가"로 한다.

제28조제2항 중 "「도시 및 주거환경정비법」 제48조제1항"을 "「도시 및 주거환경정비법」 제74조제1항"으로 한다.

㉕ 주택건설기준 등에 관한 규정 일부를 다음과 같이 개정한다.

제7조제7항 중 "「도시 및 주거환경정비법 시행령」 제6조에 따른 주택재건축사업"을 "「도시 및 주거환경정비법」 제2조제2호다목에 따른 재건축사업"으로 한다.

제9조의2제1항제1호다목 단서 중 "주택재건축사업"을 "재건축사업"으로 한다.

제12조제1항제1호 중 "「도시 및 주거환경정비법」 제2조제2호라목에 따른 도시환경정비사업"을 "「도시 및 주거환경정비법」 제2조제2호나목에 따른 재개발사업"으로 한다.

㉖ 주택법 시행령 일부를 다음과 같이 개정한다.

제27조제1항제2호나목을 다음과 같이 한다.

나. 「도시 및 주거환경정비법」 제2조제1호에 따른 정비구역에서 같은 조 제2호가목에 따른 주거환경개선사업(같은 법 제23조제1항제1호에 해당하는 방법으로 시행하는 경우만 해당한다)을 시행하기 위하여 건설하는 공동주택. 다만, 같은 법 시행령 제8조제3항제6호에 따른 정비기반시설의 설치계획대로 정비기반시설 설치가 이루어지지 아니한 지역으로서 시장·군수·구청장이 지정·고시하는 지역에서 건설하는 공동주택은 제외한다.

제62조제1항 중 "「도시 및 주거환경정비법」 제28조에 따른 사업시행인가"를 "「도시 및 주거환경정비법」 제50조에 따른 사업시행계획인가"로 한다.

㉗ 지하안전관리에 관한 특별법 시행령 일부를 다음과 같이 개정한다.

별표 1 제1호사목1) 중 "「도시 및 주거환경정비법」 제28조제4항 본문에 따른 사업시행인가"를 "「도시 및 주거환경정비법」 제50조제7항 본문에 따른 사업시행계획인가"로 하고, 같은 목 2) 중 "「도시 및 주거환경정비법」 제28조제1항 본문에 따른 사업시행의 인가"를 "「도시 및 주거환경정비법」 제50조제1항 본문에 따른 사업시행계획인가"로 한다.

㉘ 집단에너지사업법 시행령 일부를 다음과 같이 개정한다.

제5조제1항제1호라목을 다음과 같이 한다.

라. 「도시 및 주거환경정비법」 제2조제2호나목에 따른 재개발사업

㉙ 초·중등교육법 시행령 일부를 다음과 같이 개정한다.

제104조의2제5항제5호가목 중 "「도시 및 주거환경정비법」 제48조"를 "「도시 및 주거환경정비법」 제74조"로 한다.

㉚ 취업 후 학자금 상환 특별법 시행령 일부를 다음과 같이 개정한다.

제13조제2항제6호가목1) 중 "「도시 및 주거환경정비법」 제48조"를 "「도시 및 주거환경정비법」 제74조"로 한다.

㉛ 한국감정원법 시행령 일부를 다음과 같이 개정한다.

제13조제1항제4호를 다음과 같이 한다.

4. 「도시 및 주거환경정비법」 제78조제2항에 따른 관리처분계획의 타당성 검증 및 같은 법 제114조에 따른 정비사업 지원기구의 업무

㉜ 한국장학재단 설립 등에 관한 법률 시행령 일부를 다음과 같이 개정한다.

제33조의4제4항제6호가목 중 "「도시 및 주거환경정비법」 제48조"를 "「도시 및 주거환경정비법」 제74조"로 한다.

㉝ 환경영향평가법 시행령 일부를 다음과 같이 개정한다.

별표 2 제2호가목7)의 개발기본계획의 종류란 중 "「도시 및 주거

환경정비법」 제3조제1항"을 "「도시 및 주거환경정비법」 제4조제1항"으로 하고, 같은 7)의 협의 요청시기란 중 "「도시 및 주거환경정비법」 제3조제5항"을 "「도시 및 주거환경정비법」 제7조제1항 및 제2항"으로 하며, 같은 목 8)의 개발기본계획의 종류란 중 "「도시 및 주거환경정비법」 제4조에 따른 정비계획의 수립 및 정비구역의 지정"을 "「도시 및 주거환경정비법」 제8조에 따른 정비구역의 지정"으로 하고, 같은 8)의 협의 요청시기란 중 "「도시 및 주거환경정비법」 제4조제4항"을 "「도시 및 주거환경정비법」 제7조제1항 및 제2항"으로 한다.

별표 2의2 제2호가목의 개발기본계획의 종류란 중 "「도시 및 주거환경정비법」 제3조제1항"을 "「도시 및 주거환경정비법」 제4조제1항"으로 하고, 같은 목의 협의 요청시기란 중 "「도시 및 주거환경정비법」 제3조제5항"을 "「도시 및 주거환경정비법」 제7조제1항 및 제2항"으로 한다.

별표 3 제1호나목의 환경영향평가대상사업의 종류 및 범위란 중 "주거환경개선사업 및 주거환경관리사업"을 "주거환경개선사업"으로 하고, 같은 목 가) 중 "「도시 및 주거환경정비법」 제28조제4항에 따른 사업시행인가"를 "「도시 및 주거환경정비법」 제50조제7항에 따른 사업시행계획인가"로 하며, 같은 목 나) 중 "「도시 및 주거환경정비법」 제28조제1항에 따른 사업시행의 인가"를 "「도시 및 주거환경정비법」 제50조제1항에 따른 사업시행계획인가"로 한다.

제17조(다른 법령과의 관계) 이 영 시행 당시 다른 법령에서 종전의 「도시 및 주거환경정비법 시행령」 또는 그 규정을 인용하고 있는 경우 이 영 중 그에 해당하는 규정이 있는 경우에는 종전의 「도시 및 주거환경정비법 시행령」 또는 그 규정을 갈음하여 이 영 또는 이 영의 해당 규정을 인용한 것으로 본다.

부칙 〈제28806호, 2018. 4. 17.〉 (공익사업을 위한 토지 등의 취득 및 보상에 관한 법률 시행령)

제1조(시행일) 이 영은 공포한 날부터 시행한다.

제2조 생략

제3조(다른 법령의 개정) ① 도시 및 주거환경정비법 시행령 일부를 다음과 같이 개정한다.

제54조제1항 본문 중 "제40조제3항제2호"를 "제40조제5항제2호"로 한다.

②부터 ④까지 생략

부칙 〈제28873호, 2018. 5. 8.〉

이 영은 공포한 날부터 시행한다.

부칙 〈제29045호, 2018. 7. 16.〉 (민간임대주택에 관한 특별법 시행령)

제1조(시행일) 이 영은 2018년 7월 17일부터 시행한다.

제2조(다른 법령의 개정) ① 도시 및 주거환경정비법 시행령 일부를 다음과 같이 개정한다.

제8조제1항제1호 중 "기업형임대주택(이하 "기업형임대주택"이라 한다)"을 "공공지원민간임대주택(이하 "공공지원민간임대주택"이라 한다)"으로 하고, 같은 조 제2항 각 호 외의 부분 본문, 같은 항 제1호·제2호 및 제58조제2호 단서 중 "기업형임대주택"을 각각 "공공지원민간임대주택"이라 한다.

제61조제6호 중 "「민간임대주택에 관한 특별법」 제2조제8호에 따른 기업형임대사업자"를 "「민간임대주택에 관한 특별법」 제2조제7호에 따른 임대사업자"로 한다.

②부터 ⑧까지 생략

부칙 〈제29209호, 2018. 10. 2.〉

이 영은 2018년 10월 13일부터 시행한다.

부칙 〈제29360호, 2018. 12. 11.〉 (건설기술 진흥법 시행령)

제1조(시행일) 이 영은 2018년 12월 13일부터 시행한다. 〈단서 생략〉

제2조(다른 법령의 개정) ①부터 ⑧까지 생략

⑨ 도시 및 주거환경정비법 시행령 일부를 다음과 같이 개정한다.

별표 4 제2호가목1) 중 "특급기술자로서 특급기술자의"를 "특급기술인으로서 특급기술인의"로 한다.

⑩부터 ㉓까지 생략

부칙 〈제29876호, 2019. 6. 18.〉
이 영은 공포한 날부터 시행한다.

부칙 〈제30423호, 2020. 2. 18.〉 (건설산업기본법 시행령)
제1조(시행일) 이 영은 공포한 날부터 시행한다.
제2조 부터 제4조까지 생략
제5조(다른 법률의 개정) ①부터 ⑦까지 생략
⑧ 도시 및 주거환경정비법 시행령 일부를 다음과 같이 개정한다.
제41조제1항제5호, 별표 1 가목 1)부터 4)까지 외의 부분, 같은 목 1)부터 4)까지 및 같은 표 나목 1)부터 4)까지 외의 부분 중 "건설업자"를 각각 "건설사업자"로 한다.
⑨부터 ⑳까지 생략

부칙 〈제30797호, 2020. 6. 23.〉
제1조(시행일) 이 영은 공포 후 3개월이 경과한 날부터 시행한다.
제2조(재개발사업의 조합원 자격에 관한 적용례) 제37조제2항의 개정규정은 이 영 시행 이후 재개발사업의 토지 또는 건축물을 양도하는 경우부터 적용한다.
제3조(재개발사업의 임대주택 건설비율의 적용대상 및 상한 등에 관한 경과조치) 이 영 시행 전에 법 제50조제1항 본문에 따라 사업시행계획인가를 받았거나 신청한 재개발사업의 경우에는 제9조제1항제2호의 개정규정에도 불구하고 종전의 규정에 따른다.

부칙 〈제31211호, 2020. 12. 1.〉 (국토안전관리원법 시행령)
제1조(시행일) 이 영은 2020년 12월 10일부터 시행한다.
제2조(다른 법령의 개정) ①부터 ⑦까지 생략
⑧ 도시 및 주거환경정비법 시행령 일부를 다음과 같이 개정한다.
제10조제4항제3호를 다음과 같이 한다.
3. 「국토안전관리원법」에 따른 국토안전관리원
⑨부터 ⑰까지 생략

부칙 〈제31243호, 2020. 12. 8.〉 (한국부동산원법 시행령)
제1조(시행일) 이 영은 2020년 12월 10일부터 시행한다.
제2조(다른 법령의 개정) ①부터 ⑪까지 생략
⑫ 도시 및 주거환경정비법 시행령 일부를 다음과 같이 개정한다.
제19조 중 "「한국감정원법」에 따른 한국감정원(이하 "한국감정원"이라 한다)"을 "「한국부동산원법」에 따른 한국부동산원(이하 "한국부동산원"이라 한다)"으로 한다.
제64조제1항제2호를 다음과 같이 한다.
2. 한국부동산원
제81조제3항제2호를 다음과 같이 한다.
2. 한국부동산원
제96조제2항제1호 중 "한국감정원"을 "한국부동산원"으로 한다.
⑬부터 ㉝까지 생략

부칙 〈제31380호, 2021. 1. 5.〉 (어려운 법령용어 정비를 위한 473개 법령의 일부개정에 관한 대통령령)
이 영은 공포한 날부터 시행한다. 〈단서 생략〉

부칙 〈제31892호, 2021. 7. 13.〉
이 영은 2021년 7월 14일부터 시행한다.

부칙 〈제32114호, 2021. 11. 11.〉
이 영은 2021년 11월 11일부터 시행한다.

부칙 〈제32223호, 2021. 12. 16.〉 (지방자치법 시행령)
제1조(시행일) 이 영은 2022년 1월 13일부터 시행한다. 〈단서 생략〉
제2조 부터 제4조까지 생략
제5조(다른 법령의 개정) ①부터 ⑬까지 생략
⑭ 도시 및 주거환경정비법 시행령 일부를 다음과 같이 개정한다.
제2조제2항 각 호 외의 부분 중 "「지방자치법」 제175조"를 "「지방자치법」 제198조제1항"으로 한다.
⑮부터 〈66〉까지 생략

제6조 생략

부칙 〈제32274호, 2021. 12. 28.〉 (독점규제 및 공정거래에 관한 법률 시행령)

제1조(시행일) 이 영은 2021년 12월 30일부터 시행한다.

제2조 부터 제12조까지 생략

제13조(다른 법령의 개정) ①부터 ㉙까지 생략

㉚ 도시 및 주거환경정비법 시행령 일부를 다음과 같이 개정한다.

제83조제1항제1호 중 "「독점규제 및 공정거래에 관한 법률」 제2조제3호"를 "「독점규제 및 공정거래에 관한 법률」 제2조제12호"로 한다.

㉛부터 〈68〉까지 생략

제14조 생략

부칙 〈제32352호, 2022. 1. 21.〉 (감정평가 및 감정평가사에 관한 법률 시행령)

제1조(시행일) 이 영은 2022년 1월 21일부터 시행한다.

제2조 부터 제4조까지 생략

제5조(다른 법령의 개정) ①부터 ㉔까지 생략

㉕ 도시 및 주거환경정비법 시행령 일부를 다음과 같이 개정한다.

제14조제3항 중 "감정평가업자(「감정평가 및 감정평가사에 관한 법률」에 따른 감정평가업자를 말한다. 이하 같다)가"를 "감정평가법인등(「감정평가 및 감정평가사에 관한 법률」에 따른 감정평가법인등을 말한다. 이하 같다)이"로 한다.

제43조제4호 중 "또는 감정평가업자"를 "또는 감정평가법인등"으로, "감정평가업자는"을 "감정평가법인등은"으로 한다.

제47조제2항제11호 중 "감정평가업자"를 "감정평가법인등"으로 한다.

제48조제6항제1호 중 "감정평가업자가"를 "감정평가법인등이"로 한다.

제60조제1항 후단 중 "감정평가업자"를 "감정평가법인등"으로 한다.

제68조제2항 전단 중 "감정평가업자"를 "감정평가법인등"으로 한다.

제76조제1항제2호 단서 및 같은 조 제2항제2호 단서 중 "감정평가업자"를 각각 "감정평가법인등"으로 한다.

㉖부터 〈64〉까지 생략

부칙 〈제33046호, 2022. 12. 9.〉
이 영은 2022년 12월 11일부터 시행한다.

부칙 〈제33321호, 2023. 3. 7.〉 (규제 재검토기한 정비를 위한 55개 법령의 일부개정에 관한 대통령령)
이 영은 공포한 날부터 시행한다.

부칙 〈제33677호, 2023. 8. 22.〉
이 영은 공포한 날부터 시행한다.

부칙 〈제33908호, 2023. 12. 5.〉
제1조(시행일) 이 영은 2024년 1월 19일부터 시행한다. 다만, 제21조제1항부터 제5항까지의 개정규정은 공포한 날부터 시행한다.
제2조(토지등소유자의 추천 수 산정 방법에 관한 적용례) 제21조제2항부터 제5항까지의 개정규정은 부칙 제1조 단서에 따른 시행일 이후 법 제27조제1항에 따라 지정개발자를 사업시행자로 지정하거나 사업대행개시결정을 하는 경우부터 적용한다.

부칙 〈제34321호, 2024. 3. 19.〉
제1조(시행일) 이 영은 공포한 날부터 시행한다.
제2조(토지등소유자의 동의자 수 산정 방법에 관한 적용례) 제33조제1항제1호가목의 개정규정은 이 영 시행 이후 토지등소유자의 동의자 수를 산정하는 경우부터 적용한다.
제3조(재개발사업을 위한 정비계획 입안에 관한 적용례) 별표 1 제2호 각 목 외의 부분 전단 및 같은 호 나목, 같은 표 제4호 및 제5호의 개정규정은 이 영 시행 이후 재개발사업을 위한 정비계획을 입안하거나 변경입안하는 경우부터 적용한다.

부칙 〈제34750호, 2024. 7. 23.〉
이 영은 2024년 7월 31일부터 시행한다.

부칙 〈제35083호, 2024. 12. 17.〉

제1조(시행일) 이 영은 공포한 날부터 시행한다. 다만, 다음 각 호의 개정규정은 해당 호에서 정하는 날부터 시행한다.

1. 제68조제2항 및 제3항의 개정규정: 공포 후 3개월이 경과한 날
2. 별표 4 제2호가목의 개정규정: 2028년 1월 1일

제2조(정비구역의 지정을 위한 주민공람 등에 관한 적용례) 제13조제4항제11호의2부터 제11호의4까지 및 제12호의 개정규정은 이 영 시행일 이후 정비계획의 입안권자가 정비계획을 변경하는 경우부터 적용한다.

제3조(재개발임대주택 인수 가격에 관한 적용례) 제68조의 개정규정은 부칙 제1조제1호에 따른 시행일 이후 재개발임대주택의 인수계약(변경계약을 포함한다)을 체결하는 경우부터 적용한다.

부칙 〈제35484호, 2025. 4. 29.〉

이 영은 2025년 5월 1일부터 시행한다.

부칙 〈제35549호, 2025. 5. 27.〉

제1조(시행일) 이 영은 2025년 6월 4일부터 시행한다. 다만, 제34조 및 제41조의3의 개정규정은 2025년 12월 4일부터 시행한다.

제2조(다른 법령의 개정) ① 건축물관리법 시행령 일부를 다음과 같이 개정한다.

제14조제3호 중 "안전진단"을 "재건축진단"으로 한다.

② 노후계획도시 정비 및 지원에 관한 특별법 시행령 일부를 다음과 같이 개정한다.

제4조제3호 중 "안전진단"을 "재건축진단"으로 한다.

제27조의 제목 "(안전진단의 완화 또는 면제)"를 "(재건축진단의 완화 또는 면제)"로 하고, 같은 조 각 호 외의 부분 중 "안전진단"을 각각 "재건축진단"으로 하며, 같은 조 제1호 및 제2호 중 "안전진단"을 각각 "재건축진단"으로 한다.

③ 재건축초과이익 환수에 관한 법률 시행령 일부를 다음과 같이 개정한다.

별표 제1호라목의 내역란 중 "안전진단비용"을 "재건축진단비용"

으로 한다.

부칙 〈제35683호, 2025. 7. 29.〉
이 영은 공포한 날부터 시행한다.

별표 / 서식

[별표 1] 정비계획의 입안대상지역(제7조제1항 관련)

[별표 2] 주거환경개선사업의 주택공급 조건(제66조 관련)

[별표 3] 임대주택의 공급조건 등(제69조제1항 관련)

[별표 4] 정비사업전문관리업의 등록기준(제81조제1항 관련)

[별표 5] 정비사업전문관리업자의 등록취소 및 업무정지처분의 기준(제84조 관련)

[별표 5의2] 과징금의 부과기준(제89조의2제1항 관련)

[별표 5의3] 정비사업의 입찰참가 제한기간 및 입찰참가 제한을 갈음하는 과징금의 부과기준(제89조의3제1항 및 제6항 관련)

[별표 6] 과태료의 부과기준(제99조 관련)

도시 및 주거환경정비법 시행규칙
(약칭 : 도시정비법 시행규칙)

[시행 2025. 7. 29.] [국토교통부령 제1513호, 2025. 7. 29., 일부개정]

**개정 예정 법률 밑줄 별도 표시.

도시 및 주거환경정비법 시행규칙

(약칭 : 도시정비법 시행규칙)

[시행 2025. 7. 29.] [국토교통부령 제1513호, 2025. 7. 29., 일부개정]

제1조(목적) 이 규칙은 「도시 및 주거환경정비법」 및 같은 법 시행령에서 위임된 사항과 그 시행에 필요한 사항을 규정함을 목적으로 한다.

제2조(도시ㆍ주거환경정비기본계획의 고시 및 보고) ① 특별시장ㆍ광역시장ㆍ특별자치시장ㆍ특별자치도지사 또는 시장(이하 "기본계획의 수립권자"라 한다)은 「도시 및 주거환경정비법」(이하 "법"이라 한다) 제7조제3항에 따라 도시ㆍ주거환경정비기본계획(이하 "기본계획"이라 한다)의 수립 또는 변경사실을 고시하는 경우에는 다음 각 호의 사항을 포함하여야 한다.

1. 기본계획의 요지
2. 기본계획서의 열람 장소

② 기본계획의 수립권자는 법 제7조제4항에 따라 국토교통부장관에게 제1항에 따른 고시내용에 기본계획서를 첨부하여 보고(전자문서에 의한 보고를 포함한다)하여야 한다. 이 경우 시장(법 제2조제3호다목에 따른 대도시의 시장은 제외한다)은 도지사를 거쳐 보고(전자문서에 의한 보고를 포함한다)하여야 한다.

제2조의2(정비계획의 입안대상) 「도시 및 주거환경정비법 시행령」(이하 "영"이라 한다) 별표 1 제2호에서 "국토교통부령으로 정하는 무허가건축물"이란 각각 건설교통부령 제344호 공익사업을위한토지등의취득및보상에관한법률시행규칙 부칙 제5조에 따라 적법한 건축물로 보는 무허가건축물등을 말한다.

[본조신설 2025. 7. 29.]

제3조(재건축진단의 요청 등) ① 법 제12조제2항 각 호에 따라 재건축진단의 실시를 요청하려는 자는 별지 제1호서식의 재건축진단 요청서(전자문서로 된 요청서를 포함한다)에 다음 각 호의 서류(전자문서를 포함한다)를 첨부하여 특별자치시장 · 특별자치도지사 · 시장 · 군수 또는 자치구의 구청장(이하 "시장 · 군수등"이라 한다)에게 제출하여야 한다. 〈개정 2025. 6. 4.〉

1. 사업지역 및 주변지역의 여건 등에 관한 현황도
2. 결함부위의 현황사진

② 법 제12조제5항에 따라 재건축진단기관이 작성하는 재건축진단 결과보고서에는 다음 각 호의 구분에 따른 사항이 포함되어야 한다. 〈개정 2018. 5. 9., 2025. 6. 4., 2025. 7. 29.〉

1. 영 제10조제6항제1호에 따른 구조안전성 평가 결과보고서
   가. 구조안전성에 관한 사항
   1) 기울기 · 침하 · 변형에 관한 사항
   2) 콘크리트 강도 · 처짐 등 내하력(耐荷力)에 관한 사항
   3) 균열 · 부식 등 내구성에 관한 사항
   나. 종합평가의견
2. 영 제10조제6항제2호에 따른 구조안전성 및 주거환경 중심 평가 결과보고서
   가. 주거환경에 관한 사항
   1) 소방활동, 침수피해 가능성 등 안전성에 관한 사항
   2) 주차환경, 노약자 · 어린이 생활환경 등 편의성에 관한 사항
   3) 에너지효율성, 세대간 소음 등 쾌적성에 관한 사항
   4) 주택 거주성 등 거주성에 관한 사항
   5) 삭제 〈2025. 6. 4.〉
   나. 건축마감 및 설비노후도에 관한 사항
   1) 지붕 · 외벽 · 계단실 · 창호의 마감상태
   2) 난방 · 급수급탕 · 오배수 · 소화설비 등 기계설비에 관한 사항
   3) 수변전(受變電), 옥외전기 등 전기설비에 관한 사항
   다. 비용분석에 관한 사항
   1) 유지관리비용
   2) 보수 · 보강비용

3) 철거비 · 이주비 및 신축비용
라. 구조안전성에 관한 사항
1) 기울기 · 침하 · 변형에 관련된 사항
2) 콘크리트 강도 · 처짐 등 내하력(耐荷力)에 관한 사항
3) 균열 · 부식 등 내구성에 관한 사항
마. 종합평가의견
[제목개정 2025. 6. 4.]

제4조(정비구역의 지정 등의 보고) 특별시장 · 광역시장 · 특별자치시장 · 특별자치도지사 · 시장 또는 군수(광역시의 군수는 제외한다)는 법 제16조제3항에 따라 국토교통부장관에게 정비구역의 지정 또는 변경지정사실을 보고(전자문서에 의한 보고를 포함한다)하는 경우에는 다음 각 호의 사항을 포함하여야 한다.

1. 해당 정비구역과 관련된 도시 · 군계획(「국토의 계획 및 이용에 관한 법률」에 따른 도시 · 군기본계획 및 도시 · 군관리계획을 말한다) 및 기본계획의 주요 내용
2. 법 제16조에 따른 정비계획의 요약
3. 「국토의 계획 및 이용에 관한 법률」 제2조제4호에 따른 도시 · 군관리계획(이하 "도시 · 군관리계획"이라 한다) 결정조서

제5조(간이공작물) 영 제15조제3항제1호에서 "국토교통부령으로 정하는 간이공작물"이란 다음 각 호의 공작물을 말한다.

1. 비닐하우스
2. 양잠장
3. 고추, 잎담배, 김 등 농림수산물의 건조장
4. 버섯재배사
5. 종묘배양장
6. 퇴비장
7. 탈곡장
8. 그 밖에 제1호부터 제7호까지와 비슷한 공작물로서 국토교통부장관이 정하여 관보에 고시하는 공작물

제6조(신탁업자의 사업시행자 지정에 대한 동의서) 법 제27조제4항 각 호 외의 부분 전단에서 "국토교통부령으로 정하는 동의서"란 별지 제2호서식의 신탁업자 지정 동의서를 말한다.

제6조의2(시공 관련 정보 제공을 위한 합동설명회) ① 조합은 법 제

29조제8항에 따른 합동설명회(이하 "합동설명회"라 한다)를 법 제29조제4항 본문에 따른 경쟁입찰의 공고에 따른 입찰마감일 다음날부터 시공자 선정을 위한 조합총회 개최일까지의 기간 동안 2회 이상 개최해야 한다.

② 조합은 합동설명회를 개최하려는 때에는 합동설명회가 개최되기 7일 전까지 합동설명회의 일시 및 장소 등을 정하여 조합원에게 통지해야 한다.

③ 제1항 및 제2항에서 규정한 사항 외에 합동설명회의 개최에 필요한 사항은 국토교통부장관이 정하여 고시한다.

[본조신설 2024. 6. 27.]

제7조(추진위원회의 구성승인 신청 등) ① 법 제31조제1항에 따라 조합설립추진위원회(이하 "추진위원회"라 한다)를 구성하여 승인을 받으려는 자는 별지 제3호서식의 조합설립추진위원회 승인신청서(전자문서로 된 신청서를 포함한다)에 다음 각 호의 서류(전자문서를 포함한다)를 첨부하여 시장·군수등에게 제출하여야 한다.

1. 토지등소유자의 명부
2. 토지등소유자의 동의서
3. 추진위원회 위원장 및 위원의 주소 및 성명
4. 추진위원회 위원 선정을 증명하는 서류

② 영 제25조제1항에서 "국토교통부령으로 정하는 동의서"란 별지 제4호서식의 조합설립추진위원회 구성 동의서를 말한다.

③ 법 제31조제1항 각 호 외의 부분 후단에서 "구역경계, 토지등소유자의 수 등 국토교통부령으로 정하는 사항"이란 다음 각 호의 사항을 말한다. 〈신설 2025. 6. 4.〉

1. 추진위원회가 승인된 구역경계의 위치 및 구역 면적
2. 추진위원회 위원장 및 위원의 성명 및 주소
3. 토지등소유자의 수

제8조(조합의 설립인가 신청 등) ① 법 제35조제2항부터 제5항까지의 규정에 따라 조합의 설립인가(변경인가를 포함한다)를 신청하려는 경우 신청서(전자문서로 된 신청서를 포함한다)는 별지 제5호서식에 따른다.

② 법 제35조제2항제2호에서 "정비사업비와 관련된 자료 등 국토교통부령으로 정하는 서류"란 다음 각 호의 구분에 따른 서류(전자

문서를 포함한다)를 말한다.

1. 설립인가: 다음 각 목의 서류

가. 조합원 명부 및 해당 조합원의 자격을 증명하는 서류

나. 공사비 등 정비사업에 드는 비용을 기재한 토지등소유자의 조합설립동의서 및 동의사항을 증명하는 서류

다. 창립총회 회의록 및 창립총회참석자 연명부

라. 토지 · 건축물 또는 지상권을 여럿이서 공유하는 경우에는 그 대표자의 선임 동의서

마. 창립총회에서 임원 · 대의원을 선임한 때에는 선임된 자의 자격을 증명하는 서류

바. 건축계획(주택을 건축하는 경우에는 주택건설예정세대수를 포함한다), 건축예정지의 지번 · 지목 및 등기명의자, 도시 · 군관리계획상의 용도지역, 대지 및 주변현황을 기재한 사업계획서

2. 변경인가: 변경내용을 증명하는 서류

③ 영 제30조제1항에서 "국토교통부령으로 정하는 동의서"란 별지 제6호서식의 조합설립 동의서를 말한다.

제9조(주민대표회의의 구성승인 신청 등) 법 제47조제1항에 따른 주민대표회의(이하 "주민대표회의"라 한다)를 구성하여 승인을 받으려는 토지등소유자는 별지 제7호서식의 주민대표회의 승인신청서(전자문서로 된 신청서를 포함한다)에 다음 각 호의 서류(전자문서를 포함한다)를 첨부하여 시장 · 군수등에게 제출하여야 한다.

1. 영 제45조제4항에 따라 주민대표회의가 정하는 운영규정
2. 토지등소유자의 주민대표회의 구성 동의서
3. 주민대표회의 위원장 · 부위원장 및 감사의 주소 및 성명
4. 주민대표회의 위원장 · 부위원장 및 감사의 선임을 증명하는 서류
5. 토지등소유자의 명부

제10조(사업시행계획인가의 신청 및 고시) ① 법 제50조제1항 본문에 따라 사업시행자(법 제25조제1항 및 제2항에 따른 공동시행의 경우를 포함하되, 사업시행자가 시장 · 군수등인 경우를 제외하며, 사업시행자가 둘 이상인 경우에는 그 대표자를 말한다. 이하 같다)가 사업시행계획인가(변경 · 중지 또는 폐지인가를 포함한다)를 신청하려는 경우 신청서(전자문서로 된 신청서를 포함한다)는 별지 제8호서식에 따른다.

② 법 제50조제1항 본문에서 "국토교통부령으로 정하는 서류"란 다음 각 호의 구분에 따른 서류(전자문서를 포함한다)를 말한다.

1. 사업시행계획인가: 다음 각 목의 서류

가. 총회의결서 사본. 다만, 법 제25조제1항제2호에 따라 토지등소유자가 재개발사업을 시행하는 경우 또는 법 제27조에 따라 지정개발자를 사업시행자로 지정한 경우에는 토지등소유자의 동의서 및 토지등소유자의 명부를 첨부한다.

나. 법 제52조에 따른 사업시행계획서

다. 법 제57조제3항에 따라 제출하여야 하는 서류

라. 법 제63조에 따른 수용 또는 사용할 토지 또는 건축물의 명세 및 소유권 외의 권리의 명세서(재건축사업의 경우에는 법 제26조제1항제1호 및 제27조제1항제1호에 해당하는 사업을 시행하는 경우로 한정한다)

2. 사업시행계획 변경ㆍ중지 또는 폐지인가: 다음 각 목의 서류

가. 제1호다목의 서류

나. 변경ㆍ중지 또는 폐지의 사유 및 내용을 설명하는 서류

③ 시장ㆍ군수등은 법 제50조제7항에 따라 같은 조 제1항에 따른 사업시행계획인가(시장ㆍ군수등이 사업시행계획서를 작성한 경우를 포함한다)를 하거나 그 정비사업을 변경ㆍ중지 또는 폐지하는 경우에는 다음 각 호의 구분에 따른 사항을 해당 지방자치단체의 공보에 고시하여야 한다.

1. 사업시행계획인가: 다음 각 목의 사항

가. 정비사업의 종류 및 명칭

나. 정비구역의 위치 및 면적

다. 사업시행자의 성명 및 주소(법인인 경우에는 법인의 명칭 및 주된 사무소의 소재지와 대표자의 성명 및 주소를 말한다. 이하 같다)

라. 정비사업의 시행기간

마. 사업시행계획인가일

바. 수용 또는 사용할 토지 또는 건축물의 명세 및 소유권 외의 권리의 명세(해당하는 사업을 시행하는 경우로 한정한다)

사. 건축물의 대지면적ㆍ건폐율ㆍ용적률ㆍ높이ㆍ용도 등 건축계획에 관한 사항

아. 주택의 규모 등 주택건설계획

자. 법 제97조에 따른 정비기반시설 및 토지 등의 귀속에 관한 사항

2. 변경 · 중지 또는 폐지인가: 다음 각 목의 사항

가. 제1호가목부터 마목까지의 사항

나. 변경 · 중지 또는 폐지의 사유 및 내용

④ 시장 · 군수등은 제3항에 따라 고시한 내용을 해당 지방자치단체의 인터넷 홈페이지에 실어야 한다.

제11조(도시 · 군계획시설의 결정 · 구조 및 설치의 기준 등) ① 법 제68조제2항에 따라 주거환경개선사업을 위한 정비구역에서의 도시 · 군계획시설(「국토의 계획 및 이용에 관한 법률」 제2조제7호에 따른 도시 · 군계획시설을 말한다)의 결정 · 구조 및 설치의 기준 등은 「도시 · 군계획시설의 결정 · 구조 및 설치기준에 관한 규칙」에 따른다.

② 특별시장 · 광역시장 · 특별자치시장 · 도지사 및 특별자치도지사(이하 "시 · 도지사"라 한다)는 제1항에도 불구하고 지역여건을 고려할 때 제1항에 따른 기준을 적용하는 것이 곤란하다고 인정하는 경우에는 「국토의 계획 및 이용에 관한 법률」 제113조제1항에 따른 시 · 도도시계획위원회의 심의를 거쳐 그 기준을 완화할 수 있다.

제12조(관리처분계획인가의 신청) 사업시행자는 법 제74조제1항에 따라 관리처분계획의 인가 또는 변경 · 중지 · 폐지의 인가를 받으려는 때에는 별지 제9호서식의 관리처분계획(인가, 변경 · 중지 · 폐지 인가)신청서(전자문서로 된 신청서를 포함한다)에 다음 각 호의 구분에 따른 서류(전자문서를 포함한다)를 첨부하여 시장 · 군수등에게 제출해야 한다. 〈개정 2023. 5. 12.〉

1. 관리처분계획인가 또는 변경인가: 다음 각 목의 서류

가. 관리처분계획서

나. 총회의결서 사본

다. 사업시행자와 시공자 간 공사계약서 사본(공사계약이 변경된 경우에는 변경된 공사계약서 사본을 말한다)

2. 관리처분계획중지 또는 폐지인가: 중지 또는 폐지의 사유와 그 내용을 설명하는 서류

제13조(관리처분계획인가의 고시) 시장 · 군수등은 법 제78조제4항에 따라 관리처분계획의 인가내용을 고시하는 경우에는 다음 각 호의 사항을 포함하여야 한다.

1. 정비사업의 종류 및 명칭
2. 정비구역의 위치 및 면적
3. 사업시행자의 성명 및 주소
4. 관리처분계획인가일
5. 다음 각 목의 사항을 포함한 관리처분계획인가의 요지
가. 대지 및 건축물의 규모 등 건축계획
나. 분양 또는 보류지의 규모 등 분양계획
다. 신설 또는 폐지하는 정비기반시설의 명세
라. 기존 건축물의 철거 예정시기 등

제13조의2(재개발임대주택의 인수 가격) ① 영 제68조제2항제3호가목에서 "국토교통부령으로 정하는 금액"이란 「공동주택 분양가격의 산정 등에 관한 규칙」 별표 1의3 각 호에 따른 금액을 말한다.

② 영 제68조제2항제3호나목에서 "국토교통부령으로 정하는 금액"이란 「공동주택 분양가격의 산정 등에 관한 규칙」 제9조제1항 각 호(같은 항 제6호는 제외한다)에 따른 금액을 말한다.

[본조신설 2025. 2. 27.]

제14조(시공보증) 법 제82조제1항에서 "국토교통부령으로 정하는 기관의 시공보증서"란 조합원에게 공급되는 주택에 대한 다음 각 호의 어느 하나에 해당하는 보증서를 말한다.

1. 「건설산업기본법」에 따른 공제조합이 발행한 보증서
2. 「주택도시기금법」에 따른 주택도시보증공사가 발행한 보증서
3. 「은행법」 제2조제1항제2호에 따른 금융기관, 「한국산업은행법」에 따른 한국산업은행, 「한국수출입은행법」에 따른 한국수출입은행 또는 「중소기업은행법」에 따른 중소기업은행이 발행한 지급보증서
4. 「보험업법」에 따른 보험사업자가 발행한 보증보험증권

제15조(준공인가 등) ① 사업시행자는 영 제74조제1항 본문에 따라 정비사업에 관한 공사를 완료하여 준공인가를 받으려는 경우에는 별지 제10호서식의 준공인가신청서(전자문서로 된 신청서를 포함한다)에 다음 각 호의 서류(전자문서를 포함한다)를 첨부하여 시장·군수등에게 제출하여야 한다.

1. 건축물·정비기반시설(영 제3조제9호에 해당하는 것을 제외한다) 및 공동이용시설 등의 설치내역서
2. 공사감리자의 의견서

3. 영 제14조제5항에 따른 현금납부액의 납부증명 서류(법 제17조제4항에 따라 현금을 납부한 경우로 한정한다)

② 영 제74조제2항에서 "국토교통부령으로 정하는 준공인가증"이란 별지 제11호서식의 준공인가증을 말한다.

③ 영 제75조제2항에서 "국토교통부령으로 정하는 신청서"란 별지 제12호서식의 준공인가전 사용허가신청서를 말한다.

제16조(공동구의 설치비용 등) ① 법 제94조제2항에 따른 공동구의 설치에 드는 비용은 다음 각 호와 같다. 다만, 법 제95조에 따른 보조금이 있는 경우에는 설치에 드는 비용에서 해당 보조금의 금액을 빼야 한다.

1. 설치공사의 비용
2. 내부공사의 비용
3. 설치를 위한 측량·설계비용
4. 공동구의 설치로 인한 보상의 필요가 있는 경우에는 그 보상비용
5. 공동구 부대시설의 설치비용
6. 법 제95조에 따른 융자금이 있는 경우에는 그 이자에 해당하는 금액

② 공동구에 수용될 전기·가스·수도의 공급시설과 전기통신시설 등의 관리자(이하 "공동구점용예정자"라 한다)가 부담할 공동구의 설치에 드는 비용의 부담비율은 공동구의 점용예정면적비율에 따른다.

③ 사업시행자는 법 제50조제7항 본문에 따른 사업시행계획인가의 고시가 있은 후 지체 없이 공동구점용예정자에게 제1항 및 제2항에 따라 산정된 부담금의 납부를 통지하여야 한다.

④ 제3항에 따라 부담금의 납부통지를 받은 공동구점용예정자는 공동구의 설치공사가 착수되기 전에 부담금액의 3분의 1 이상을 납부하여야 하며, 그 잔액은 법 제83조제3항 또는 제4항에 따른 공사완료 고시일전까지 납부하여야 한다.

제17조(공동구의 관리) ① 법 제94조제2항에 따른 공동구는 시장·군수등이 관리한다.

② 시장·군수등은 공동구 관리비용(유지·수선비를 말하며, 조명·배수·통풍·방수·개축·재축·그 밖의 시설비 및 인건비를 포함한다. 이하 같다)의 일부를 그 공동구를 점용하는 자에게 부담시킬

수 있으며, 그 부담비율은 점용면적비율을 고려하여 시장·군수등이 정한다.

③ 공동구 관리비용은 연도별로 산출하여 부과한다.

④ 공동구 관리비용의 납입기한은 매년 3월 31일까지로 하며, 시장·군수등은 납입기한 1개월 전까지 납입통지서를 발부하여야 한다. 다만, 필요한 경우에는 2회로 분할하여 납부하게 할 수 있으며 이 경우 분할금의 납입기한은 3월 31일과 9월 30일로 한다.

제17조의2(정비구역 지정의 제안) ① 영 제80조의4제3항 각 호 외의 부분 전단에서 "국토교통부령으로 정하는 동의서"란 별지 제12호의2서식의 정비구역 지정(변경지정) 제안 동의서를 말한다.

② 법 제101조의8제1항 각 호 외의 부분 후단에 따른 제안서는 별지 제12호의3서식의 정비구역 지정(변경지정) 제안서에 따른다.

[본조신설 2024. 1. 19.]

제17조의3(사업시행자 지정의 특례) 법 제101조의9제1항 전단에 따른 토지소유자와 토지등소유자의 동의는 별지 제12호의4서식의 사업시행자 지정 동의서에 동의를 받는 방법에 따른다.

[본조신설 2024. 1. 19.]

제17조의4(정비사업계획 등 인가의 신청 및 고시) ① 법 제101조의10제2항 본문에 따라 사업시행자가 같은 조 제1항에 따른 정비사업계획(이하 "정비사업계획"이라 한다)의 인가 또는 변경인가를 신청하거나 정비사업의 중지 또는 폐지인가를 신청하는 경우에는 별지 제12호의5서식의 신청서를 법 제8조제1항에 따른 정비구역의 지정권자에게 제출해야 한다.

② 법 제101조의10제2항 본문에서 "정관등과 그 밖에 국토교통부령으로 정하는 서류"란 다음 각 호의 구분에 따른 서류를 말한다.

1. 정비사업계획인가: 다음 각 목의 서류

가. 법 제2조제11호다목에 따른 시행규정

나. 정비사업계획

다. 법 제57조제3항에 따라 제출해야 하는 서류

라. 법 제63조에 따른 취득 또는 사용할 토지 또는 건축물의 명세 및 소유권 외의 권리의 명세서(재건축사업의 경우에는 법 제26조제1항제1호 및 제27조제1항제1호에 따라 정비사업을 시행하는 경우만 해당한다)

마. 토지등소유자의 명부 및 동의서(법 제101조의9제2항에 따라 사업시행자로 지정된 지정개발자가 법 제101조의10제3항 전단에 따라 정비사업계획 인가를 신청하는 경우만 해당한다)

2. 정비사업계획 변경인가: 다음 각 목의 서류

가. 제1호가목부터 라목까지의 서류(변경사항이 있는 경우만 해당한다)

나. 변경의 사유 및 내용을 설명하는 서류

3. 정비사업의 중지 또는 폐지인가: 다음 각 목의 서류

가. 제1호가목부터 라목까지의 서류

나. 중지 또는 폐지의 사유를 설명하는 서류

③ 정비구역의 지정권자가 법 제101조의10제4항 본문에 따라 해당 지방자치단체의 공보에 고시하는 정비사업계획(변경)인가, 정비사업의 중지 또는 폐지인가의 내용에는 다음 각 호의 구분에 따른 사항이 포함되어야 한다.

1. 정비사업계획인가의 고시: 다음 각 목의 사항

가. 정비사업의 종류 및 명칭

나. 정비구역의 위치 및 면적

다. 사업시행자의 성명 및 주소(법인인 경우에는 법인의 명칭 및 주된 사무소의 소재지와 대표자의 성명 및 주소를 말한다)

라. 정비사업의 시행기간

마. 정비사업계획인가일

바. 취득 또는 사용할 토지 또는 건축물의 명세 및 소유권 외의 권리의 명세(재건축사업의 경우에는 법 제26조제1항제1호 및 제27조제1항제1호에 따라 정비사업을 시행하는 경우만 해당한다)

사. 건축물의 대지면적 · 건폐율 · 용적률 · 높이 등 건축계획에 관한 사항

아. 주택의 규모 등 주택건설계획

자. 정비기반시설의 귀속에 관한 사항

2. 정비사업계획 변경인가의 고시: 다음 각 목의 사항

가. 제1호가목부터 마목까지의 사항(변경사항이 있는 경우만 해당한다)

나. 정비사업계획 변경의 사유 및 내용

3. 정비사업 중지 · 폐지인가의 고시: 다음 각 목의 사항

가. 제1호가목부터 마목까지의 사항

나. 정비사업 중지 또는 폐지의 사유

④ 정비구역의 지정권자는 제3항에 따라 고시한 내용을 해당 지방자치단체의 인터넷 홈페이지에 실어야 한다.

[본조신설 2024. 1. 19.]

제18조(정비사업전문관리업자의 등록절차) ① 영 제82조제1항에 따라 정비사업전문관리업자로 등록(변경등록을 포함한다)하려는 자는 별지 제13호서식의 정비사업전문관리업등록신청서(전자문서로 된 신청서를 포함한다)에 다음 각 호의 서류(전자문서를 포함한다)를 첨부하여 시·도지사에게 제출하여야 한다.

1. 대표자 및 임원의 주소 및 성명
2. 보유기술인력의 자격증 사본 또는 경력인증서
3. 자본금을 확인할 수 있는 서류
4. 협약서(영 별표 4 제2호가목에 따라 업무협약을 체결한 경우로 한정한다)

② 제1항에 따른 신청서를 받은 시·도지사는 「전자정부법」 제36조제1항에 따른 행정정보의 공동이용을 통하여 법인 등기사항증명서(신청인이 개인인 경우에는 주민등록표초본, 외국인인 경우에는 「출입국관리법」 제88조에 따른 외국인등록사실증명을 말한다)를 확인하여야 한다. 다만, 신청인이 행정정보의 공동이용을 통한 주민등록표 초본 및 외국인등록사실증명의 확인에 동의하지 아니하는 경우에는 해당 서류를 첨부하도록 하여야 한다.

③ 시·도지사는 제1항에 따라 등록을 신청한 자가 영 제81조제1항 및 별표 4에 따른 정비사업전문관리업자의 등록기준에 적합하다고 인정하는 경우에는 별지 제14호서식의 정비사업전문관리업자 등록부에 이를 기재하고, 신청인에게 별지 제15호서식의 정비사업전문관리업등록증(전자문서로 된 등록증을 포함한다)을 교부한다.

제18조(정비사업전문관리업자의 등록절차) ① 영 제82조제1항에 따라 정비사업전문관리업자로 등록(변경등록을 포함한다)하려는 자는 별지 제13호서식의 정비사업전문관리업등록신청서(전자문서로 된 신청서를 포함한다)에 다음 각 호의 서류(전자문서를 포함한다)를 첨부하여 시·도지사에게 제출하여야 한다.

1. 대표자 및 임원의 주소 및 성명

2. 보유기술인력의 자격증 사본 또는 경력인증서
3. 자본금을 확인할 수 있는 서류
4. 협약서(영 별표 4 제2호가목에 따라 업무협약을 체결한 경우로 한정한다)

② 제1항에 따른 신청서를 받은 시ㆍ도지사는 「전자정부법」 제36조제1항에 따른 행정정보의 공동이용을 통하여 법인 등기사항증명서(신청인이 개인인 경우에는 주민등록표초본, 외국인인 경우에는 「출입국관리법」 제88조에 따른 외국인등록사실증명을 말한다)를 확인하여야 한다. 다만, 신청인이 행정정보의 공동이용을 통한 주민등록표 초본 및 외국인등록사실증명의 확인에 동의하지 아니하는 경우에는 해당 서류를 첨부하도록 하여야 한다.

③ 시ㆍ도지사는 제1항에 따라 등록을 신청한 자가 영 제81조제1항 및 별표 4에 따른 정비사업전문관리업자의 등록기준에 적합하다고 인정하는 경우에는 별지 제14호서식의 정비사업전문관리업자 등록부에 이를 기재하고, 신청인에게 별지 제15호서식의 정비사업전문관리업등록증(전자문서로 된 등록증을 포함한다)을 교부한다.

④ 시ㆍ도지사는 제3항에 따라 정비사업전문관리업자 등록부에 기재하는 사항을 법 제108조에 따른 정비사업전문관리업 정보종합체계에 입력해야 한다. 〈신설 2025. 2. 27.〉

[시행일: 2028. 1. 1.] 제18조제4항

제19조(등록수수료) 영 제82조제3항에 따른 등록수수료는 1건당 1만원으로 하되, 수입증지로 납부하여야 한다. 다만, 시ㆍ도지사는 정보통신망을 이용하여 전자화폐ㆍ전자결제 등의 방법으로 납부하게 할 수 있다.

제20조(정비사업전문관리업 정보종합체계의 구축ㆍ운영) ① 「한국부동산원법」에 따른 한국부동산원(이하 "한국부동산원"이라 한다)은 법 제108조제2항 및 영 제96조제2항에 따라 관계 행정기관 및 정비사업전문관리업자에게 정비사업전문관리업 정보종합체계의 구축 및 활용에 필요한 다음 각 호의 자료의 제출을 요청할 수 있다. 〈개정 2020. 12. 11.〉

1. 상호 및 대표자의 성명
2. 법 제102조에 따라 등록한 연월일 및 등록번호
3. 자본금

4. 주된 영업소의 소재지 및 전화번호
5. 보유 기술인력의 수, 기술인력별 자격 및 경력에 관한 현황
6. 사업실적
7. 법 제106조제1항에 따른 등록의 취소 및 업무정지 처분, 법 제113조에 따른 시정조치를 받은 사항

② 한국부동산원은 제1항 각 호의 정보를 매 분기가 끝난 날의 다음 달 말일까지 정비사업전문관리업 정보종합체계에 입력하고, 추진위원회 또는 사업시행자 등이 정비사업전문관리업 정보종합체계를 상시적으로 이용할 수 있도록 해야 한다. 〈개정 2020. 12. 11.〉

③ 한국부동산원은 법 제108조제2항 및 영 제96조제2항에 따라 정비사업전문관리업 정보종합체계의 구축·운영을 위하여 다음 각 호의 업무를 수행할 수 있다. 〈개정 2020. 12. 11.〉

1. 정비사업전문관리업 정보종합체계의 구축·운영에 관한 각종 연구개발 및 기술 지원
2. 정비사업전문관리업 정보종합체계의 구축을 위한 관련 기관과의 공동사업 시행
3. 정비사업전문관리업 정보종합체계를 이용한 정보의 공동활용 촉진

제20조(정비사업전문관리업 정보종합체계의 구축·운영) ① 「한국부동산원법」에 따른 한국부동산원(이하 "한국부동산원"이라 한다)은 법 제108조제2항 및 영 제96조제2항에 따라 관계 행정기관 및 정비사업전문관리업자에게 정비사업전문관리업 정보종합체계의 구축 및 활용에 필요한 다음 각 호의 자료의 제출을 요청할 수 있다. 〈개정 2020. 12. 11., 2025. 2. 27.〉

1. 상호 및 대표자의 성명
2. 법 제102조에 따라 등록한 연월일 및 등록번호
3. 자본금
4. 주된 영업소의 소재지 및 전화번호
5. 보유 기술인력의 수, 기술인력별 자격·경력·실적 및 교육이수에 관한 현황
6. 사업실적
7. 법 제106조제1항에 따른 등록의 취소 및 업무정지 처분, 법 제113조에 따른 시정조치를 받은 사항

② 한국부동산원은 제1항 각 호의 정보를 매 분기가 끝난 날의 다음 달 말일까지 정비사업전문관리업 정보종합체계에 입력하고, 추진위원회 또는 사업시행자 등이 정비사업전문관리업 정보종합체계를 상시적으로 이용할 수 있도록 해야 한다. 〈개정 2020. 12. 11.〉

③ 한국부동산원은 법 제108조제2항 및 영 제96조제2항에 따라 정비사업전문관리업 정보종합체계의 구축·운영을 위하여 다음 각 호의 업무를 수행할 수 있다. 〈개정 2020. 12. 11.〉

1. 정비사업전문관리업 정보종합체계의 구축·운영에 관한 각종 연구개발 및 기술 지원

2. 정비사업전문관리업 정보종합체계의 구축을 위한 관련 기관과의 공동사업 시행

3. 정비사업전문관리업 정보종합체계를 이용한 정보의 공동활용 촉진

[시행일: 2028. 1. 1.] 제20조제1항제5호

제21조(자료의 제출 등) ① 시·도지사는 법 제111조제1항에 따라 정비구역의 지정, 사업시행자의 지정 또는 조합설립인가, 사업시행계획인가, 관리처분계획인가 및 정비사업완료의 실적을 매 분기가 끝나는 날부터 15일 이내에 국토교통부장관에게 보고(전자문서에 의한 보고를 포함한다)하여야 한다.

② 법 제111조제2항에 따라 국토교통부장관, 시·도지사, 시장·군수 또는 구청장으로부터 정비사업과 관련하여 보고 또는 자료의 제출을 요청받은 자는 그 요청을 받은 날부터 15일 이내에 보고(전자문서에 의한 보고를 포함한다)하거나 자료를 제출(전자문서에 의한 제출을 포함한다)하여야 한다.

③ 국토교통부장관, 시·도지사, 시장·군수 또는 구청장은 법 제111조제2항에 따라 소속 공무원에게 업무를 조사하게 하려는 때에는 업무조사를 받을 자에게 조사 3일 전까지 조사의 일시·목적 등을 서면으로 통지하여야 한다.

④ 법 제111조제2항에 따라 업무를 조사하는 공무원은 그 권한을 나타내는 별지 제16호서식의 조사공무원증표를 지니고 이를 관계인에게 보여주어야 한다.

제21조의2(정비사업관리시스템의 구축·운영) ① 한국부동산원은 법 제119조제3항 및 영 제96조제2항에 따라 시·도지사, 시장·군수·

구청장 및 사업시행자에게 정비사업관리시스템의 구축 및 활용에 필요한 다음 각 호의 자료의 제출을 요청할 수 있다.

1. 법 제16조제3항에 따른 정비계획 관계 서류

2. 법 제52조제1항에 따른 사업시행계획서

3. 법 제124조제1항제5호에 따른 관리처분계획서

4. 제21조제1항에 따른 정비구역의 지정, 사업시행자의 지정 또는 조합설립인가, 사업시행계획인가, 관리처분계획인가 및 정비사업 완료의 실적

② 한국부동산원은 법 제119조제3항 및 영 제96조제2항에 따라 정비사업관리시스템 구축·운영을 위하여 다음 각 호의 업무를 수행할 수 있다.

1. 정비사업관리시스템의 구축·운영에 관한 각종 연구개발 및 기술 지원

2. 정비사업관리시스템의 구축을 위한 관련 기관과의 공동사업 시행

3. 정비사업관리시스템을 이용한 정보의 공동활용 촉진

[본조신설 2021. 11. 11.]

제22조(자료의 공개 및 열람) 법 제124조제4항에 따른 토지등소유자 또는 조합원의 열람·복사 요청은 사용목적 등을 기재한 서면(전자문서를 포함한다)으로 하여야 한다.

제23조(신고센터의 설치 및 운영) ① 법 제132조제3항에 따른 신고센터(이하 "신고센터"라 한다)의 업무는 다음 각 호와 같다.

1. 법 제132조제1항 각 호 및 같은 조 제2항 각 호의 행위에 대한 신고의 접수·처리

2. 제1호에 따른 신고사항에 대한 사실관계 확인 및 조사

② 신고센터의 장은 해당 시·도 또는 시·군·구의 정비사업 업무를 총괄하는 부서의 장으로 하고, 구성원은 정비사업과 관련된 업무를 담당하는 공무원으로 한다.

③ 신고센터에 법 제132조제1항 각 호 및 같은 조 제2항 각 호의 행위를 신고하려는 자는 다음 각 호의 사항을 서면(전자문서를 포함한다)으로 제출해야 한다.

1. 신고인의 성명, 주소, 연락처 등의 인적사항

2. 신고 대상 행위 내용

3. 신고 내용을 증명할 수 있는 증거자료 또는 참고인의 인적사항

4. 그 밖에 신고 처리에 필요한 사항

④ 시·도지사, 시장·군수 또는 구청장은 제3항에 따라 소속 신고센터가 제출받은 신고사항에 대한 사실관계 확인 및 조사 개시 여부를 결정해야 하며, 해당 신고센터는 사실관계 확인 및 조사를 완료한 날부터 30일 이내에 그 내용을 신고인에게 알려야 한다. 이 경우 시장, 군수 또는 구청장이 설치·운영하는 신고센터의 장은 사실관계 확인 및 조사를 완료 후 지체 없이 그 내용을 시·도지사에게 보고해야 한다.

⑤ 시·도지사, 시장·군수 또는 구청장은 제1항부터 제4항까지에서 규정한 사항 외에 신고센터 구성·운영 및 신고의 접수·처리 등에 관한 세부적인 사항을 정할 수 있다.

[본조신설 2024. 6. 27.]

부칙 〈제491호, 2018. 2. 9.〉

제1조(시행일) 이 규칙은 2018년 2월 9일부터 시행한다.

제2조(손실보상에 관한 경과조치) ① 국토해양부령 제183호 도시 및 주거환경정비법 시행규칙 일부개정령 시행 전에 사업시행인가를 신청한 경우 정비사업으로 인한 영업의 휴업 등에 대하여 손실을 평가할 때에는 종전의 「공익사업을 위한 토지 등의 취득 및 보상에 관한 법률 시행규칙」(국토해양부령 제427호로 개정되기 전의 것을 말한다) 제47조제1항에 따른다.

② 국토해양부령 제506호 도시 및 주거환경정비법 시행규칙 일부개정령 시행 전에 정비계획을 수립(변경수립을 포함한다)하기 위하여 종전의 「도시 및 주거환경정비법 시행령」(대통령령 제24007호로 개정되기 전의 것을 말한다) 제11조에 따라 공람공고를 한 경우 영업손실을 보상할 때에는 종전의 「공익사업을 위한 토지 등의 취득 및 보상에 관한 법률 시행규칙」(국토교통부령 제1호로 개정되기 전의 것을 말한다) 제45조에 따른다.

제3조(다른 법령의 개정) ① 감정평가 및 감정평가사에 관한 법률 시행규칙 일부를 다음과 같이 개정한다.

제5조제1항제8호 중 "「도시 및 주거환경정비법」 제7조 및 제8조제4항에 따라 시장·군수가"를 "「도시 및 주거환경정비법」 제24조 및 제26조에 따라 시장·군수등이"로 한다.

② 공공주택 특별법 시행규칙 일부를 다음과 같이 개정한다.

제16조제3호를 다음과 같이 한다.

3. 「도시 및 주거환경정비법」에 따른 주거환경개선사업 및 재개발사업

별표 4 제2호가목2) 중 "주택재개발사업"을 "재개발사업"으로 한다.

③ 도시재정비 촉진을 위한 특별법 시행규칙 일부를 다음과 같이 개정한다.

제6조 중 "「도시 및 주거환경정비법 시행령」 제54조제2항"을 "「도시 및 주거환경정비법 시행령」 제69조제1항"으로 한다.

④ 주거기본법 시행규칙 일부를 다음과 같이 개정한다.

별지 제1호서식 제5호 중 "주택재건축사업"을 "재건축사업"으로 한다.

⑤ 주택법 시행규칙 일부를 다음과 같이 개정한다.

제29조제1호 중 "주택재건축사업"을 "재건축사업"으로 한다.

제4조(다른 법령과의 관계) 이 규칙 시행 당시 다른 법령에서 종전의 「도시 및 주거환경정비법 시행규칙」 또는 그 규정을 인용하고 있는 경우 이 규칙 중 그에 해당하는 규정이 있으면 종전의 「도시 및 주거환경정비법 시행규칙」 또는 그 규정을 갈음하여 이 규칙 또는 이 규칙의 해당 규정을 인용한 것으로 본다.

부칙 〈제513호, 2018. 5. 9.〉

이 규칙은 공포한 날부터 시행한다.

부칙 〈제787호, 2020. 12. 11.〉 (한국감정원 명칭 변경을 위한 6개 부령의 일부개정에 관한 국토교통부령)

이 규칙은 2020년 12월 10일부터 시행한다.

부칙 〈제914호, 2020. 12. 11.〉 (한국시설안전공단 명칭 변경을 위한 6개 부령의 일부개정에 관한 국토교통부령)

이 규칙은 공포한 날부터 시행한다.

부칙 〈제882호, 2021. 8. 27.〉 (어려운 법령용어 정비를 위한 80개 국토교통부령 일부개정령)

이 규칙은 공포한 날부터 시행한다. 〈단서 생략〉

부칙 〈제913호, 2021. 11. 11.〉

이 규칙은 2021년 11월 11일부터 시행한다.

부칙 〈제1210호, 2023. 5. 12.〉

제1조(시행일) 이 규칙은 공포한 날부터 시행한다.

제2조(관리처분계획인가의 신청에 관한 적용례) 제12조의 개정규정은 이 규칙 시행 이후 관리처분계획인가 또는 변경인가를 신청하는 경우부터 적용한다.

부칙 〈제1299호, 2024. 1. 19.〉

이 규칙은 2024년 1월 19일부터 시행한다.

부칙 〈제1348호, 2024. 6. 27.〉

제1조(시행일) 이 규칙은 2024년 6월 27일부터 시행한다.

제2조(시공 관련 정보 제공을 위한 합동설명회 개최에 관한 적용례) 제6조의2의 개정규정은 이 규칙 시행 이후 시공사 선정을 위해 입찰공고(재입찰공고를 포함한다)를 하는 경우부터 적용한다.

부칙 〈제1461호, 2025. 2. 27.〉

이 규칙은 2025년 3월 18일부터 시행한다. 다만, 제18조제4항 및 제20조제1항제5호의 개정규정은 2028년 1월 1일부터 시행한다.

부칙 〈제1500호, 2025. 6. 4.〉

제1조(시행일) 이 규칙은 2025년 6월 4일부터 시행한다.

제2조(재건축진단 결과보고서에 관한 경과조치) 이 규칙 시행 당시 종전의 규정에 따라 안전진단이 실시 중인 경우에는 제3조제2항제2호가목1)부터 5)까지의 개정규정에도 불구하고 종전의 규정에 따른다. 다만, 안전진단의 실시를 요청한 자의 신청에 따라 개정규정에 따를 수 있다.

부칙 〈제1513호, 2025. 7. 29.〉

이 규칙은 공포한 날부터 시행한다.

별표 / 서식

[별지 제1호서식] 재건축진단 요청서

[별지 제2호서식] 신탁업자 지정 동의서

[별지 제3호서식] 조합설립추진위원회 승인신청서(재개발사업, 재건축사업)

[별지 제4호서식] 정비사업 조합설립추진위원회 구성동의서

[별지 제5호서식] 조합설립(변경) 인가신청서(재개발사업, 재건축사업)

[별지 제6호서식] 조합설립 동의서(재개발사업, 재건축사업)

[별지 제7호서식] 주민대표회의 승인신청서

[별지 제8호서식] 사업시행계획 (인가, 변경 · 중지 · 폐지인가)신청서[재개발사업, 재건축사업, 주거환경개선사업]

[별지 제9호서식] 관리처분계획 (인가, 변경 · 중지 · 폐지인가)신청서[재개발사업, 재건축사업, 주거환경개선사업]

[별지 제10호서식] 준공인가신청서(재개발사업, 재건축사업, 주거환경개선사업)

[별지 제11호서식] 준공인가증

[별지 제12호서식] 준공인가 전 사용허가신청서(재개발사업, 재건축사업, 주거환경개선사업)

[별지 제12호의2서식] 정비구역(지정, 변경지정) 제안 동의서

[별지 제12호의3서식] 정비구역(지정, 변경지정) 제안서

[별지 제12호의4서식] 사업시행자 지정 동의서

[별지 제12호의5서식] (정비사업계획 인가, 정비사업계획 변경인가, 정비사업 중지인가, 정비사업 폐지인가) 신청서

[별지 제13호서식] 정비사업전문관리업 (변경)등록신청서

[별지 제14호서식] 정비사업전문관리업자 등록부

[별지 제15호서식] 정비사업전문관리업 등록증

[별지 제16호서식] 조사공무원증표

대한민국 법령 시리즈 188

도시 및 주거환경정비법

(약칭 : 도시정비법)

법 령 / 시 행 령 / 시 행 규 칙

2025년 8월 6일 인쇄   정가 28,000원
2025년 8월 16일 발행

편　　저　편집부
디 자 인　송영미
발 행 인　조준형　　http://www.hgbookpub.com
발 행 처　해광출판사　　E-mail : munbookcokr@naver.com
주　　소　부산광역시 중구 해관로 41-1 (중앙동2가)
전화번호　(051) 253-0001　　팩스 (051) 245-1187
등　　록　제 2012-000005호

해광출판사에서는 여러분의 소중한 원고와 함께 할 기회를 기다리고 있습니다. 책으로 엮을 원고나 아이디어가 있으신 분들은 이메일 munbookcokr@naver.com로 책에 대한 간단한 개요와 원고 전체 또는 일부를 연락처와 함께 보내주십시오.

ISBN 979-11-6881-863-7

※ 법령 출처 : 법제처 국가법령정보센터

※ 본 도서는 〈공공데이터 제공 및 이용 활성화에 관한 법률〉을 근거로 출판되었습니다.

해광출판사 대한민국 법령 시리즈

001. 선원법
002. 어선법
003. 선박직원법
004. 해사안전기본법
005. 해양환경관리법
006. 선박의 입항 및 출항등에 관한 법률
007. 학교안전사고예방 및 보상에 관한 법률
008. 종합부동산세법
009. 방위사업법
010. 행정규제기본법
011. 식품산업진흥법
012. 위험물안전관리법
013. 화재의 예방 및 안전관리에 관한 법률
014. 도시가스사업법
015. 실내공기질관리법
016. 지방세법
017. 소득세법
018. 법인세법
019. 도선법
020. 선박안전법
021. 선박법
022. 수산업법
023. 고압가스안전관리법
024. 국민연금법
025. 공동주택관리법
026. 화학물질관리법
027. 어선원 및 어선 재해보상보험법
028. 장기등 이식에 관한 법률
029. 자연재해대책법
030. 공유재산 및 물품 관리법
031. 산업입지 및 개발에 관한 법률
032. 부정경쟁방지 및 영업비밀보호에 관한 법률
033. 금융지주회사법
034. 온실가스 배출권의 할당 및 거래에 관한 법률
035. 건축사법
036. 산림문화휴양에 관한 법률
037. 전기사업법
038. 사립학교법
039. 고등교육법
040. 액화석유가스의 안전관리 및 사업법
041. 선박투자회사법
042. 수산자원관리법
043. 위험물선박운송및저장규칙
044. 선박평형수관리법
045. 주택임대차보호법
046. 상가건물임대차보호법
047. 지방공기업법
048. 승강기안전관리법
049. 수목원·정원의 조성 및 진흥에 관한 법률
050. 민법
051. 치료감호 등에 관한 법률
052. 대부업 등의 등록 및 금융이용자 보호에 관한 법률
053. 사료관리법
054. 무형문화재 보전 및 진흥에 관한 법률
055. 총포·도검·화약류 등의 안전관리에 관한 법률
056. 경찰관직무집행법
057. 시설물의 안전 및 유지관리에 관한 특별법
058. 수산생물질병 관리법
059. 소비자기본법
060. 국제선박등록법
061. 정보통신망 이용촉진 및 정보보호 등에 관한 법률
062. 해운법
063. 농수산물 품질관리법
064. 수산업협동조합법
065. 해외건설촉진법
066. 수상레저안전법
067. 공무원재해보상법
068. 수상에서의 수색·구조 등에 관한 법률
069. 어촌어항법
070. 항만법
071. 항만운송사업법
072. 해양경비법
073. 해양사고의 조사 및 심판에 관한 법률
074. 외국인근로자의 고용 등에 관한 법률
075. 중소기업기본법
076. 자유무역지역의 지정 및 운영에 관한 법률
077. 대기환경보전법
078. 소음진동관리법
079. 폐기물관리법
080. 하수도법
081. 물환경보전법
082. 토양환경보전법
083. 환경정책기본법
084. 산업재해보상보험법
085. 관세법
086. 노동조합 및 노동관계조정법
087. 근로기준법
088. 군인연금법
089. 먹는물관리법
090. 기술보증기금법
091. 관광진흥법
092. 감염병의 예방 및 관리에 관한 법률
093. 사법경찰관리의 직무를 수행할 자와 그 직무범위에 관한 법률
094. 수의사법
095. 가정폭력방지 및 피해자보호 등에 관한 법률
096. 환경영향평가법
097. 체육시설의 설치 · 이용에 관한 법률
098. 장사 등에 관한 법률
099. 상호저축은행법
100. 은행법
101. 보호관찰 등에 관한 법률
102. 형법
103. 자동차관리법
104. 형사소송법
105. 전자금융거래법
106. 마약류 불법거래 방지에 관한 특례법
107. 도로법
108. 주세법
109. 변리사법
110. 하천법
111. 중소기업진흥에 관한 법률
112. 발달장애인 권리보장 및 지원에 관한 법률
113. 주택법
114. 장애인복지법
115. 농어업경영체 육성 및 지원에 관한 법률
116. 공인중개사법
117. 건강기능식품에 관한 법률
118. 예비군법
119. 개발제한구역의 지정 및 관리에 관한 특별조치법
120. 국유재산법
121. 주차장법
122. 환경기술 및 환경산업 지원법
123. 대기관리권역의 대기환경개선에 관한 특별법
124. 악취방지법
125. 미세먼지 저감 및 관리에 관한 특별법
126. 가축분뇨의 관리 및 이용에 관한 법률
127. 물의 재이용 촉진 및 지원에 관한 법률
128. 물관리기본법
129. 물관리기술 발전 및 물산업 진흥에 관한 법률
130. 자원의 절약과 재활용촉진에 관한 법률
131. 전기 · 전자제품 및 자동차의 자원순환에 관한 법률
132. 건설폐기물의 재활용촉진에 관한 법률
133. 수도권매립지관리공사의 설립 및 운영 등에 관한 법률
134. 폐기물의 국가 간 이동 및 그 처리에 관한 법률
135. 폐기물처리시설 설치촉진 및 주변지역지원 등에 관한 법률
136. 자원순환기본법
137. 잔류성오염물질 관리법
138. 환경분쟁 조정법

해광출판사 대한민국 법령 시리즈

139. 화학물질의 등록 및 평가 등에 관한 법률
140. 환경오염시설의 통합관리에 관한 법률
141. 환경오염피해 배상책임 및 구제에 관한 법률
142. 중소기업제품 구매촉진 및 판로지원에 관한 법률
143. 환경개선비용 부담법
144. 환경분야 시험·검사 등에 관한 법률
145. 환경친화적 산업구조로의 전환촉진에 관한 법률
146. 환경친화적 자동차의 개발 및 보급 촉진에 관한 법률
147. 환경범죄 등의 단속 및 가중처벌에 관한 법률
148. 생명윤리 및 안전에 관한 법률
149. 장애인차별금지 및 권리구제 등에 관한 법률
150. 부동산투자회사법
151. 정치자금법
152. 과학기술기본법
153. 대리점거래의 공정화에 관한 법률
154. 상속세 및 증여세법
155. 학원의 설립 · 운영 및 과외교습에 관한 법률
156. 해양심층수의 개발 및 관리에 관한 법률
157. 전기용품 및 생활용품 안전관리법
158. 사회기반시설에 대한 민간투자법
159. 공직선거법
160. 정당법
161. 유류오염손해배상 보장법
162. 부정청탁 및 금품등 수수의 금지에 관한 법률
163. 항로표지법
164. 어장관리법
165. 민방위기본법
166. 공직자윤리법
167. 선거관리위원회법
168. 유선 및 도선 사업법
169. 전기공사업법
170. 사회복지사업법
171. 택지개발촉진법
172. 국가공무원법
173. 민간임대주택에 관한 특별법
174. 어음법·수표법
175. 민사집행법
176. 상법
177. 문화예술진흥법
178. 중소기업협동조합법
179. 농업협동조합법
180. 도로교통법
181. 의료사고 피해구제 및 의료분쟁 조정 등에 관한 법률
182. 산림보호법
183. 소년법
184. 동물보호법
185. 건축물관리법
186. 도시개발법
187. 화물자동차 운수사업법
188. 도시 및 주거환경정비법
189. 의료법
190. 국회법
191. 응급의료에 관한 법률
192. 출입국관리법
193. 노인복지법
194. 산림자원의 조성 및 관리에 관한 법률
195. 청소년 보호법
196. 초 · 중등교육법
197. 혁신도시 조성 및 발전에 관한 특별법
198. 경제자유구역의 지정 및 운영에 관한 특별법
199. 공공기관의 운영에 관한 법률
200. 대한민국헌법
201. 국민기초생활 보장법
202. 저작권법
203. 가사소송법
204. 국가유공자 등 예우 및 지원에 관한 법률
205. 국민체육진흥법
206. 전통주 등의 산업진흥에 관한 법률
207. 재난 및 안전관리 기본법
208. 정보통신공사업법
209. 주식회사 등의 외부감사에 관한 법률
210. 공익사업을 위한 토지 등의 취득 및 보상에 관한 법률
211. 개인정보 보호법
212. 국세기본법
213. 에너지이용 합리화법
214. 감정평가 및 감정평가사에 관한 법률
215. 국가인권위원회법
216. 가맹사업거래의 공정화에 관한 법률
217. 보건의료기본법
218. 산업안전보건법
219. 법무사법
220. 교육공무원법
221. 특허법
222. 민사소송법
223. 아동복지법
224. 전파법
225. 하도급거래 공정화에 관한 법률
226. 기초연금법
227. 사립학교교직원 연금법
228. 직업안정법
229. 장애아동 복지지원법
230. 부동산등기법
231. 자동차손해배상 보장법
232. 철도안전법
233. 항공안전법
234. 전자상거래 등에서의 소비자보호에 관한 법률
235. 독점규제 및 공정거래에 관한 법률
236. 상표법
237. 채무자 회생 및 파산에 관한 법률
238. 공무원연금법
239. 축산법
240. 근로복지기본법
241. 민원 처리에 관한 법률
242. 약사법
243. 방문판매 등에 관한 법률
244. 건축기본법
245. 지방세기본법
246. 지방세징수법
247. 지방자치법
248. 도시교통정비 촉진법
249. 공공주택 특별법
250. 국세징수법
251. 공인노무사법
252. 중대재해 처벌 등에 관한 법률
253. 외무공무원법
254. 소방시설공사업법
255. 검역법
256. 공중위생관리법
257. 할부거래에 관한 법률
258. 인터넷 멀티미디어 방송사업법
259. 전기통신사업법
260. 제품안전기본법
261. 철도사업법
262. 어린이제품 안전 특별법
263. 영유아보육법
264. 원자력안전법
265. 보험업법
266. 경비업법
267. 교통안전법
268. 세무사법
269. 관세사법
270. 공인회계사법
271. 지방공무원법
272. 고용정책 기본법
273. 국가경찰과 자치경찰의 조직 및 운영에 관한 법률
274. 협동조합 기본법
275. 재해구호법
276. 환경보건법

해광출판사 대한민국 법령 시리즈

277. 자살예방 및 생명존중문화 조성을 위한 법률
278. 소방산업의 진흥에 관한 법률
279. 소방기본법
280. 비송사건절차법
281. 자연환경보전법
282. 변호사법
283. 기업구조조정투자회사법
284. 전기통신기본법
285. 에너지법
286. 해양생태계의 보전 및 관리에 관한 법률
287. 사회보장기본법
288. 통신비밀보호법
289. 공증인법
290. 물류시설의 개발 및 운영에 관한 법률
291. 청소년활동 진흥법
292. 형의 집행 및 수용자의 처우에 관한 법률
293. 도시공원 및 녹지 등에 관한 법률
294. 태권도 진흥 및 태권도공원 조성 등에 관한 법률
295. 녹색건축물 조성 지원법
296. 우편법
297. 예금자보호법
298. 건설산업기본법
299. 금융회사의 지배구조에 관한 법률
300. 장애인활동 지원에 관한 법률
301. 언론중재 및 피해구제 등에 관한 법률
302. 국가재정법
303. 농지법
304. 게임산업진흥에 관한 법률
305. 정신건강증진 및 정신질환자 복지서비스 지원에 관한 법률
306. 디자인보호법
307. 의료기사 등에 관한 법률
308. 스마트도시 조성 및 산업진흥 등에 관한 법률
309. 내수면어업법
310. 한국주택금융공사법
311. 의료기기법
312. 유통산업발전법
313. 전통시장 및 상점가 육성을 위한 특별법
314. 여신전문금융업법
315. 해외자원개발 사업법
316. 산업교육진흥 및 산학연협력촉진에 관한 법률
317. 빈집 및 소규모주택 정비에 관한 특례법
318. 기업도시개발 특별법
319. 전력기술관리법
320. 국토기본법
321. 지하수법
322. 식품위생법
323. 광업법
324. 호스피스·완화의료 및 임종과정에 있는 환자의 연명의료결정에 관한 법률
325. 주식·사채 등의 전자등록에 관한 법률
326. 표시·광고의 공정화에 관한 법률
327. 골재채취법
328. 국민건강증진법
329. 새마을금고법
330. 여객자동차 운수사업법
331. 마리나항만의 조성 및 관리 등에 관한 법률
332. 한부모가족지원법
333. 국가를 당사자로 하는 계약에 관한 법률
334. 지방자치단체를 당사자로 하는 계약에 관한 법률
335. 축산물 위생관리법
336. 병역법
337. 음악산업진흥에 관한 법률
338. 국가균형발전 특별법
339. 첨단재생의료 및 첨단바이오의약품 안전 및 지원에 관한 법률
340. 공간정보의 구축 및 관리 등에 관한 법률
341. 공유수면 관리 및 매립에 관한 법률
342. 농수산물 유통 및 가격안정에 관한 법률
343. 아시아문화중심도시 조성에 관한 특별법
344. 신탁법
345. 자연공원법
346. 생활화학제품 및 살생물제의 안전관리에 관한 법률
347. 군인사법
348. 국제조세조정에 관한 법률
349. 낙동강수계 물관리 및 주민지원 등에 관한 법률
350. 주민등록법
351. 집합건물의 소유 및 관리에 관한 법률
352. 집단에너지사업법
353. 산림조합법
354. 반도체집적회로의 배치설계에 관한 법률
355. 자본시장과 금융투자업에 관한 법률
356. 담보부사채신탁법
357. 근로자퇴직급여 보장법
358. 국제과학비즈니스벨트 조성 및 지원에 관한 특별법
359. 수도법
360. 식품 등의 표시·광고에 관한 법률
361. 약관의 규제에 관한 법률
362. 인삼산업법
363. 종자산업법
364. 항공사업법
365. 건설기계관리법
366. 군형법
367. 궤도운송법
368. 기술의 이전 및 사업화 촉진에 관한 법률
369. 농수산물의 원산지 표시 등에 관한 법률
370. 담배사업법
371. 석유 및 석유대체연료 사업법
372. 가축전염병 예방법
373. 농어촌정비법
374. 식물신품종 보호법
375. 항공보안법
376. 중소기업창업 지원법
377. 군사법원법
378. 우주개발 진흥법
379. 해저광물자원 개발법
380. 산림복지 진흥에 관한 법률
381. 지능형 로봇 개발 및 보급 촉진법
382. 헌법재판소법
383. 옥외광고물 등의 관리와 옥외광고산업 진흥에 관한 법률
384. 혈액관리법
385. 국제항해선박 등에 대한 해적행위 피해예방에 관한 법률
386. 유료도로법
387. 독립유공자예우에 관한 법률
388. 신에너지 및 재생에너지 개발·이용·보급 촉진법
389. 신용정보의 이용 및 보호에 관한 법률
390. 출판문화산업 진흥법
391. 공항시설법
392. 국민 평생 직업능력 개발법
393. 아동·청소년의 성보호에 관한 법률
394. 방송법쉬
395. 신용보증기금법
396. 화장품법
397. 청소년 기본법
398. 인터넷주소자원에 관한 법률
399. 양곡관리법
400. 도로명주소법
401. 전자문서 및 전자거래 기본법
402. 산업기술의 유출방지 및 보호에 관한 법률
403. 국가기술자격법
404. 양식산업발전법
405. 산업기술혁신 촉진법
406. 새만금사업 추진 및 지원에 관한 특별법
407. 전자정부법
408. 지역 개발 및 지원에 관한 법률
409. 한국농어촌공사 및 농지관리기금법
410. 계량에 관한 법률
411. 기업활동 규제완화에 관한 특별조치법
412. 군에서의 형의 집행 및 군수용자의 처우에 관한 법률

해광출판사 대한민국 법령 시리즈

413. 규제자유특구 및 지역특화발전특구에 관한 규제특례법
414. 금융위원회의 설치 등에 관한 법률
415. 남녀고용평등과 일·가정 양립 지원에 관한 법률
416. 농어업인 삶의 질 향상 및 농어촌지역 개발촉진에 관한 특별법
417. 댐건설·관리 및 주변지역지원 등에 관한 법률
418. 국가유산수리 등에 관한 법률
419. 법원조직법
420. 보훈보상대상자 지원에 관한 법률
421. 부패방지 및 국민권익위원회의 설치와 운영에 관한 법률
422. 과학기술분야 정부출연연구기관 등의 설립·운영 및 육성에 관한 법률
423. 연구개발특구의 육성에 관한 특별법
424. 친환경농어업 육성 및 유기식품 등의 관리·지원에 관한 법률
425. 연안관리법
426. 영화 및 비디오물의 진흥에 관한 법률
427. 신용협동조합법
428. 방송통신발전 기본법
429. 범죄피해자 보호법
430. 가축 및 축산물 이력관리에 관한 법률
431. 국가표준기본법
432. 국가통합교통체계효율화법
433. 범죄인 인도법
434. 국가과학기술 경쟁력 강화를 위한 이공계지원 특별법
435. 국제경기대회 지원법
436. 금융혁신지원 특별법
437. 수자원의 조사·계획 및 관리에 관한 법률
438. 축산자조금의 조성 및 운용에 관한 법률
439. 소방시설 설치 및 관리에 관한 법률
440. 양성평등기본법
441. 축산계열화사업에 관한 법률
442. 수입식품안전관리 특별법
443. 대외무역법
444. 국가연구개발사업 등의 성과평가 및 성과관리에 관한 법률
445. 무역보험법
446. 기술사법
447. 광산안전법
448. 농약관리법
449. 농업·농촌 및 식품산업 기본법
450. 문화산업진흥 기본법
451. 부담금관리 기본법
452. 야생생물 보호 및 관리에 관한 법률
453. 한국은행법
454. 별정우체국법
455. 원양산업발전법
456. 콘텐츠산업 진흥법
457. 한국수출입은행법
458. 외국인투자 촉진법
459. 물류정책기본법
460. 전자서명법
461. 산업발전법
462. 산업표준화법
463. 소프트웨어 진흥법
464. 토지이용규제 기본법
465. 해수욕장의 이용 및 관리에 관한 법률
466. 정보통신 진흥 및 융합 활성화 등에 관한 특별법
467. 정보통신산업 진흥법
468. 지진·화산재해대책법
469. 소금산업진흥법
470. 위치정보의 보호 및 이용 등에 관한 법률
471. 외국법자문사법
472. 이러닝(전자학습)산업 발전 및 이러닝 활용 촉진에 관한 법률
473. 암관리법
474. 실용신안법
475. 가족관계의 등록 등에 관한 법률
476. 무인도서의 보전 및 관리에 관한 법률
477. 감사원법
478. 정보보호산업의 진흥에 관한 법률
479. 결혼중개업의 관리에 관한 법률
480. 공익신고자 보호법
481. 박물관 및 미술관 진흥법
482. 낚시 관리 및 육성법
483. 동산·채권 등의 담보에 관한 법률
484. 임금채권보장법
485. 국민투표법
486. 농림수산업자 신용보증법
487. 국가채권 관리법
488. 중소기업은행법
489. 식품안전기본법
490. 외국환거래법
491. 발명진흥법
492. 건설기술 진흥법
493. 기후위기 대응을 위한 탄소중립·녹색성장 기본법
494. 인체조직안전 및 관리 등에 관한 법률
495. 엔지니어링산업 진흥법
496. 신문 등의 진흥에 관한 법률
497. 식물방역법
498. 석탄산업법
499. 산업융합 촉진법
500. 비료관리법
501. 임업 및 산촌 진흥촉진에 관한 법률
502. 복권 및 복권기금법
503. 대규모유통업에서의 거래 공정화에 관한 법률
504. 뉴스통신 진흥에 관한 법률
505. 지능정보화 기본법
506. 자격기본법
507. 중소기업 기술혁신 촉진법
508. 국가공간정보 기본법
509. 농어업재해대책법
510. 방송광고판매대행 등에 관한 법률
511. 지식재산 기본법
512. 초고층 및 지하연계 복합건축물 재난관리에 관한 특별법
513. 해양 조사와 해양정보 활용에 관한 법률
514. 공간정보산업 진흥법
515. 공공기관의 정보공개에 관한 법률
516. 행정기본법
517. 해상교통안전법
518. 농어업재해보험법
519. 문화유산의 보존 및 활용에 관한 법률
520. 자연유산의 보존 및 활용에 관한 법률
521. 국토의 계획 및 이용에 관한 법률
522. 건축법
523. 국민건강보험법
524. 계엄법
525. 환경친화적 선박의 개발 및 보급 촉진에 관한 법률
526. 해양폐기물 및 해양오염퇴적물 관리법
527. 연안사고 예방에 관한 법률
528. 전기안전관리법
529. 의약품 등의 안전에 관한 규칙
530. 공공보건의료에 관한 법률
531. 군보건의료에 관한 법률
532. 농어촌 등 보건의료를 위한 특별조치법
533. 보호소년 등의 처우에 관한 법률
534. 국가를 당사자로 하는 소송에 관한 법률
535. 간호법
536. 국립묘지의 설치 및 운영에 관한 법률
537. 주류 면허 등에 관한 법률
538. 부가가치세법

*** 해광출판사의 법령 시리즈는 계속 발행 됩니다.**
**** 각 도서의 개정판은 인쇄일을 기준으로 제작 되었습니다.**